完整的成长

儿童生命的自我创造

十周年全新修订版

孙瑞雪 著

中国妇女出版社

著名儿童教育专家
孙瑞雪告诉你

真正的教育，
真正的爱

这是
“爱”孩子的书，
而不是
“教”孩子的书！

孙瑞雪

中国著名的教育家、儿童心理学家；

“爱和自由，规则与平等”教育精神的创始人；

“完整的人和完整的成长”教育思想的创始人；

在蒙特梭利提出的“儿童敏感期”概念和五个敏感期现象的基础上延伸、发展和创立了完整的“儿童敏感期理论”；

著有教育专著《爱和自由》《捕捉儿童敏感期》《完整的成长》《在爱中成长》；

诗集《我看见了你》成为支持女性成长的疗愈书；

多次做客中央电视台《人物新周刊》《心理访谈》《半边天》等栏目，讲述“爱和自由”的教育；

2006年、2007年，中央电视台走进孙瑞雪教育机构幼儿园，连续拍摄16集《敏感期》专题片；

2009年，被评选为“中国教育杰出人物”；

2023年，被中国家庭教育学会授予“家庭教育公益形象大使”；

连续多年上榜当当网“影响力·教育名家”。

在孙瑞雪老师的带领下，“爱和自由”教育团体深深根植于中国本土文化，以蒙特梭利、卢梭、皮亚杰等经典教育学、现代心理学理论为基础，30余年高度专注于教育实践和科学研究，创造、建构、发展和不断完善着“爱和自由，规则与平等”的思想理论系统、教育教学系统，“完整的人和完整的成长”教育思想系统，敏感期理论系统，以及“爱和自由”学校教育体制、教学管理系统，建立和实践出不断更新的适用于家庭建设、父母自我支持和帮助养育者了解儿童的“在家爱和自由”父母课程。

“爱和自由”教育思想体系图示

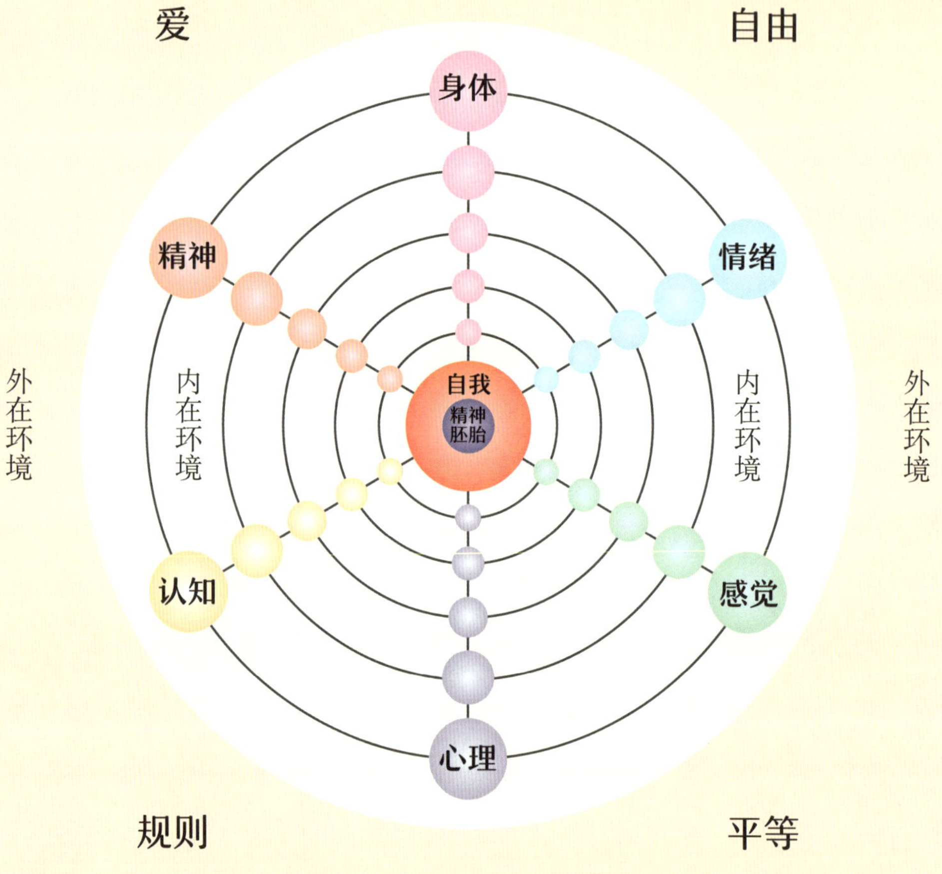

· 精神胚胎引领完整的成长。精神胚胎作为起始和基础，并由它引领，人才有可能创造自我。

· 身体、情绪、感觉、心理、认知、精神，是内在环境，这些部分为创造一个真正的自我提供了过渡、转化、容纳、组织、整合、发展，以及建构和创造自我的资源。

· “爱和自由，规则与平等”，是儿童成长的外在环境，是儿童经历完整成长历程的外在环境。

· 敏感期，是儿童生命内在世界的外在呈现，我们通过敏感期来观察儿童内在发生了什么。

GAP

分数
1元 1角
1元=10角
1角=1/10元
1元=100分
1分米=(1/10)米
1厘米=(1/10)分米
1厘米=(1/100)米
1毫米=(1/1000)米
1米=10分米
1分米=10厘米
1米=100厘米
1米=1000毫米

4101

4219

第三版序

认识自己

这是《完整的成长》第三次出版了，为这样一本书写序，是一件意义非凡的事情。首先，我是“爱和自由”教育理论的受益者，是在这个教育体系中成长起来的第一批教师；其次，我是这个教育理论的践行者，20多年来看到许多孩子按照自己生命的特质成长起来，他们是全然的自己；最后，我经历了这本书诞生的全过程，那是一段思想流淌、升华的美妙时光。所以，我深爱着这本书。

这本书的核心是，我们是由这些部分——结构组成：身体的、情绪的、感觉的、心理的、认知的、精神的。这是我们内在的环境，是我们的一个系统，但不是我们的核心，核心是我们的精神胚胎。儿童要依靠精神胚胎，并借助这些结构，创造一个自我，所以完整的成长的核心点在于精神胚胎和自我。

在陪伴孩子成长的过程中，我感受和体验到生命是一个自我创造的过程，教育帮助这个过程实现，这是生命的伟大之处。教育者一旦有了这样一个清晰的认识，那么符合生命规律的教育就自然而然地实现了。

一个小朋友放了一个屁，他对走在身后的老师说："这是我的屁。"这个屁让孩子有机会认知"我"的存在。老师说："是的，是你的屁。"通过老师的确认，孩子对自我存在的认识被加深了。儿童对自己的认识是超出成人的，其建构自我的能力超出我们的想象，因为那个自我是我们成人没有办法预料和认知的，但一定是超越我们的。所以，才有人说我们现有的问题要依靠儿童未来创造的那个成人来解决。从这个意义上来讲，儿童就是成人之父。儿童的这种能力是他们天生具有的，成长就是他们的工作，这就是成长的含义。

在从事教育工作的这些年里，看着孩子们经历着这样一个特别清晰的成长过程，我产生了巨大的触动。借着对儿童成长的观察，我开始反观自己的成长历程，开启了重新认识自己、认识生命本身的成长之路，这是作为一名教育者收到的最大的礼物。

在这本书出版之后，许多读者和我的感受是一样的，借由认识孩子，看到了自己的成长。各地的家长们组织了《完整的成长》读书会：上海读书会的家长们在 3 年的时间里完整地阅读了 3 遍；洛阳读书会的一位家长在书上做了满满的批注；深圳读书会的一位家长分享道："原来成长是可以以这样的方式、可以让儿童自己做主的！从中我也看到了自己成长中那些不完整的部分，开始懂得接纳自己、觉察自己、修复自己。"

如果儿童的成长方式是自己做主，那么成人的成长同样需要自己做自己的主人。一个人只有看清了自己，他才能做自己的主人。因而，这是一本认识自我、走向成长的教科书，让你看到成长的过程，看到你自己。

认识你自己，是最幸福的！

王瑞君

2017 年 11 月

第二版序

4年前，我着手写《自由中的规则》。在这本书中，关键性的两个词是“自由”和“规则”。基于做实际工作的经验，我担心阐述时被读者误解，就不得不从“自由”开始谈起。

20年的职业生涯让我知道，我们成人都是在权威中长大的。在权威中长大的人，意味着已经有了一套思维模式，例如“没有绝对的自由，自由是相对的”。这是一种思维的套路。用已有的模式理解“自由”和“规则”，就会回到我们已经走过的老路上，“禁锢又产生了”。我试图让读者尝试走出固有的模式。

成长的目标，是尽可能地由儿童自己创造出一个完整的自己，未来达到自我实现的程度。这是衡量成长状态水平的一个度量计。

我还有一个目的，期望不要停留在文字上，我期望思想可以实施在我们的生活中，以此使我们生活得更好。它应该呈现在我们作为人类最显著的特征上——创造一种生活，由此使你的孩子——我们共同的后代，可以以崭新的生命状态活在这个地球上，成为新人类。

自由最核心的概念：做自己的主人——做自己身体的主人，做自己情绪的主人，做自己感觉的主人，做自己心理的主人，做自己认知的主人，做自己精神的主人，由此由儿童自己创造一个完整的自我。

在阐述自由的过程中，我原本想把这个理论系统放在“自由”这个命题里，但发现文字太多了，它是一个庞大的生命系统，正如马斯洛所说：“一个自我实现者，他的成长过程，最重要的是自由。”所以，当阐述一个生命在自由中是如何长大的时候，就先诞生了另一本书《完整的成长》，而且把这一部分内容从《自由中的规则》里完全剥离出来。

在这本书第二版出版的时候，需要写一篇序。这时候随着生命有了更深入的成长，关于自我的部分，我有了更深切的体会和思考。一个生命成长的历程，从生到死，是有阶段性的，我们称为“成长”。但是，如果把一个生命体，放在百万年的人类史中来看，我们称为“进化”。我提出这样一个思考的结果，就是在我们此刻的这个时代，正进入一个关键的时期——人类开始形成自我。而这个自我的形成是依靠儿童自己完成的，这是个体意识进化的一个标志。也许，几千年以后回视，这个自我的状态可能是一个较为原始的状态，但今天，自我的进化是人类文明的一个标志。有了这个台阶，我们才能从一种意识状态上升到另外一种意识的状态，这是生命的又一次诞生，意味着我们归属于自己，从权威中走向平等；意味着我们成为自己，从自身的生命中找到真理；意味着我们可以真正地意识到我们是整体的一部分，而不是迷失在一个整体中。自我的诞生，终于像人类的第二次出生一样，可以在今天被呐喊出来。它的意义是重大的。期望有更多的人发现这一点。也许，这正是本书的意义所在。

感谢所有孩子的陪伴，感谢所有孩子对我们生命的滋养。

感谢学校里的每一位老师，一起从事“爱和自由”的教育，她们都是“爱和自由”教育精神的实施者。正是她们的努力工作，这个教育才得以实施。

感谢杨利霞，在这本书的编辑过程中，她做了大量的工作，并和我一起度过了一段又一段精神时光。

感谢王瑞君，在这本书的精神和情境里面，她总是能和我达成精神的共振。

感谢杨丽宁，她总是能提供自己孩子最翔实且最具连续性的材料，并且和我一起探讨。也让我有幸去和孩子交谈，并且观察孩子。

感谢叶万红，她总是和我热情洋溢地谈论孩子的状态，我一直为她作为一位母亲为孩子所做的事情而感动。

感谢薛梅和我在教育精神上的讨论。

感谢刘红梅、刘佳、唐双环、吉野宁，她们总是可以和我一起兴高采烈地谈论儿童，谈论一个小的生命发生了什么。那些精微的生活情境，总是给我们很大的热情和享受。

感谢丁淑红，感谢她对精神的敏感，同时提供了她的孩子内在的真实想法和记录。也感谢李丁玉丹——丁淑红的孩子，就在前不久，已经成人的她，在学校里义务实习。我对她的生命的觉察和自信，万分感慨。

感谢王树、何智明，没有她们的催促和触动，这本书不会以那么快的速度与读者见面。

也许，还有很多没有感谢到的人，但是，如果这本书对其他人有所帮助的话，那份感谢就存在着。

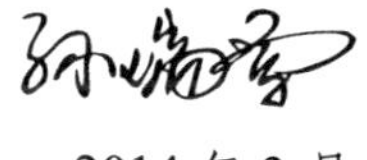

2014 年 3 月

目 录
CONTENTS

开篇语

婴儿和成人根本不同的，也是高于成人的地方，就是婴儿时刻在成人已经没有感觉的事情中创造着自我。

这个8个月大的婴儿，站在学步车里，看着父亲从客厅的门进来又出去……他安静地观察了一会儿，一动不动，表情很专注，嘴巴不自觉地微微张开，像是深深地走进了自己的内部，像一台计算机在沉静地运行一样。他沉浸在自己内在的世界里……然后，他警觉地盯着那扇门。

突然，父亲推开了门，婴儿用最快的速度，带着他的学步车滑冲过去……父亲完全明白他的动机，因此在进门的瞬间，门已经在身后严严实实地被关上了。

婴儿又退回原处等待……

当父亲再开门出去时，婴儿再次滑冲过去。但是，当他滑到时，门正好又被关上了，父亲被关在了门外。婴儿仿佛知道父亲还会再回来，所以他尝试了很多次，但都没有成功。事实上，婴儿无法出去，因为父亲了解他要出去的愿望，但父亲不想让他出去。

父亲也只是婴儿看到的这世界的一部分，对于婴儿而言，父亲的意义似乎并不比门更多。

非常有趣的是，婴儿在反复尝试之后，放弃了这样的做法。

婴儿开始观察门，再次进入自己的内在世界，然后再走出来。他发现门把手上拴着一条白色的布带，于是开始尝试用手抓住这条白色的布带。他努力伸展身体和手臂，抓到了它。然后，他用力拉，可是学步车挡住了门，门无法打开。他开始用身体带动学步车向一边滑动，门被拉开了一条缝。他继续向一旁滑动，门也逐渐被开大、开大，可是手臂的长度又不够了，手开始抓不住布带了。突然，婴儿松开了手，在松手的空当，学步车旋转着挡在了门和门框之间，然后学步车带着婴儿冲了出去。婴儿仰着头咯咯地大笑起来，父亲在门那边微笑……

门依然是原来的门，父亲依然是原来的父亲，世界依然是原来的世界，似乎什么都没有改变，但婴儿已经变了。婴儿的内在世界已经改变，现在的世界和刚才的已经不同了。

婴儿经历了一个创造自我的历程。

儿童总在绕过或躲过成人有意无意设置的障碍，一步步创造着自己，一步步完整着自己。

10 个月前，这个婴儿还是一个胚胎，身体没有完全成形，作为婴儿的他还不存在。婴儿出生时，身体刚刚形成，那时的他还从来没有使用过手和脚。

现如今，他的意识已经不在手和脚上了。他的意识穿过了门。随后，他把意识转向了门——那阻碍他的意识的东西，并将门上的布带和门的开启与自己即将出现的能力联系起来。

婴儿和成人根本不同的，也是高于成人的地方，就是婴儿时刻在成人已经没有感觉的事情中创造着自我。

就像成人习惯了光线的明暗，他们想象不到婴儿看见明暗相间的光线所产生的快乐。

我们相信这样的成长过程，相信人的成长都将从身体开始，经历情绪、感觉，上升到心理、认知，然后由精神升华——这是人内在的不同存在层面。这些奇妙的内在部分将协助儿童自己创造出一个独一无二的自我。

第一章

什么是完整的成长

我们是由这些部分——结构组成：身体的、情绪的、感觉的、心理的、认知的、精神的。这是我们内在的环境，是我们的一个系统，但不是我们的核心，核心是我们的精神胚胎。儿童要依靠精神胚胎，并借助这些结构，创造一个自我，所以完整的成长的核心点在精神胚胎和自我。

完整指两部分，“完整的人”和“完整的成长”。

“完整”不是“完善”，不是“完美”，“完美”指的是没有缺陷。

你看到一把椅子了吗？无论风格有多么不同，无论你偏好哪一种，无论它漂亮还是丑陋、豪华还是简陋，它都是由四条腿、一个椅背和一个椅座组成的。这是一个结构，这个结构保证了它的完整性。它不能缺一条腿，缺失了，就不完整了。

人的身体也有其完整性，那是既定好的模式，肢体的完整，五官的完整，内在系统的完整，从这个物质化的身体来看，它也是靠一个结构来保证它的完整性的。不能缺失，缺失了就不完整。

我们知道，身体不是我们的全部，它只是我们的一部分，是我们结构中的一个。这一部分是唯一以物质形态出现的。作为人，我们是一个完整的系统，或者说，我们是一个完整的结构，缺少任何一样，都是不完整的。

我们是由这些部分——结构组成：身体的、情绪的、感觉的、心理的、认知的、精神的。这是我们内在的环境，是我们的一个系统，但不是我们的核心，核心是我们的精神胚胎。儿童要依靠精神胚胎，并借助这些结构，创造一个自我，所以完整的成长的核心点在精神胚胎和自我。

这就好比人们说的曼陀罗模式[①]，人的曼陀罗指的就是人的完整性。

① 曼陀罗模式，在心理学中指“成形、变形、永恒的心灵的永恒创造”，即“人格的完整性”。

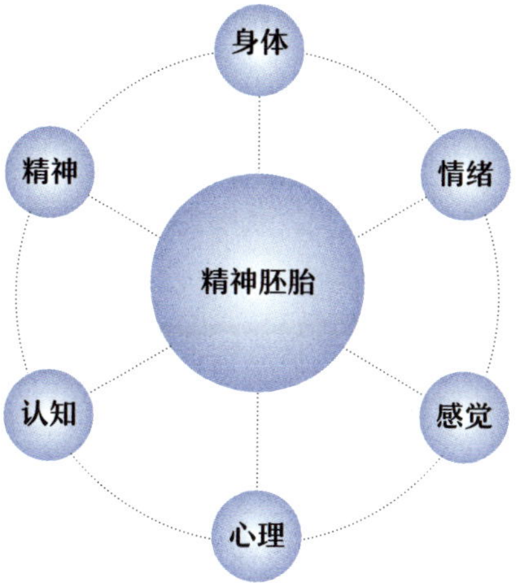

图示：完整的人雏形

这样一个完整的人，需要一个漫长的完整成长的过程。虽然我们结构性的那一部分，也就是我们系统的部分，在早先的时候只是一个雏形，在自我创造的历程中，这些雏形会逐渐地发展起来，延伸开来，发展出不同的层面，即身体、情绪体、感觉体、心理体、认知体、精神体。

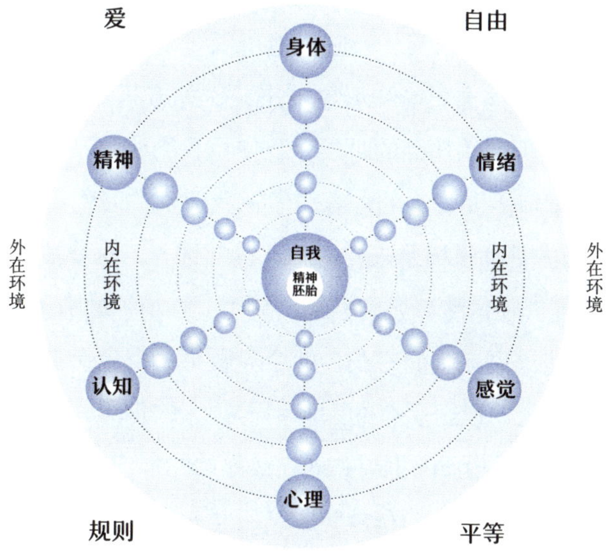

图示：完整的成长

所有这些内在的环境，也就是系统性的部分，都是来支持我们的核心的。它们不能变成我们的主人，但它们可以在自我逐渐形成和逐渐发展的过程中，也发展出自己的次第。

例如感觉，从最初的5种感觉，发展得越来越精微，层次就出现了。有的人由于感觉这部分没有得到很好的发展，所以就会非常迟钝，没有感觉，或者叫感觉的原始化；有的人的感觉在成长的过程中，发展到了一个极高的层面。例如画家莫奈，他对自家门前池塘里光和色彩变化的感觉，达到了极致的状态。一天24小时，几乎每一个时刻，对光线照射在池塘里而产生的变化，他都有敏锐的感觉，能精准地捕捉到。长达20年的时间，他把那种色彩的微妙变化一张又一张描画出来，形成以睡莲为主题的不同光和色的系列画作。

再例如情绪，在完整成长的过程中，有的人在童年时期某一部分由于依然存在于那个原始状态，没有持续而有序地成长起来，所以情绪的状态依然停留在最原始的阶段。这时候，这个人就很容易被情绪掌控。他不是情绪的主人，情绪反而是他的主人。但有的人，情绪的部分得到了非常完整的发展，发展到了一个比较精微的次第。所以，他可以非常好地表达他的情绪，非常好地把他的自我和精神透过情绪彰显出来。例如音乐家马友友，有趣的是，他自己也说："在分析音乐作品的时候，我使用我的头脑，客观地分析音乐的结构、章节以及章节所要表达的内容。但在我演奏的时候，我使用的是我的情绪。"精神的张力是通过情绪来完成的，认知这一工具就被他放下了，他拿起了情绪，并且能够使情绪彰显到极致，成为一种精神的情绪。

如果生命不能得到完整的成长，就会导致每一个生命都处在不同的次元中。中间的差异之大，以至于有的人对另一些人的世界，几乎一无所知。他们共有的可能只是一个物质的世界和内在最原始的那部分。

完整的人，是指一个人的精神胚胎（自我）在生命的中心，他和内在的环境——身体、情绪体、感觉体、心理体、认知体、精神体联结着，形成一个完整的系统，成为一个流动的身心灵的复合体。这样一个人是丰满的、立体的、多层面的。

完整的成长，是指儿童依靠自己的精神胚胎，借助于内在和外在的环境，受自己精神胚胎的引领，通过生命年龄的不同阶段，创造出一个完整的自我。自我意识是这一生命系统的中心。这个创造自我的历程就是一个完整成长的过程。

第二章

儿童是自己身体的主人

身体的自由是走向人的独立的起始！自由使用和支配自己的身体，不仅能发展身体，同时也能发展儿童的情绪、感觉、心理、认知与精神。禁锢一个人，无疑是从身体的禁锢开始的。

第一节　什么是主人

使用“主人”这个词，更加口语化，更加贴近生活。主人，意味着你不被掌控。你不被控制，不仅是指你不被他人掌控，在这里也指你不被自己内在的非主人部分掌控。这是一个非常本质的问题。你不被控制，意味着你是自由的，是可以把握自己、驾驭自己的；同时也意味着你有一个中心，你的中心是有王者存在的，你的系统是你自己的、是完整的，你是安住在你的内在的。

所以，“主人”这个词就变得非常重要，是个焦点，它意味着我们不会被我们的其他系统包括心智的系统所掌控。心智的系统是“我”的一部分，它不可以掌控“我”。就好比一个国家，必须有一个领袖存在着，如果这个位置上没有人，国家就会陷入混乱。人的内在也是这样。如果你不是你的主人，你不仅会被内在的环境所掌控，还容易被外在所影响，你就会被动于你的身体或情绪或感觉或心理或认知，并被掌控，你的内在就会混乱、焦虑。我们说你是你自己的主人，意味着你的自我意识就在那里，你的内在的环境只是你的系统的一部分，它不能成为你。

所以，“主人”是指自己的身体、情绪、感觉、心理、认知、精神不受外力的压迫和支配，同时也不受自己内在的身体、情绪、感觉、心理、认知、精神的支配，而是借由这些东西创造一个崭新的自我。这实际上是把精神胚胎实体化的过程。

做自己的主人，就拥有了自己创造自己的权利，不把创造自己的权利交给别人。

第二节　唤醒身体

婴儿必须感觉到自己的身体，发现身体，让身体醒来，他才能够使用自己的身体。

比比40天时已经可以把手放进嘴里了，口的吮吸使比比的手一天一天地苏醒了。比比的妈妈在绳子的一端给他系了一个小木环，另一端系了一个响铃悬挂在空中。木环吊挂在比比躺着的正上方。有一天，比比的手偶然抓到了正上方的木环。当他摇晃木环时，拴在另一头的挂铃突然响了起来。对于婴儿来说，这无异于哥伦布发现新大陆一样令人兴奋。

偶然的碰撞之后，比比开始想用手去抓木环，但他的手颤抖着，不受他意愿支配，他抓不到木环……努力了很久，他才偶然抓到了。当他摇的时候，系在绳子另一头的铃就响了起来……从偶然抓到，到逐渐可以控制自己的手去抓。最终，手被自己使用了。这以后比比见绳就摇。

当婴儿发现手原来可以“自己”动，手就被感觉到了。接着，手就跟随了意愿，意愿也开始萌芽。手就这样不断地被支配和使用了。用手可以达到目的或者实现一种愿望，皮亚杰①认为，这是儿童最早的智力萌芽。

婴儿不停地用手、脚做动作，做各种动作，反反复复，以感知、熟悉它们，并熟练地使用它们，最后忘却它们。最终，手和脚的动作变得像呼吸一样自然、自动和自由，走到了意识之外。

婴儿的手首先被含入嘴中，婴儿的嘴感觉到了手，嘴和手就开始协调。

① 让·皮亚杰（1896—1980），瑞士心理学家，发生认识论创始人。

虽然刚开始他只能使用他的嘴，而这个举动似乎也是无意识的。他就从嘴开始起步，纯然地用嘴唤醒他未来通向智慧的手；然后爬起来，开始尝试着以直立形态生活而成为人的样子；他还要逐渐把所有身体的功能在活动中协调起来，以便建构自己的协调能力。

曼曼刚1岁，就学会了走路，只是步履蹒跚。他来我家做客，先在我家来回地蹒跚着“视察”一番后，他仰着头，双眼聚焦在我家书架的第二层。他静静地凝视了一会儿，然后举手指着上面。他要什么呢？书架的书上放着一顶红色宽边镶有一圈黑色丝带的呢帽，是帽子吸引了他。这顶帽子被我遗忘了很多年，他哭闹着要。我拿给他，他拿在手里，惊奇而兴奋地看着它，然后开始探索它：用嘴啃，用脚踩，坐在上面……最后，他多次尝试并把它戴在了头上。

可能曼曼认为自己为帽子找到了职能，这使他舒了一口气。但帽子太大，帽檐总是卡在他的眼睛上，看上去戴着不太舒服。但他很满意地戴着它，在客厅里来回地漫步，似乎他已经完成了对这项工作的探索。

接着，曼曼又被我家门后的打气筒吸引住了，他的注意力一下子聚集在打气筒上。他戴着这顶帽子，径直走过去抓起了打气筒，新的探索又开始了……打气筒有上下抽动的气管，他神情专注地盯着气管，并使劲地想把它拔出来。不断地尝试之后，他的手沾满了黑色的油污，帽子也斜扣在头上了……最后，帽子掉在了一边，气管却仍没有被拔出……他逐渐接受了这样一个现实，气管是拔不出来的。

探索完打气筒后，曼曼把它扔到一边，漫步到了厨房，在厨房转悠。曼曼的注意力又被笤帚和带把儿的簸箕吸引了。他把它们拖到了客厅，探索又开始了……

因为幼儿的心灵暂时还不受限制，即使被抱走，他也只会简单放弃，并把兴趣转移。有的家庭有着友爱和宽容，这样一种氛围就是对儿童的爱！在爱中，儿童才可以无拘无束，他的兴趣才会不断涌现，随机产生、变化和扩展。

爱，能把各种场所变成儿童的家。

在儿童自己的家中，大多数孩子都可以自由地支配自己的身体，以便学会感觉身体的每一部分，把握身体的行为，从而达到身体上的独立。他依靠对自己身体的支配来探索身体的智慧和身外的世界，发展内在的天赋和身体的敏锐感觉，以开发他的心理领域，以此上升到头脑，这是他未来一切发展的开始。

身体的自由对一个孩子来说是何其重要！

3岁的贝贝可以快乐地支配自己身体的任何部分。“支配”这一过程使他快乐，有激情。但是，如何有意识地让自己的身体去做游戏，他似乎还不知道。所以，在这段时间里，他每天都模仿一些比他大的孩子。4岁半的宝宝在花池子的墙沿上走，他就跟在后面走，一圈又一圈……宝宝从矮墙上跳下，贝贝也跳下……宝宝知道贝贝在模仿他，就用手支撑着，一阶一阶地下楼梯，贝贝也这样下……宝宝从楼梯上滚了下来，贝贝也这样滚了下来……宝宝从三阶高的楼梯上奋力一跳，便跳到了平地上，然后看着贝贝……贝贝站在同样高的台阶上跃跃欲试，又感到能力不及，急得哭了起来。老师走过来伸出一只手，贝贝抓住老师的手，借势一跳，落在平地上，破涕而笑。

反复地活动四肢，让身体自由，这就是儿童的第一自由。这一阶段，四肢的活动就是快乐，就是生命，就是成长，就是一切。

嘴被唤醒，手被唤醒……身体的每一部分逐渐被唤醒，被感觉，被发现，被使用……最终被高度地开发，像手被开发到具有多种功能一样。高度开发是指身体的各部分都被唤醒，被感觉，并被反复使用，最终儿童能深入创造出“身体”，并开发出应有的潜力。这依赖于儿童是否能自由地完成这样一个创造过程。

儿童全面感知、使用身体之后，不仅能在视觉上呈现出健美的躯体，而且能最大限度地开发蕴藏在健康躯体内的身体潜质和身体天分。

第三节　身体的禁锢对儿童成长意味着什么

人的生命是在自我学习中完整起来的，而最早的学习环境常常是父母有意或无意打造的。

并不是每个孩子都能自由地把手放在嘴里，也并不是每个孩子都能自由地用手到处抓摸或者四处漫步，练习自己走和跳。这种身体的唤醒过程和儿童的自我感知过程，是需要成人了解和保护的。

当我在社区里看到2岁多的孩子还坐在婴儿车里不被允许下来走动时，当我在幼儿园里看到5岁的孩子一下再一下地把双脚依次落在台阶上，像幼儿一样下楼梯时，我的眼前就会出现2岁的孩子到处游走和触摸，5岁的孩子快乐而惊险地跨在楼梯的扶手上顺势滑下、飞奔而去、充满活力的身影。

身体的自由是走向独立的起始

生命真的不可以被禁锢！

从出生开始，每个人的身体状况都会受到遗传、营养、活动、情绪、抚养环境等因素的影响。其中遗传已经决定，营养现今已不再是大问题，人类已经基本走出了食物匮乏的阶段。因此，会影响孩子身体状况的也就是孩子的活动、情绪与抚养环境等因素。如果我们在最应有作为的方面却没有作为或者反向作为，让孩子在身体上丧失了自由，我们是不是要反省呢？

初次见到宝宝时，他已经13个月大了，身体偏胖，基本没有表情，也不大与人有眼神交流。他总是待在大人的怀抱里，看起来没有什么活力，也没有出去探索环境的欲望。当我吐舌头和他打招呼时，他注视良久，紧闭着嘴唇注视我。一会儿，他朝我伸出手，似乎是想摸我的嘴唇。观察了一段时间，我一直没有发现他有过什么兴趣，也不曾感受到他有愉快的感觉。

宝宝的这种状态和这个年龄的孩子所呈现出的普遍状态有着根本上的不同。1岁1个月，正是使用身体，尤其是口、手、腿、脚探索环境的时期。他本应当开始四处走动、到处触摸，手应当已被唤醒，嘴也应当被用来帮助他了解周围的世界了。但宝宝不是，他的活力到哪里去了？

这一天，我和宝宝妈妈、宝宝待在一起。宝宝一直面无表情地呆坐在大人的怀里，偶尔会伸手想抓一样东西，然后又放弃，坐回来。这个年龄是手、脚使用的敏感期，难道是因为口的禁锢，生命的活力之门没有得到开启，使宝宝还没有足够的动力来促使手的抓摸和腿的走动？

我建议给宝宝一个苹果，让宝宝去咬。得到苹果之后，宝宝就一直抱着这个苹果不停地啃咬，但他并不下咽。宝宝妈妈说："他不吃，只是啃了吐出来。"这就对了，七八个月大时，孩子喜欢"吃"需要啃咬的食物，目的就是啃咬，而不是吃，他们啃咬完了就会吐出来。这是在开发和练习嘴的功能。

我把宝宝抱在怀里，面前的桌上摆着一盘江米条（一种油炸的食物，呈条状），一盘带壳的花生和裹着糖纸的糖，一盒带着坚硬果壳的杏仁。

宝宝看着江米条，一直盯着看。于是我将盛装江米条的盘子推到他的面前，示意他可以拿。他伸手拿了一个，拿到手里时，他的呼吸开始急促起来，身体开始收紧。迟疑了很久后，他将江米条缓慢地放入了嘴里，然后长长地舒了一口气。这长长的一口气真让人有一种释放和畅快感。他把江米条放到嘴里舔了舔，然后就拿出来放到了桌上。

接着他开始盯着花生看。我又将盛花生的果盘推到他的面前，示意他可以拿。他迟疑了一会儿，伸手去拿。拿到后他突然大叫了一声，笑了，然后便面无表情地开始把花生在手里拈来拈去。我用微笑鼓励他可以把花生放到嘴里，他却突然开始急切地找妈妈，因为现在要将有花生壳的花生放进嘴里，难度更大。显然他可以明确区分什么是可以直接入口的食物，什么是不可以直接入口的食物。妈妈把他抱过去，他开始寻找妈妈的乳房，找到后便开始吮吸。吮吸的过程中，他想将手里的花生同时放进嘴里，但是尝试了两次都没能如愿。过了一会儿，他起身不再吃奶，继续把花生在手里拈来拈去，最后他终于将花生放进了嘴里，并长长地舒了一口气，身体也松弛下来。很快，他略加品尝后将花生放到了桌上。之后，他又转而盯着糖果。

我还是将果盘推到他可以拿到的地方。他拿了一块糖，然后拉着我的手哼哼着，示意我帮他剥开。我帮他剥开了，那是一块正方形的巧克力。他拿到手里后便把巧克力在两只手里交替着捏来捏去，手最后被糊上了黏黏的巧克力，但他始终积攒不起足够的内在力量，使自己有勇气将巧克力放进嘴里。妈妈告诉他："可以的，可以放进嘴里。"他开始着急起来，大声哼了一声，身体往上抬了一下，然后又安静下来，将巧克力一点点地放进嘴里，似乎甜味具有很大的吸引力，让他有勇气将巧克力全部放进嘴里。最后巧克力塞满了他的嘴，他的表情开始明快起来，眼神也明亮了。

吃完了巧克力，他又盯上了杏仁。我拿过那个果盒，放到他的面前。他拿了一个，同样放在手里拈来拈去，杏仁掉到了地上；他又拿了一个，还是拈来拈去，杏仁又掉在了地上；他又拿了一个，拈来拈去……这一次他尝试着把手里的东西慢慢向嘴靠近，然后缓慢地放进嘴里。他长长地呼出了一口气。他又放进嘴里一个杏仁，两个杏仁同时在嘴里。他开始兴奋起来，他在尝试嘴的更高难度的功能。由于嘴里从未被塞进过这样多的东西，口水丰富而溢出来，流满了他的下巴，他的双眼开始放出光彩了。

这个使用嘴的过程释放了宝宝的生命力，他开始变得活跃起来。他在房间里到处走动，拿他发现的任何东西，大声叫着。他拿了靠垫，大叫着，扔了。又拿到了一个计时钟，不停地捣鼓，想打开，打开后又想合上，但是能力不够。他便大叫着，愤怒地将钟扔掉了。偶然，他接触了我的眼神，然后他愉快地蹒跚到一排拖鞋那儿，拿了一只男式拖鞋，蹒跚着走向我并将鞋送给我，大概是表示对我理解的感谢，然后又拿了一只男式拖鞋，举在我的嘴前，使那只拖鞋显得奇大无比。

我问宝宝妈妈：“他在家常这样吗？”

宝宝妈妈说：“不，这样是第一次，他平时就让人抱着。”

宝宝妈妈告诉我，在宝宝42天的时候，有一次喂宝宝吃鱼肝油，本打算将液态鱼肝油挤进孩子的嘴里，结果一不留神让整个鱼肝油丸滑落到了宝宝的嘴里。他那时还没有吞咽固体的能力，鱼肝油丸卡在了喉咙里，差一点出了生命危险。自此，宝宝妈妈就有了心理障碍，总是担心宝宝被噎住，时时刻刻很警觉。

这是一个1岁1个月大的孩子身体的部分——嘴，被禁止使用和被重新鼓励使用后的两种截然不同的结果。半天的时间，环境改变了，孩子的主动成长意识和内在的生命力就逐渐显现出来，自我创造的活动又开始了。

对宝宝而言，嘴的引入、运用和练习的缺乏成为他发展的瓶颈。对于其他孩子来说也是一样，某一部分的使用受限了，卡住了，后来的一系列发展都会受到影响。

母亲由于孩子出过危险而害怕了，防御和避免再出危险的想法和举动，就成为孩子使用身体和开发身体功能的障碍，孩子身体的功能就被禁锢了。在我们的社会里，类似这样因噎废食的事情不胜枚举。

观察告诉我们，孩子如果在身体上受到束缚，他身体上的畏缩和紧张就会导致他心理上的畏缩。只有身体可以被自由地支配，他才会展现出鲜活的生命力，他的肢体才是柔软的、开放的和接纳的。在身体上有尊严，脊椎才能挺直，胸膛才会昂起，个子才会长高，继而在心理上才有尊严，最后在人格上有尊严。

身体的自由是走向人的独立的起始！自由使用和支配自己的身体，不仅能发展身体，同时也能发展儿童的情绪、感觉、心理、认知与精神。禁锢一个人，无疑是从身体的禁锢开始的。

身体的智慧

儿童活动的范围越大，就越有可能临近安全的边界，危险就越来越远了。

身体在活动中得到自由，儿童获得开发身体、创造身体的能力，也通过身体感觉来表达尚未形成自我的自己，彰显了自己，表达了自己，肯定了自己，演示了自己，突出了自己，显示了自己的能力和智慧。

在这种充分自由的环境下，儿童的身体开始在危险的边缘活动，并且儿童很乐于在这些边缘活动，甚至有些着迷于这些边缘，随着成长不断开发着新的边缘。比如，孩子们坐在楼梯的扶手栏上快速滑下，把秋千荡得非常高，在蹦床上飞跳，或者突然像离弦的箭一样奔跑，甚至试图像蜘蛛侠似的在墙上爬行。

每一种禁止和限制都是在无意中发生的，那是因为心底里对危险的惧怕。

在幼儿园里，我看见一位老师冲到高台前，急切地对一个正要从台上往下跳的孩子说："谁让你往下跳的？！谁让你往下跳的？"孩子顿时停住，他惊讶地看着老师，不知所措。

我问："他必须被允许才可以那样跳吗？"

老师说："是的！"

我问："在这里，他应该被谁允许？"

老师说："被我和其他老师！"

我问："那你呢？"

老师说："你和学校！"

我问："你过去呢？"

老师说："被老师，被父母！"

突然间，老师的眼睛里涌出了泪水。我们回头注视大厅里的孩子们，他们正三三两两、自由自在地玩耍着，身体的柔软和自然的放松，一种生命与生命之间的流动，一种自由与和谐的美，触动了我的心。我把这种景象描述为：他们做着自己。

这是一位新来的老师。我说："你担心他受伤，担心他对自己的身体没有把握。但如果你在一旁观察就不难发现，他这时支配自己的身体是想探索身体，想把握自己的心理对这样的高度、这样的空间的承受能力究竟有多大。观察可以让你发现，他是有能力掌控自己的身体来越过这样的高度的。"

身体活动的自由到了需要被允许的状态，那是对人，也是对儿童身体的巨大抵抗。

我们发现，正常儿童的身体具有本能的自我保护机制。也就是说，儿童的内在对环境是否对自己造成威胁，有天然的警觉和觉知力。实际上，自我保护仅仅是身体智慧的一个小方面，这只是本能的智慧，它透过身体的感觉反映出来。

在有名的"视崖实验"① 中，爬行中的婴儿看到网格状"疑似悬崖"就会停止爬行。这种视觉判断是先天的，停止爬行的这种自我保护的警觉也是先天的。

身体的智慧远不止这些。身体是一个相对完整也相对独立的智慧系统。身体拥有着我们想象不到的、先于和快于大脑认知的智慧，拥有极高的对周围人和环境的觉察力，拥有极高的直觉能力，拥有自我保护的能力，同时身体的每一个细胞还拥有很好的学习和记忆能力。我们发展良好的身体可以做高难度的舞蹈和杂技动作，可以玩滑板、蹦极、溜冰、冲浪和驾驶飞机，可以快速敲击繁杂的电脑键盘，演奏复杂的乐器，这些快速和高难度活动的完成依赖于身体本身的感知能力和高度协调的智慧。

作为一个成人或者说作为一个对儿童有监护责任的成人，你需要走入孩子的世界，去了解孩子怎么了。这里面有一个成人与儿童的区别：儿童必须

---

① 美国心理学家沃克和吉布森（R.D.Walk & E.J.Gibson）设计的一种用来观察婴儿深度知觉的实验装置。装置的中央有一个平台，平台两边镶嵌着厚玻璃。平台上与两边厚玻璃下铺着同样黑白相间的格子布料。一边的布料与玻璃紧贴，不造成深度，形成"浅滩"；另一边的布料与玻璃相隔数尺距离，造成深度，形成"悬崖"。

不断感觉、使用、探索和开发自己身体的空间和能力，在这个过程中身体才能不断地长大。成人已经走完了这个过程。如果站在成人的角度来观察儿童，我们就会认为儿童是在做无意义的工作。

你必须先对自己的身体有感觉，然后熟悉这种感觉。熟悉的过程实际上就是不断探索自己身体的过程。之后，你才可能开发自己的身体，继而对自己的身体有一种亲近的感觉，并能亲近、熟知、照顾自己的身体，拥有管理身体的能力。

身体是属于儿童自己的，他需要自由地支配它，以便开发和发展身体的智慧，并依靠身体迈向创造之路。儿童才是自己身体的主人！

对于成人来说，许多人甚至一生都乐于做那种使身体处于危险边缘的活动，痴迷于做高难度和高强度的极限运动，直至把它们变成叫作体育、杂技、艺术等的专门事业。成人一直在探索身体智慧的极限，由此创造出全人类共同关注和喜好的充满精神和美感的运动或艺术，并把全世界人民聚集、团结在一起，来张扬一种人类所共同追求的精神。但是，如果没有儿童对身体最早的探索、开发与创造，人身体所蕴含的潜能就不会被激发，也就不会有成人身体、精神与艺术的世界。

儿童在开始发现、探索、开发自己身体的时候，也和成人一样着迷，也会充满挑战和探险精神。当身体的一种功能被基本创造和开发之后，儿童就会开始探索新的、更复杂的功能。所以，自由活动有边界，在那边界上儿童能够自由活动，这就是关于儿童身体自由的艺术。

让孩子生活在“爱和自由”的环境中

父母、教师需要做的，就是在儿童活动的边界上“巡逻”，在鼓励和分享中保护儿童，让他们学会自我保护。在这里，让儿童轻微地害怕是必要的，这就像打一剂抗病毒疫苗。边缘活动使儿童拥有了激情，当然也使成人拥有了激情。

我和一位妈妈站在楼道里，走廊里有许多东西，尽头放置着一架钢琴。3 岁的小男孩和妈妈第一次来到这所幼儿园。在这个陌生的环境里，小男孩冒险地离开了妈妈。钢琴吸引了他，他独自走向钢琴。钢琴的盖是打开的，小男孩小心翼翼地触碰了一个琴键。

妈妈一惊，想冲上去，我忙说："琴盖不会砸到手。"

妈妈说："噢，不，他没被允许，他可以动钢琴吗？"

"为什么不可以呢？"

"别人的东西不可以动！"

"这架钢琴是公共的，属于每一个孩子！"

在这条长长的走廊里，孩子被一架钢琴吸引，而不是被其他事物所吸引。他的手指从首先触到的那个琴键开始摸索，琴声有序地、一阶一阶地升高着，直到最高音。走廊里充满钢琴的声音。

我和孩子的妈妈相视而笑。一遍之后，孩子又把手放回了原处，打算重新来一次。

这时，四五个孩子从楼梯口上来，从钢琴前走过，似乎没有孩子注意到弹琴的小男孩。但小男孩像一头警觉的小鹿一样，胆怯地退到了钢琴一旁。孩子的身体传达出他下意识的害怕和紧张。

孩子为什么会在身体上有这样无意识的反应呢？

妈妈说："他是担心其他孩子说他擅自动了钢琴！"

为什么妈妈也会像孩子一样反应，马上认为孩子的行为要经过其他孩子的允许呢？人在环境中的自主和把握究竟是什么决定的？

如果被允许之后才可以去探索，人就没有了自主和自由的意识。而孩子身体的自由和自主性应该是自发的，它由自己的意愿所指引。

常常被禁止和被别人允许本身就在传递一个信息：这个世界是危险的，他的行为是有问题的，他的行为是需要被允许的。这样，孩子就形成了一种警觉，"警觉"成为他所学到的，"探索"成为他需要鼓起勇气才可以发生的行为，而不是品质。他就像小动物一样，在学习生存，知道了外在的世界是“危险”的。在生存层面被保证、安全感建立之后，我们就可以在生存层面的后面，触摸潜存着的作为人的存在内涵。身体被限制，使孩子的成长更多地停留在了生存层面，人的存在内涵很可能从未被触碰过。所以，我们应当让每个孩子感觉到人和环境的友善、自主和自由。

怎样才能培育心灵的自由？我们在自己家中心灵是否自由，不会受限或感到紧张？我们如何把幼儿园打造成每个儿童自己的家？

让孩子内心放松和身体自由，而不再像一头容易受惊的小鹿，最好的办法是让这个孩子生活在充满“爱和自由”的环境中，听从自己内心的指引。内心指到哪里，身体就自由地跟随到哪里。只要不伤害自己，不伤害环境，不伤害他人，就让孩子跟随他自己的心。如果伤到了，父母和老师可以抱走孩子，让孩子体验到哪些事情不可以做，产生界限。

第四节　不同阶段的身体发展特征

儿童的成长从身体开始

我们的身体是人真正存在的处所，是一个人情绪、感觉、心理、认知、精神和心灵的家园。

我们相信儿童的成长都将从身体开始，同步经历着情绪与感觉，然后上升到心理、认知与精神，这是人内在不同的存在层面。这些不同的层面创造了一个内在的拥有自我的生命的伊甸园。这个生命内在的花园就如同一个外在物质世界的花园一样，鸟语花香，景象万千。

要创造什么样的伊甸园？必须让儿童自己做主并从做自己身体的主人开始！

人为什么不像动物那样在出生几小时内就会行走，为什么不像猴子那样生来就会灵活地攀爬，为什么不像豹子那样很快就能敏捷地奔跑？人和动物的根本不同在于，人的生命密码拥有审时度势地把身体调整到适宜当时、当地情况的机制；动物的生命密码只有基本的生存机制，它即使能适应新环境，也需要一定的时间。人拥有精神的感觉，动物只有基本的感觉；人拥有丰富而景象万千的情绪世界，继而成熟到非常美妙的情感，而高等族类动物只有基本的原始情绪；人拥有强大的认知、严密的逻辑推理能力和丰富的思想，而动物只有仅为生存而拥有的有限生存智慧；人拥有伟大的精神，而动物却没有；人拥有创造的天分，几乎身体的每一个细胞里都蕴含着意识和精神，同时也拥有动物所具有的特征，而动物却远远没有达到这个层面。只有人可以完全用身体表达一种纯然的精神。如此丰富和神奇的人，其生命也必定是美妙和自由的，就是这种奇妙，让我无比感动。

13 岁的青青说："人的身体是豪华版，动物的身体是普通版，昆虫的身体是简陋版。"①

我们可以直接通过观察婴儿的反应而知道婴儿已经有感觉了，听到婴儿的哭声就知道他有情绪了。如果我们再略微仔细观察，就可以了解到婴儿既有探索外在环境的驱动力，同时也拥有探索内在环境的驱动力。但所有的探索首先都是从身体开始的。

对于婴儿来说，刚开始他并不知道身体是自己的，所以他发现了之后会非常惊喜。发现自己有手、有胳膊、有腿，就像发现了外在的物件，像发现了奶瓶、杯子、饼干一样高兴。婴幼儿在使用身体的过程中发现身体的基本功能，在这种发现中他的身体首先苏醒了。刚出生时，他还只会用自己的嘴，然后嘴发现了手……接下来可以支配手了，这可能是让婴儿非常兴奋和喜悦的最大发现了，他充满激情地让自己的手在所有可以使用的地方使用；然后是走，完全投入脚的使用中……他通过这个过程创造了自己的身体，让自己的身体归属于自己。这种感觉和发现就如同青春期身体的变化一样，使人充满了兴奋、好奇，继而探索。

婴儿首先在无法走动的境况中启动可以启动的部分，他自由地扭动颈部和头部，然后用嘴发动手，再用手去抓、拿、扔，用脚做蹬的动作；接下来，他开始用腿带着自己爬行，让自己的手到处抓，这个过程大约会持续一年；再发现可以用腿来行走，于是他开始到处走和跑，这个过程大约也会持续一年；再发现可以让自己的身体跳跃起来，于是他开始见高处就跳。从爬行到蹒跚、到跑、到跳，再到尝试从不同的高度往下跳，这个过程也就是释放走动、奔跑的生命过程。

每当身体的一种功能被唤醒，儿童就会尽情地重复使用、反复练习而没

① 详细内容参见本书第 265 ～ 274 页。

有节制。0 ~ 6 岁的孩子通常要一直活动到自己困了、累了才会躺下。这正是他在创造过程中表现出的特征，他满怀激情地运用他的新发现，并创造自己身体的每一个部分。这个过程是自发的，与有意识地支配身体有着根本的区别。

如果儿童的身体受到限制，不仅会影响儿童其他部分的发挥和发展，而且还会让儿童失去对自己身体的感觉，进而失去对生命的感觉，最后和自己内在部分失去联系。

孩子在 0 ~ 18 岁这一时期，他的注意力究竟是阶段性地集中在身体、情绪、感觉、心理、认知、精神发展的某一项上，还是各项同步成长？在唤醒身体的同时，他的认知是否也得到了发展？生命的每个阶段都有其成长的主题和副主题。

6 岁前的儿童身体发展

0 ~ 3 岁的主题是唤醒身体的每个部位，副主题是孩子用身体发现、创造出内在的情绪、感觉、些微的心理和认知，这些被交融在儿童的身体活动里。成长的过程堪称一首生命的交响乐。

为什么要用“交响乐”这个词来形容？因为儿童的意识和身体并未分开，一切尚在发现和创造的初始。所以，每一部分都无法达到独立出来的状态，但这恰恰造就了儿童奇特的生命力。

观察到孩子这种浑然一体的生命特质非常重要。也就是说，对于儿童，身体就是情绪，就是感觉，就是心理，就是认知，就是精神，它们是一体的，并通过身体的活动来体现它们的浑然一体。当儿童在做某种身体活动时，他不仅在发现和探索身体，也在用身体的活动表达自己的情绪、感觉、心理、认知和精神。这种奇特的能力只有儿童具备，其伟大和神奇超乎我们的想象。

在 6 岁以前，儿童的情绪、感觉、心理、认知与精神都融合在身体的活动中，并通过身体的活动来发展和成长。儿童就是这样一个浑然一体的内在，只有成长到一定阶段时，各部分才会一项项逐步分离，然后独立出来。自我也就在这个过程中逐步形成。当儿童发展到青春期，这些独立出来的一项项内在将会再次统合协调起来。这个过程似乎首先是一体，然后逐渐剥离、独立，最终再统合协调在一起。这一生命发展既定的时间应该要到青春期。自我也在这个时候基本形成了，生命也变得协调了。

这有些像胚胎的成长过程。最初，一个细胞分裂成了相同而又彼此相连的 2 个细胞，2 个分裂成 4 个，4 个分裂成 8 个，8 个分裂成 16 个……如此不断，当达到数百个时，生命世界既定的时间到了，这些原本一样的细胞好像突然具备了某种创造的能力，它们独立开来去创造身体里的不同器官。当这样的创造完成时，每一个身体器官都相对完好成形，并彼此联结，一个完整的身体便形成了。身体器官必须共同协作，有一个不合作，那就表明某一部分产生了病变。在生命的环境中，生命内在也有不同的组成部分，这些组成部分彼此独立但又相互联结和协作。

所以，如果身体被禁锢，儿童就丧失了自己。

儿童不仅和母亲共生，和周围的环境浑然一体，也和自己的内在环境浑然一体。由于儿童尚未在意识上达到独立，就呈现出一种全方位的开放和毫无防卫的生命状态，这种状态使人拥有了创造的可能。我们能够看见，他们还没有成长到能将自己的内在部分独立和协调起来的阶段。

儿童的身体也和母亲的身体共生，就像在妈妈的腹中一样，同时也和周围一体，所以与外界环境共生的并不仅仅是内在无形生命的各种形态。儿童不知道他与他需要的物体之间有距离，所以想要的愿望一产生，就扑过去拿。从认知的角度来解释，这可以理解为儿童暂时还没有空间感。实际上，儿童在感觉上是将物体和自己看作一体的。当然，当儿童拿不到时，他的身体就会被他自己发现了。动画片里也常有这样的镜头：人物把手臂突然伸长，拿到东西后再把手臂缩回。这个情境也是符合儿童内在意识的。这就是延伸儿童的身体可以有效地帮助儿童发展认知的原因。

当儿童想吃东西时，他的嘴巴自然就动；当儿童内在产生一个心理活动时，他会立刻用肢体动作表现出来；当儿童思考时，他必须同时在做。他还不能坐在那里，让身体不动而仅仅让意识活动；当大脑活动时，身体必须也活动，这样儿童自己的认知活动才能被发现，因为儿童不知道他的认知可以从身体中独立出来。同样，当心理活动时，儿童也用身体的活动发现着他的心理。这正是儿童的特征。

儿童内在的一切（当然也包括他的思维和行为）是一体的，禁止儿童的行为也就等于禁止了儿童所有内在的成长。儿童的行为发展恰恰反映了早期创造能力的发展。

儿童的这些特征有别于成人的某些认识，诸如“儿童活动就是在锻炼身体”“要求儿童安静地听和思考”，这样的想法并不符合儿童的实际情况。这不是儿童的状况，而是成人各种内在功能独立之后的行为模式。

这种浑然一体是生命的早期特征。世界是物质的，儿童在物质世界里成长。物质世界最根本的特征是物与物分离的存在状态，每个生命个体的存在形式，也是以一种相对独立的、稳定的、完善的、相对封闭的系统存在。这是每个个体生命存活的一种模式，它不像生命本身是一条浑然一体的流淌的河流。因此，蕴含在生命中无形的浑然一体的内在环境，也必将在逐渐的成长和逐渐的自我创造中达成与物质世界的协调、协同，那就是逐渐地将内在的一切剥离开，再独立出来，并将各个部分辨识得清清楚楚、明明白白，最后再将各个部分统合起来，这就是生命成长的艺术。

儿童在童年时期对自己内在环境剥离得不好或者辨识不清，那么成年后就会在各方面与他人共生，也就是依附于他人，并迷失自己，失去内在的独立和稳定。这样与他人建立的关系仍然会像婴儿与母亲的关系一样，附属于他人并被他人掌控，也就无法获得一种真正意义上的与他人独立而和谐的关系。共生是童年期的一种生命特征，如果成年后还残留这种共生，就表明个体仍未发展成熟。此时个体内在的环境就会因不稳定而无法平衡，也会和其他人产生混淆，我想成人的痛苦或许就源于此。

内在部分看上去独立存在而又无法完全独立的成人，会习惯性地以分离开的思维观察儿童。成长的复杂性就在于不能保证每个人的历程都能从浑然一体中剥离出来，走向独立，然后又回归到浑然一体的生命状态。这时候的一体，就是另一种不同的生命景观了。生命内在的分离是必然的，但回归并再次浑然一体就不一定是必然的了。回归是一种超越和抽离。当我们跨过了童年的门槛，却没能完成回归历程时，我们就不明白儿童了。

7 ~ 12 岁的儿童身体发展

非常有趣的是，7 岁以后，儿童基本完成了分离的过程，已经发展出了其他部分。为自己创造一个内在的环境后，儿童可以用发展出的意识支配身体了，但没有了浑然一体的状态，身体反倒不再像 7 岁前那么自如了。儿童开始用已经发展起来的相对独立的、可以和身体分离的思维支配自己的身体时，又会像婴儿那样笨拙，好像第一次使用自己的身体、第一次协调身体的功能一样。技能性的自我训练便开始了，比如跳马、跳绳、蹦蹦跳、打各种球。

儿童在 6 岁以前，年龄越小，其身体活动越不受限制，他想怎么做就怎么做，自然天成。但 7 岁以后变化就悄悄到来了，孩子开始用已经成形的意识支配自己的身体，身体要开始接受认知的领导，并反应、协调认知。心理压力一旦出现，身体的表现便不自如了。这需要一个过程，经历这个过程之后，认知、意识和精神就被融进了身体中。我们将此称为身体的艺术，如舞蹈、体操等运动项目。这样有意识的自我训练为青春期真正意义上的运动和精神的表达拉开了序幕。

我们幼儿园里各班是混龄的，2 岁半至 6 岁的孩子都在一起。老师正将一组健脑操动作示范给孩子们。动作很简单：抬左腿，右手拍在左腿上；抬右腿，左手拍在右腿上……依此循环。有趣的是，当要求他们有意识地去做这个动作时，有些孩子似乎做不来，他们用意识支配了手的时候，腿却不受支配了，似乎他们不能将腿和手有意识地协调起来。有意识地支配身体的动作，这种乐趣并未被这个年龄段的孩子发现。很快，孩子们就不感兴趣了。包括每年的演出活动，只要有这种需要有意识支配的集体舞蹈动作，如果不要求或是用特别的技巧，孩子们就没有办法做到。他们站在舞台上，动了手就忘了脚和腿，动了脚和腿就不知如何动手。而且，有的孩子就站在舞台上，一动不动地观察着舞台前的成人；有的孩子则觉察着自己内在到底发生了什么。

他们还没有在身体上获得自由。发现和创造本身是这时候孩子们身体的自然状态。恰恰是这种天然的状态，常常打动着我们。

所以，一个孩子会在长达半年甚至一年的时间里用嘴到处“品尝”，在 3 ～ 4 个月的时间里用屁股行走，在 2 ～ 3 个月的时间里用手下楼梯或者把类似盆、锅的东西往头上顶。这时的孩子还不能把自己的身体整体性地组织和运转起来。到了 3 ～ 4 岁，上下肢的协调性好了起来，冒险也就开始了。到了 4 ～ 6 岁时，儿童可以灵活运用身体了，不仅如此，他还会开始自然地用身体创造和发现自己内在的心理和精神。

3 ～ 7 岁的生命发展主题是：协调和联合身体的所有功能，全面地发现和创造自己的世界。协调本身就变成了儿童生命中的一种成长的能力，为其后心理、认知以及其他部分的协调整合奠定了更为复杂和高级的基础。

到了 7 ～ 12 岁，儿童开始对有意识地协调自己的动作有了极大的兴趣。他们喜欢跳绳、滚圈、骑马、弹珠、蹦蹦跳，这些都是有规则的身体活动和游戏。几乎在每一样游戏中他们都会使用意识。此时儿童认知的发展使得他们可以通过认知来确认自己的身体，设计活动来自主游戏、自主运用身体。但真正的体育运动出现在 12 岁之后，那时他们才会有体育中的精神激情。

舞蹈成为这个年龄段孩子的最爱，它比体育活动更受孩子欢迎。演出成为每个孩子通过身体表达自己丰富的情感世界、精神世界的核心活动。每个孩子都有权参加，他们可以自己选择音乐，可以自己创造，没有人有权把某个孩子排除在外，因为我们是要给所有孩子提供成长的环境，他们受教育和成长的机会是均等的。让他们参加演出并不是为了竞赛和选拔——这是社会的行为。舞蹈中，可以看到身体获得自由的孩子，他们生命力的激扬和彰显。每一次观赏演出，家长们都感动得落泪。每一年我们都会组织一次“教育之旅”，父母和孩子都到学校里体验。一位教育旅游者在看完演出后说：“身体原来可以这么有生命的活力，可以这样自由地表达。生命真的太奇妙了！”

青春期儿童的身体与精神发展

孩子既可以处于坐在桌前完全的认知中，也可以处在跑道上完全的运动中，又可以处于完全的舞蹈中，这正是青春期生命的象征。

青春期，其重要性相当于 0 ～ 3 岁时期，是人一生中第二次身体发育和产生巨大变化的时期，这一时期精神发展非常迅速。青春期以前，儿童透过自由的活动创造一个蕴含着生命内涵的身体，为未来精神的身体建立一个母体。对于青春期之前的儿童来说，奔跑时则愉悦而自由地奔跑，他们在和伙伴的追逐嬉戏中感知身体本身，同时也发现和创造着生命内在的其他部分。愉悦和自由的儿童不断地在一些台阶、平衡木、坑洼处、水沟里等凡是可以考验身体自由运动能力的地方不厌其烦地攀爬、行走。他们高呼着从滑梯上滑下，大叫着跳下水，在雨天里快活地奔跑，竭尽全力张扬着自己，张扬着终于可以完全使用身体每一部分的喜悦。对他们来说，身体自由了，他们创造了一个属于自己的身体。

青春期的发育过程像生命乐章的一个小高潮。青春期是身体真正发生飞跃变化的时期，就像海豚从海面上一跃而起，这个成长过程充满激情。青春期的孩子，生命力的激情成熟地蕴含在每一个细胞里。像鲁道夫·斯坦纳[①]所

① 鲁道夫·斯坦纳（1861—1925），奥地利思想家和教育家。

说，青春期孩子的脊椎像一把正在激情演奏中的大提琴，对身体内部的探索才刚刚开始。当然，这时候身体的发育，一定是根据不同孩子的成长和自我创造的情景来展示的。这就使得身体存在于不同的层面：全然的动物式的发展和探索，带有情感的生命的探索，带有精神的身体的奏鸣……当青春期来到，一切都可以独立操作了，身体自由了，就被无意识地遗忘了，注意力也就被集中在了更为高级的层面。

青春期到来时，身体不是被发现和使用，而是孩子从内部萌动出一种身体的新的感觉。他们突然发现了身体内在更深处的秘密，身体不再是为了身体，其他的特质也发展和独立起来。我们可以用发展完善的头脑来支配身体，可以让身体表达我们的想法、感觉、心理和精神，身体成为我们表达自我最亲密的伙伴，这令人惊喜。自此以后，我们的内在环境和自我都开始在身体上呈现出来。至于如何呈现以及呈现出来的状况，取决于青春期之前的发展和成长。身体的秘密就是在身体的深处蕴藏着非常多的激情、创造、精神和爱。

经历了十几年的成长，儿童不仅创造了自己的身体，发展了自己的情感、心理、认知和精神，更重要的是儿童自己创造了一个自我。这样就长成了吗？这样就被创造出来了吗？精神胚胎首先为我们自己创造了一个看得见、摸得着的身体，同时也是美妙的、旺盛的、活力充沛的身体。这个身体与我们一体，成为自我最好的伙伴。

在人的身上，只有身体本身和精神才能表达出一种需要张扬的激情。这正好是人成长的一个循环，身体是初始，精神是结果。

所以，当我们用眼睛观察一个成人，他的躯体可能看上去是原始的，处于动物状态的；可能看上去是社会的，带着因生存的艰辛而残留的盔甲；可能看上去是理性的，是彰显人性的；可能看上去是精神的，在他的每一道皱纹里洋溢着爱和喜悦。当我们看到不同层面的人，我们就有不同的感受。人的成长历程会反映在他成人后的身体状态里，因此我们可以从他身体的背后看到他生命的成长迹象。

第五节 隐藏在儿童身体里的生命力

儿童对生命力的明察和觉知

有一次，一位父亲愉悦地对我说："今天，我被儿童发现了。"

我太好奇了，他存在着，却没有被发现。我追问："快说，快说。"

他说："平时，我走在社区里，有很多孩子在玩，却没有一个孩子看见我，我就像一团空气一样。今天，一条小狗追着我玩，我便跑了起来和它嬉戏。所有的孩子都惊喜地发现了我，全都快乐地注视着我，就像刚刚发现我一样。我以前从不被孩子们注意，就是不会被孩子们看见。"

儿童看到了生命。狗是儿童心中天然的生命，儿童看到了狗，也看到了和狗一样具有生命力的他。因为看到了他的生命力，所以发现了他。那是儿童发自内心的惊喜。儿童对生命力有着成人不明白的明察和觉知。

大多数动物对运动着的物体都非常敏感。莫非儿童正处在从动物层面走出的过程中？儿童和动物、植物及其他各类生命形态有着天然的千丝万缕的联系。

我们说过，婴儿不是和那些小动物一样，仅有生存部分的探知和基于生存而认识外界，儿童拥有更高级的生命形态。

孩子惊喜的表情带给了这位父亲无法言语的快乐，那是一种和孩子真正联系的快乐。而孩子，则通过这位父亲的奔跑行为发现了他的生命力。

这位父亲说："正常儿童的生命，就像一团燃烧着的火，密实而热烈。那团火的体积超过了儿童身体的体积，所以儿童的身体被推动着成长。不像我们的身体，我们身体中那团火的体积已经比身体小了，所以我们更倾向于坐着。我们那团火越来越不密实，身体里就出现生命能量的空当，身体就松弛了。但是，儿童身体中那团火的能量很强，会推动儿童突然快速奔跑，就像一种生命能量的释放与喷发。”

我想起，儿童都喜爱冷饮，尤其是冰激凌；我想起，尽管我们反复告诫儿童，尽管老师处处小心，尽管我们不停地检查并修补安全漏洞，但仍然会有孩子在突然而猛烈的奔跑中受伤。

回到我们前面所举的宝宝的行为受到限制的例子。实际上，宝宝内在的那团生命之火，没能通过宝宝自由的身体活动而被弥散到身体的每一个细胞里，弥散到所有的意识状态和情绪里，这就等于生命能量没有得到激发和释放。

实际上，这是一种创造之火，而由于行为受到压抑，这团火越来越弱，呈现的正是孩子身体素质的强弱以及活力的状态。这就告诉我们，身体的愿望和愿望本身的实施是生命力本身的一种需求，这一需求必须借助儿童的身体、意识才可能得到表达和满足。这个过程就是将生命力肉体化、人性化的一个历程。实际上，这个历程同时还在悄无声息地帮助儿童创造着一个伟大的东西——自我。而这个过程必须首先开始于儿童唤醒自己的身体。所以，对于儿童，用“生命力”来形容更显其奥妙！

儿童必须依靠满足其自由使用身体的功能，并按其自己的意愿，将生命力释放出来，其成长的生命能量和内在动力才会被激发出来。

我时常观察成人身体的不同状态：有的人身体挺拔，有一种生命力向上的感觉；有的人整个身体向下坠；有的人身材干瘪，腰杆乏力；有的人肩宽背阔，能量充沛……我们透过对成人身体的观察，来思考和解读成人成长的历程，同样也可以用此方法观察孩子的成长状态。

当我们看见一位儿童和一位老者，我们通常会说儿童的生命力旺盛而鲜活。生命力看不见，甚至不到某种年龄我们都无法感知到。当我们开始衰老、想要抓住青春时，当我们的生命力开始衰退时，生命力就在我们的内在与我们不期而遇了。在它要慢慢离开时，我们开始感觉到它，靠近了它。

生命力究竟是什么

在很多不同的领域，不同的著作、学说和语言中，这个词常常出现。其实，它就流动在我们的身体中。我们似乎都知道它是什么意思，却又不能完全确定。

在我12岁时，我的一个4岁的侄子因医疗事故去世了。那时正是冬天，我在奔往他家的路途中穿过了一片荒芜的田野，心里觉得发生了一件大事。那不是“一个人死亡了”这样的消息，那究竟是什么？两天前我还照顾过这个孩子，我和他有着交融一体的情感联结，但我不知道“死亡”究竟是什么。

到了他家后，我穿过拥挤的人群和一片哭声，来到平躺着的他的身边。他脸色蜡黄。我伸手去拉他的手，当我的手碰触到他像面条一样的手时，刹那间一种奇异的感觉传遍了我的全身：一个“东西”离开了他的身体，躺在那里的不是他，只是一个物体，那东西回来了才是他。这并不是成人世界里所说的死亡，那种感觉也并不是悲伤，我只是无法把他和一个活着的、走动的生命联想在一起。那感觉必须用“他走了……”来形容，实在是太刻骨铭心了。

那东西究竟是什么？是生命，还是灵魂？去了哪里？我为什么会有这样的感觉呢？有多少人有过类似的感觉呢？

在我还是孩子的时候，这是死亡给我留下的最深刻的感觉。它留在我的记忆和感觉的深处，很久不曾被问津。

当我们活着的时候，生命可以全然被忽略；当死亡到来时，生命就不可阻挡地来到了我们面前。

我透过我所爱的一个孩子触摸到了生命。其后，我体会到人的生命的组成部分并不是如此简单，用“生命”一词来概括那一部分是不完全的，应该称它为“生命力”。在头脑中，我会认为我明白什么是生命力，但我并不“知道”什么是生命力。任何一次，我在书中看到“生命力”这个词，我都无法从根本上知道它。我是说知道，而不是理解。

有一次，一位长辈问我：“你有没有做过这样的实验，模仿一个4岁孩子一天的活动，他做什么，你就做什么？”他接着又说：“我做了，但我模仿的时间都没有超过一个早晨。他弯腰我就弯腰，他蹲下我就蹲下，他跑多远我就跑多远，最后我累得都不能动弹了，但他什么事都没有，该做什么还是做什么。”

儿童的生命力为什么这么旺盛

我是否能够将生命力完全从身体里分离出来，以便让我充分体验到它的存在呢？

有一次和朋友们探讨关于生命力的话题，其中一位爱好瑜伽的朋友分享了她获得这种体验的经历。

她说：“那种深深地潜藏在人身体和生命深处的能量，从我身体的深处升腾而起。当它从我的顶轮[①]流畅而出时，我开始起舞——身体不存在了，呼吸不存在了，周围的一切都不存在了……一种充满喜悦的、充满爱的生命力与精神能量成为我的全部，我必须舞蹈。所有的一切都成为喜悦、爱、生命力、精神能量，整个世界以及宇宙和我融为一体，或者我和它们成为一体……就好像一种淡蓝色的生命的海洋……纯粹的生命精神能量鲜活地流动着，如此自由，如此自由地舞蹈……”

她说：“我哭泣着，整个世界、宇宙舞蹈着……不是粗糙的物质，而是纯粹

① 顶轮，印度瑜伽术语，大约在头顶部位。

的、喜悦的、爱的、生命的、精神的能量舞蹈着……”

她说：“生命的赞歌，生命的赞歌……你知道吗？那一刻你明白了什么是生命的赞歌。你有一种无与伦比的对生命的膜拜……”

她说：“从开始到结束，这种体验持续了两个多小时。它超出了语言本身，它应该是一种身心灵的体验。我能表述的只能是喜悦的、爱的、生命的、精神的，我们纯粹地合一并生动着，没有丝毫的物质成分。”

生命力与身体交融在一起，它储存在人的每一个细胞中，而一切的成长和发展首先依赖于生命力的唤醒。生命力创造着我们的身体，创造着我们身体的种种动力，创造着我们对异性奇妙的爱情，创造着我们繁衍后代的喜悦，创造着我们身体的艺术和身体的精神。

刚出生时，婴儿不能自由移动，但他有一种内驱力，这种内驱力帮助他逐渐唤醒身体的每一个部分。这种内驱力被我们称为“生命力”。身体的每一个细胞都充满着驱动儿童身体发展的生命力。

生命力的释放，必须依靠儿童自由使用自己的身体才可以逐渐完成。这说明，在生命力上，儿童首先是自己身体的主人！

生命哲学认为，从最基本的植物元素到最高级的动物形态，凡是有生命的物质都有这种活力，生命力无处不在。它只是人这种生命的一个组成部分。

这种思想对我所从事的教育工作有着至关重要的作用。我想知道儿童鲜活而饱满的活力和旺盛的精力到底是什么？为什么儿童的活力能达到只有睡着了才不活动的程度？儿童天然喜欢和植物、动物在一起的原因究竟是什么？儿童是否可以与所有的生命交流？他们之间的生命是否可以自由流动？我想知道他们的生命力为什么如此充沛、柔和、开放和充盈着爱？我想知道他们的身体行为是否有精神的指向和引导？我认为，这位瑜伽爱好者所体验的正是儿童生命状态的一部分。这种景象其实每一天都会在儿童身上上演，他们天然拥有这种生命力，天然地拥有并受其指引，只是由于他们是其本身，还不能从中超脱和抽身出来。

蒙特梭利[①]说："这种具有普遍影响力的力量并不是肉体方面产生的力量，而是存在于生命本身的一种进化的力量。它推动各种形式的生命进化的过程，也产生了行为的动力。然而，进化并不是靠机运发生的，它受到固定法则的支配。所以，如果人的生命是这样一种力量的表现，人的行为自然也要受它的塑造。

"在幼儿的生命里，每当他有意地做某件事的时候，这种力量便会进入他的意识中。我们所谓的'意志'也就开始发展，这个过程由于随时会有新经验出现而不断进行。"

所以，孩子身体的自由受这种生命能量的指引。如果身体被他人支配，就会产生截然不同的成长结果。人的身体隐含着精神和意识，隐含着喜悦和爱，而强制会迫使孩子只留下身体本身，其他的就会被压抑。所以，我们要更加懂得尊重孩子身体的自由。

生命力是动力，精神胚胎（后面的章节会详细阐述）是导向，儿童所有的运动都是象征性的，儿童所有的活动都并不只是活动本身，而是借助活动创造身体每一部分的功能，并让身体焕发出精神内涵。这同我们惯有的食物创造身体的观念有着根本的差别。

意义正在于此。

① 玛利亚·蒙特梭利（1870—1952），20世纪伟大的儿童教育家。

第三章

儿童是自己情绪的主人

一个孩子来上幼儿园，这是他第一次离开妈妈。妈妈把孩子送到幼儿园后对孩子说："妈妈现在要上班去了。"孩子便抱着妈妈的脖子撕心裂肺地大哭。分离使孩子充满了恐惧，就像出生时孩子离开妈妈的身体一样。

第一节　儿童天然拥有情绪

人是个情绪体。

我们理解孩子，就要理解他的情绪；我们接纳孩子，就要接纳他的情绪；我们爱孩子，就要包容他的情绪。

孩子来到这个世界的那一刻，就是和情绪一起到来的，那就是孩子的第一声啼哭。从此，孩子便和情绪难分你我、形影相随、朝夕相处、终身相伴。

出生时，情绪即伴随而来，婴儿一开始就天然地拥有了它。如同身体的成长，情绪也需要 18 年的成长时间以达到成熟。

让我们从新生命降生时的哭声来解释情绪吧。

新生命本来住在一个柔软、润泽而温暖的子宫里，在那里他与母亲一体。出生那一刻，他突然来到一个手脚伸出去空旷、无遮挡而且又冷又硬、粗糙、嘈杂的世界。新生命是如何从鲜嫩而柔软的生命之河中迈向这分离的、冰冷的物质世界的呢？面对这突如其来的变化和世界的扩大，娇嫩的婴儿如何适应呢？他如何应对因降生而带来的生存环境的骤变呢？这个过程中，婴儿的身体内会本能地产生一种恐惧的能量，这种能量会透过哭而被释放到身体之外，以此平衡生命之痛。我们把这种能量称为情绪。

这一现象告诉我们，生命依托的某种能量，通过身体的转换释放到外部，它可以保护、调节和激发人的成长，它是生命的一部分。

试想，如果没有这样的情绪释放来保护自己、来帮助自己过渡，初生婴儿该如何去适应一个新世界？又如何扩大他的世界？这真是非常奇妙。

从中我们可以了解生命的秘密：所有人包括婴儿都在扩展自己的心理世

界中学习和成长，而扩展时内在就会失衡，失衡就会恐惧，这种恐惧的释放也就是帮助我们寻找内在平衡的过程。可以说，情绪的功能就在于帮助我们自我修复、自我调节与自我平衡。

婴儿出生时就拥有原始的情绪：恐惧、愤怒、哀伤、快乐、好奇。这些是生命出生时情绪最基本的组成部分。依靠这些基本的情绪，儿童发展和创造出丰富、生动、感人、润泽的情感世界。

恐　惧

让我们先看看儿童恐惧的情绪。

一个孩子来上幼儿园，这是他第一次离开妈妈。妈妈把孩子送到幼儿园后对孩子说："妈妈现在要上班去了。"孩子便抱着妈妈的脖子撕心裂肺地大哭。

分离使孩子充满了恐惧，就像出生时孩子离开妈妈的身体一样。

老师把哭喊着的孩子从妈妈的怀抱里接过来，但孩子仍哭着拉扯着妈妈。最后妈妈消失在孩子的视线里，孩子便转身抱住了老师，依然恐惧地哭着。

孩子第一次离开妈妈上幼儿园的时候，要怎样安慰孩子呢？

老师怀抱着孩子，轻轻拍着他的后背说："老师知道你离开妈妈很害怕。你哭吧，哭会让你好受一点。老师陪着你！"

孩子就把恐惧大声地哭了出来，哭过，恐惧就自然地流淌出来了。

老师又说："你现在很安全。老师会照顾你，保护你，一直陪着你，不离开你，直到妈妈来接你。"

不管哭多久，都会有老师陪着。一会儿，恐惧的哭变为伤心的哭。此时，孩子有的只是离开妈妈的伤心，而不再是恐惧。他和这个新世界就在这样的哭声中逐渐靠近……正常的感觉逐渐开始回归，心情开始平复，妈妈的离开也被慢慢地接纳了。

哭是痛苦和伤心的表现、表示、表达和导出。这里哭不是伤害，而是情绪的流淌。这时的安慰就是倾听：倾听孩子的情绪，倾听孩子的哭声。倾听就是允许孩子把情绪流淌出来，就是接纳与理解，就是爱。

妈妈是孩子安全、安定、熟悉、亲切的世界，在妈妈身边，他会觉得安全。忽然来了一个陌生人（老师），这个陌生人抱着孩子来到一个陌生的地方（幼儿园），孩子的不安全感和无秩序感就出现了。这该是怎样的恐惧和害怕！此时的情绪完全是一种本能的、自然的反应。

所以，孩子刚入园时，我们通常会让妈妈先陪伴孩子几天，让孩子对幼儿园和老师熟悉起来。妈妈应当在孩子对老师有亲切感后再离开。当然，这之后孩子仍然需要很长的时间来熟悉老师，仍然需要很长的时间来习惯没有妈妈在身边的生活，这个熟悉与习惯的过程正是孩子扩大自身世界的过程。

所有情绪中最先被感受到的，也是最有冲击力的就是恐惧。到幼儿园后，妈妈离开去上班了，这种和妈妈的分离使有的孩子充满了恐惧。孩子需要把恐惧大声哭出来，并在这样的哭声中，让自己和这个外在的世界逐渐靠近，并逐渐接纳他人。

幼儿园里曾有过这样的对话。

老师对一个刚入园的孩子说："不哭了，妈妈下午就来接你。老师也爱你！"

站在一边的大一点的孩子对老师说："老师，你让他哭吧！我刚来的时候也很害怕，也这样哭。哭着哭着，就把害怕给哭出去了，我就好了。"这是大孩子自己的情绪体验和经历。

来到陌生的地方并被交给陌生的人，孩子因此会有恐惧的情绪，这种情绪使孩子自卫，这是孩子自我保护的生命能。借助这种生命能的流淌，孩子会恢复正常的感觉和心理，并会衍生和发展心理与认知，慢慢开始接纳他人代替妈妈来照顾自己，慢慢接纳陌生的环境，慢慢了解妈妈和家庭之外的世界，慢慢扩展自己内在世界的空间，最后会把逐渐扩大的外在世界装进自己逐渐扩大的内在世界。这个过程经由感觉、情绪、心理和认知，儿童会整合出:“世界是可以信任的，他人是可以信任的，我自己也是可以信任的，而且我是有能力的。”一个自我就在这样的过程中被慢慢创造出来了。

孩子的成长过程，是一个内在空间和外在世界不断扩大的过程。从妈妈的腹中扩大到腹外；从家庭扩大到幼儿园，扩大为家庭和幼儿园的组合。这个扩大的过程是迟早的、自然的、必然的和必需的。但它常常不是慢慢扩大，而是一下子就扩大。比如，儿童去上幼儿园，很多情况下并不是因为孩子自己想走出家门，不是他自己对幼儿园好奇、有需求、有向往，而是因为成人觉得儿童需要，或者成人自己需要。希望有一天，我们的幼儿园可以准备一个新入园儿童家长休憩和“亚工作”(家庭到幼儿园之间的过渡）的空间，使得家人能在幼儿园和孩子一起生活，根据儿童的具体情况选择家人完全离开的时间。这就是一个过渡办法。

在成长的过程中，无论何时何地，儿童都需要一个爱的陪伴者。爱是生命成长的背景。这就是为什么在每个孩子刚入园的第一个月，幼儿园要有一个老师专门陪伴这个新孩子，并且给他足够的关爱。在孩子生命的头 6 年里，任何可能给儿童带来内心变化和冲击的时刻，儿童都需要一个爱的陪伴者。

伤　心

伤心是儿童经常面临的情绪。一位老师分享她陪伴孩子的过程。

一阵歇斯底里的哭声把我的心揪到了那里：只见姚老师吃力地抱着宝宝，他面朝上，四肢无力地耷拉着躺在老师怀里。

我赶紧冲上前，不由自主地扫视了宝宝的全身，未发现“惊人”之处。我与姚老师四目相对时，她会意地笑着说:“他没有受伤，只是刚刚与迪迪发生了矛盾，他很难过。”

我提到嗓子眼儿的心终于回到了原位，长吁一口气，问老师问题是否解决，老师告诉我还未解决。

我边接过宝宝边说:“你很难过，那你就哭吧，我会一直陪着你，直到你想解决问题。”宝宝睁眼一看是我，音量又提高了几度。我对老师道谢之后将宝宝搂在怀里，轻轻地抚摸他的背，静静地陪伴他、等待他。我告诉宝宝：“如果你觉得难过，你就放声哭出来吧，这样会舒服一些。别担心，我会一直陪着你。”听我这么说，他哭得更厉害了，哭声让人揪心，可以用痛彻心扉来形容，感觉要把所有的不快都通过哭声流淌出来。

这么悲伤的哭声令我开始产生疑问，他与迪迪到底发生了什么事，让他哭成这样，肯定另有隐情。想到这儿，我就更耐心地等待，直到他真正平静下来。

我问他：“你能告诉我发生了什么事让你这么伤心吗？”

他说：“迪迪破坏了我的作品，我很难过。”

与迪迪解决完问题，宝宝仍旧依偎在我怀里。我知道他还有真相未表露出来，就试探着问：“除了迪迪破坏你的作品让你很难受外，还有什么事让你难过吗？”

他说：“我想喝茉莉清茶。”

我问：“你带了吗？”

他又难过地哭起来，哽咽着说：“妈妈说太迟了，没买。”

我一下明白了，他想用茉莉清茶代替不能喝奶带来的焦虑（之前在与他妈妈的沟通中了解到，最近几天给他断了起床用奶瓶喝奶的习惯），迪迪事件只是导火索。

他将压抑了一早晨的伤心，终于通过与迪迪发生的矛盾宣泄了出来。

很多时候，孩子的哭声会让孩子放松。大哭不止，直到不快情绪消失，这是一个反复的过程，在孩子身上会自然而然地发生。通常，孩子会借由一件小事，引发积压已久的情绪的释放。

情绪有悲伤，也有喜悦。有些情绪会让我们痛苦，而有些情绪则会让我们雀跃，但不论哪种情绪都充满了意义。

我们可以透过一个已经能用语言表达的孩子来发现这一秘密。

小小在大厅里大哭着，老师闻声赶来问：“告诉老师发生了什么事？”

小小边哭边说：“我刚才打他了（手指向一旁的乐乐），我给他道歉，他不原谅我。我太难受了，我要哭一会儿。”

老师试图安慰小小："哦！真是件令人难过的事情。他可能太生气了，他需要一点时间才能原谅你，你等待一会儿吧。"

小小抽泣着说："我太难受了，我要哭一会儿。"

老师说："好的，需要老师陪陪你吗？"小小摇摇头，又开始放声大哭。小小不需要任何人陪伴，他需要独自和自己的情绪在一起。

过了一会儿，大厅里的哭声停止了。老师又来到大厅想看看小小怎样了。此刻，小小正坐在另一位老师的身边说着什么，看上去很放松。

哭就是一种情绪的表达。小小难受了，他准许自己哭一会儿，这就是小小在学着照顾自己的情绪，倾听自己的情绪。尽管这种照顾方式还比较基础，但这表明照顾的意识已经在成长了。情绪帮助孩子过渡并接受了不能接受的事情。这是一个自然的过程，也是一个开拓的过程。

情绪是生命通向世界（也包括内在世界）的桥梁。婴儿依靠情绪的桥梁走向外在物质的世界，也依靠情绪的桥梁走向内在精神的世界，并用内在的世界接纳外在的世界。婴儿就是在情绪的帮助下逐渐调节与过渡，逐渐调适而平静，并走向更广阔的外在世界和更深处的内在世界。

情绪平衡着儿童身体的承受力，平衡着他对新感觉的承受力，平衡着他刚刚产生的心理的承受力，平衡着他对不断发展的认知的承受力，平衡着他对一个新的自我创造历程的承受力，也化解着他所遇到的各种危机，缓解其冲击力和刺激。

既然情绪如此重要，那就要让儿童清楚自己的情绪世界。而让儿童清楚自己的情绪世界，就必须使他们拥有更多的表达情绪的自由，因为自由确保了情绪到来时空间和时间上的自主性。

情绪就是这样来了去，去了又来。

喜　悦

喜悦的情绪时常陪伴着孩子。

悦悦3岁多，她爸爸在外地工作，每周五晚上回家。每次听到敲门声，悦悦就急切地放下手中的活动，冲到门口用力地开门，尽管动作还不是很熟练。门一开，看到门前的爸爸，喜悦就会充满她全身每一个细胞。她转身跑回来，然后开始兴奋地跳跃。她并不会首先让爸爸抱她，而是要先用一段时间来释放喜悦和兴奋的情绪。这好像是一段交响乐的前奏一样。当她将情绪释放到一定程度的时候，爸爸就抱起无比快乐的她旋转，悦悦就在爸爸的怀里兴奋地大笑。

面对喜悦的情绪和面对痛苦的情绪，这两者同样重要。如果能在持续性的喜悦中生活，人就会逐渐地产生稳定的幸福感、快乐感。同样，如果能让痛苦的情绪流动出去，生命的自我调节能力和自我支持能力就会越来越强。所以，无论是让孩子保持喜悦的情绪，还是让其释放痛苦的情绪，都可以让孩子在生命中保持平静和内在的愉悦，是对他生命的一种滋养。

情绪说来就来，对于孩子来说，情绪的离开也是说走就走。情绪的大悲（大哭）和大喜不断相互转换，以此发展到平静和安详。成人在情绪的成长上未走出儿童期，除了带有儿童期的情绪特点，还累加了许多其他的东西。成人的情绪像儿童的情绪一样说来就来，可让它走就没那么容易了，这是因为我们在成长的道路上长期不照顾情绪、不倾听情绪，甚至压抑情绪，使得各种情绪累积、固着的结果。

刚刚4岁，一天晚上，他看到妈妈闷闷不乐地一个人坐在沙发上。观察了一会儿之后，刚刚关切地问妈妈："妈妈，你怎么了？"妈妈说："妈妈有些难过，一会儿就好了。"刚刚理解地说："难过了你就哭一会儿，哭对你有好处，会让你舒服的。"听完刚刚的话，妈妈吃了一惊，随即又笑了起来。孩子在幼儿园经历过这样的情况，就学会了调节自己并观察别人。

成长的经验告诉成年人：哭不好，哭不能解决问题，哭让人焦虑，甚至哭不是男子汉的作为。哭和笑，集中了我们痛苦和快乐的两大情绪类别。成人对哭似乎都有一种本能的焦虑感，这种焦虑感直接导致我们不接受孩子的哭，这就使孩子的情绪成长无法达到像身体和认知成长那样成熟。如果我们能完全熟悉、觉察自己的情绪，甚至一有苗头就能觉察、倾听、认可、照顾它，我们必然就能成为自己情绪的主人。我们可以让情绪在合适的时候保护自己，也可以让情绪在我们充满喜悦和爱的柔软的内心世界里表达、彰显，这样我们就会趋于宁静和平衡，并放眼长远，不拘小事，有理性。

生命的主要特征就是自我调节，而调节首先是要依靠情绪。

不仅儿童，成人在面临突如其来的变化时（甚至是一些小变化），也是借由情绪的表达来完成过渡的。释放情绪就是调节的最好办法。

愤　怒

我们还应该谈谈孩子愤怒（生气）的情绪，因为我们同样不接纳孩子的愤怒。

父亲给3岁的儿子买了一个红薯，孩子拿着红薯，注意力集中在了红薯皮上。父亲付完钱，看着稚嫩的儿子艰难而笨拙地剥着皮，父亲毫无觉察地想："按儿子这样的速度剥皮，恐怕半天也吃不到，而且时间太久了！"忙于"正事"的父亲情急之下便一把夺过红薯，说："爸爸帮你剥！"孩子怔住了，父亲急忙剥皮时，孩子愤怒地大哭起来。父亲慈爱地说："别急，别急，马上就好！真是太急了！"父亲认为孩子是急于吃到红薯，便急切地剥开了一半皮，另一半留着便于孩子拿在手里。父亲把红薯递给哭叫着的孩子，孩子却将红薯愤怒地扔到地上。这一扔也激起了父亲的愤怒。

这位情绪发展不成熟的父亲，瞬间便和孩子的情绪共生了。他不知道孩子的兴趣在于剥红薯皮，在于手的使用，在于必须由自己剥皮再吃的内在秩序，儿童成长的需求得不到满足就会愤怒。这一切完全是基于成长的需要。由于成人无法站在儿童成长的角度来对待孩子，所以就这样和孩子失之交臂、擦肩而过。愤怒在开始的时候只是儿童用以保护自己、维护和争取自己心智成长的权益与机会的工具，而在后来却成为相互不理解的代言。

至于这位父亲，如果自己完全不明白孩子成长的需要，那就请允许孩子有情绪，让孩子恼怒的情绪通过哭流淌走，这是最好的方法。接纳孩子的情绪！不要评判。请不要启动自己尚未成熟的情绪去理解孩子的情绪。情绪是孩子的，不是你的。

成人需要给儿童一定的时间和空间，让他和自己的情绪相处。孩子需要和他的情绪相处多久呢？这个时间根据孩子的年龄而不同。正常的情绪发展，从与情绪相处、熟悉，到调节……年龄越大，这个过程就越短，有意识的调整就越多。

孩子是他情绪的主人，对情绪的处理与整合是由个体生命内在完成的，是一个暗箱操作的过程，而整合的结果才是核心，因为将来成为一个怎样的人，部分决定于他在情绪上的成熟度。儿童所有的情绪都在于如何协助孩子自己的成长，协助孩子创造一个自我。自我可以建立，人才可以透过自我形成一个管理系统，情绪包括在这个管理系统之中。

我们的文化并不鼓励也不接受各种看似不好的情绪，例如哭，往往被认为那是不好的。在这种文化中成长起来的人，其情绪通常都不能发展、成长、成熟。而由于成年人的情绪尚未发展成熟，尚未从和母亲的情绪共生中完全分离、独立出来，所以成人在对待孩子时极容易释放自己的情绪，转向和孩子共生。似乎是孩子惹怒了父母，其实是父母让自己共生了孩子的情绪。由于孩子的自卫能力弱，对成人没有太大的制约能力，所以成人在孩子面前比较放松，也就容易因松懈而不节制自己的情绪。成人变化无常的情绪极容易使孩子产生不安全感，产生对成人的防御、警觉和恐惧，这是普遍存在的现象。

我们期盼有一天，成人愿意和孩子一起让情绪成长、成熟起来。成熟的情绪状态使得成人内在宁静而平衡，这样孩子在看到成人时，就会像看到一头大象、一头狮子一样开心和好奇。而且，由于成人的情绪是成熟的，儿童自然也就有了一个参照模式，这才是孩子情绪成长的理想环境。

情绪是自然产生的，这种涌现出来的内在世界的景象和状态，如同外在世界的一草一木，孩子并不了解、不认识、不知道。孩子最初看见一棵树、一个杯子、一顶帽子时，他并不会对这些事物做出任何评判，没有正向和负向，头脑也不赋予它意义，他需要在不断触摸的过程中去了解。他对内在世界的了解过程同样也是如此。

情绪如同认知一样，开始也没有好坏之分，儿童也不会给它一个是与非的评判。像认识外在世界一样，他逐渐开始认识情绪世界，害怕、恐惧、生气、伤心、高兴……所了解的情绪逐渐丰富。

一个 2 岁的孩子奔跑时摔了一跤，他哇哇大哭，其实他并未摔痛，只是被吓了一跳。等他熟悉这种感觉后，内在就不会再涌起害怕的情绪，反而可能会涌起好奇和欢乐，他会高兴地说:“我被吓了一跳！”

孩子用哭来应付各种不适。有时不适消失了，但哭好像还意犹未尽。哭释放、调节了内在，放松后感觉就慢慢到来，使哭转变为对感觉的专注。感觉是生命拥有的另一种天然的能力。

正常的儿童天然地就和自己的情绪待在一起，这非常非常重要！他还没有像成人那样习惯性地躲开或者用理性压抑自己的情绪。儿童和自己的情绪蜷缩在一起，和自己的情绪交融在一起，情绪就像一团迷雾包裹着他。然后，儿童获得成长的资源，并开始熟知、了解情绪，然后丰富和创造出更多情绪，最后发现情绪的秘密，整合出情绪的意义所在。

儿童在正常的情绪成长中，逐渐趋于内在的平静、祥和，接近 6 岁的时候，他们看上去情绪不再大喜大悲。大喜和大悲在内在的调整下变得平缓，也不再过于风云突变，内在的宁静、平和已经初见端倪。

真正了解了生命，才能从本质上改善教育。尊重生命的特征，我们会惊喜地发现生命的智慧！

第二节 情绪共生

儿童用情绪帮助自己调整内在世界。同时，儿童的情绪和妈妈的情绪天然地处于共生状态。儿童也能对其他人的情绪高度敏感。

一位父亲告诉我："如果是我抱着孩子，他就会安静地和我对视，我们就这样联结着、交流着；而如果是我妻子抱着，孩子就会躁动不安。因为我的内心是平静的，而我妻子虽然表面平静，但内心是起伏不安的。"这是父亲对刚刚出生2个月的婴儿的观察。

婴儿不是认识到妈妈的情绪，而是和妈妈的情绪共生，也易于和其他成人的情绪共生。在儿童期，和妈妈共生的首先是情绪，这使得儿童对情绪有着天然的敏感度和觉察力。儿童凭着这种敏感和觉察能力，来判断成人对待自己的态度和方式。由于儿童过于弱小，生存是儿童潜在的本能愿望，所以对情绪的敏感可以使孩子以此来防卫、保护和维持自己生存下去的需要。儿童一面努力剥离着共生的情绪，另一面依靠敏感和觉察能力发展着对成人内心世界的觉知，这就是生命的智慧。

悦悦对妈妈的情绪好像有天然的预知力。悦悦2岁多时，每当妈妈不同意她正在做的事情，或者要去阻止她的时候，悦悦总是着急地大哭。妈妈想，这孩子的情绪怎么这么急躁。悦悦3岁多时，有一次，当妈妈又去制止她的行为时，她对妈妈说："妈妈，你别生气了。"妈妈一下子愣住了。妈妈觉察到，原来自己的内在有一股焦虑、生气甚至愤怒的情绪正在升起。

真实的情况是：在悦悦更小的时候，当妈妈的情绪突然在她自己的内在升起，情绪的迷雾还没有完全酝酿、扩展出来，还没有变成一种氛围的时候，悦悦的情绪就已经跟妈妈的情绪一体了。当妈妈愤怒或者焦虑的情绪出现，却还未被妈妈感觉到的时候，悦悦就会开始哭闹。2 岁以前，悦悦虽然与妈妈在身体上是分离了，但是在情绪上尚未和妈妈的情绪剥离开，依然和妈妈是浑然一体的状态。这种浑然一体的状态在心理学上被称为“共生体”，意思是就像还在妈妈身体里共同生活一样。悦悦不知道那是妈妈的情绪，那并不是自己的情绪，就像悦悦在妈妈子宫里的时候，她不知道自己的身体是自己的，她认为她和妈妈是一体的。现在，虽然身体不共生了，但情绪上她仍然和妈妈处于共生状态。

在儿童内在的世界里，身体、情绪、感觉这些方面都会有一段时间处于共生的状态或者浑然一体的状态，其中最容易共生和浑然一体的是情绪。儿童必须历经一个发现、剥离和独立的过程。当儿童的自我开始出现，儿童就会发展出从共生或者浑然一体的状态中把自己的各部分（首先是情绪）剥离开来的需要。当自我逐渐被儿童创造得越来越清晰的时候，生命内在的各部分的独立也就被儿童建立了。3 岁多的悦悦终于发现是妈妈生气了，而不是自己生气了，这就是情绪上的成长。

2 岁多的时候，表面上看来悦悦急躁地大哭是因为悦悦不同意妈妈当下的做法，实际上那是因为她和妈妈愤怒、焦虑的情绪产生了共振。随着年龄的增长，悦悦对情绪的熟知度越来越高，她的内在开始具有辨识能力，同时她也在不断发展这种能力。当妈妈内在的情绪刚一冒头，尚未释放出来时，悦悦就可以用语言告诉妈妈：“妈妈，你别生气了。”当悦悦这样说的时候，她已经从妈妈的情绪中抽离出来了，她不再有之前那种强烈的焦虑感。这时候，悦悦妈妈才觉察到原来是自己生气了。悦悦的发现让妈妈觉察到了自己，悦悦妈妈说：“我女儿让我发现了自己在情绪上的问题，我现在才逐渐了解了自己的情绪。看来我的情绪还处在童年时与我母亲情绪的共生状态。”

共生是客观和天然的状态，如果父母情绪较为成熟，内在较为平和，父母对自己和孩子的情绪就比较清楚，孩子情绪成长的空间就相对宽大和良好。共生的这段特殊的时期，极容易使儿童熟知情绪的世界；然而，当孩子的情绪无法成长时，共生也易于把自己迷失在他人的情绪世界里。核心的问题是情绪的成长过程是否可以完成。

父母如果是爱孩子的，孩子的情绪依然是和父母共生共感，和父母浑然一体。爱是一种完全区别于其他情绪并高于其他情绪的特别存在。爱是特别的共生。孩子学会了爱，就学会了与生命的联结。

由于是合为一体的状态，所以儿童非常容易将这个时候形成的一切转化成自己的潜意识。如果孩子不能把自己同成人剥离开，那么他就会永远停留在童年。熟悉是开始，剥离是成长的第一步，然后逐渐地辨识“你的情绪”和“我的情绪”。在辨识的过程中，情绪便独立了起来，最后伴随着“我的”而为自己负责。而这种剥离必然要依靠儿童创造出来的自我，没有自我的力量，儿童无法从浑然一体中超然地脱离出来。因为情绪还没有被自我深切地知道“这是我的”，我应该为我负责。这就是大多数成人喜欢抱怨，内在总以为“是你导致我生气的，都怨你”的原因，这种游戏不断重复着。

逐渐创造出的自我首先区分了“你的好吃的”与“我的好吃的”这种物质的东西。基于物质，儿童进一步学会了区分非物质的东西，比如“你的情绪”与“我的情绪”。这以后儿童开始能够区分“那是你的感觉，不是我的感觉”“那是你的想法，不是我的想法”……如果一个成年人不能够清晰地区分出“你的情绪”和“我的情绪”、“你的感觉”和“我的感觉”、“你的想法”和“我的想法”……他就会迷惑。这可能是成年人积淀之深的痛苦。这就叫没有得到充分成长。

童年时期孩子由什么样的成人陪伴，这非常关键。因为儿童大约需要长达 6 年的时间来逐渐走出共生状态，而如果陪伴的成人本身就没有走出共生状态，儿童就很难完成这个过程。除非给儿童爱、自由和规则，除非父母和孩子共同成长。

如果悦悦妈妈不启动焦虑或愤怒的情绪，而平和地与悦悦交流，即使悦悦的认知尚未发展到能够理解妈妈的要求，悦悦也不会被妈妈的焦虑或愤怒情绪所驱动。如果认知水平发展到了可以理解的水平，一般情况下，孩子很容易接纳。在童年期，儿童对情绪的敏感度高于对认知的敏感度，因为认知是后天逐渐发展起来的。问题的核心是，很多成人无法做到不启动情绪，因为他们对自己的情绪都不自知，而且非常有可能还停留在与自己妈妈情绪共生的时期。

第三节 儿童有认知情绪的内驱力

从出生那一刻开始，婴儿就必须发展两个方面，并且必须同时向这两个方面迈进：

向外走，走向自然的、物质的、文化的、人的关系的世界，发展自己的智能，发现并建立与外在世界和其他人的关系，这可以被称为“客观世界”；

向内走，走向内在的生命世界，开拓一个丰富的、生动的内在世界，创造属于自己生命的、情感的、心灵的、认知的、精神的生命景观——这是自我赖以生存与发展的内在环境，并以此联结外在的世界，这可以被称为“主观世界”。

儿童渴望认识外在世界，也同样有认知内在世界的内驱力。而情绪就是我们内在世界的景观之一，只是我们忽略了它，或者我们自己的这个景观本身就是一片空白。

幼儿园门厅的钢琴下，一个3岁的小男孩在专注地玩耍。起身时他撞到了头，便大哭起来。妈妈忙跑过去，抱着孩子，边揉他的头边安慰他：“好了，不痛了，不痛了。”孩子恼怒地捶打着妈妈，妈妈更加急切地揉孩子的头……妈妈以为孩子是因为撞痛了，所以着急忙慌地想缓解孩子的痛楚，但是孩子生气地推开了妈妈。

妈妈坐在孩子的对面，无助地看着他。老师坐到孩子的身旁说：“你很恼怒自己撞了头，是吗？”孩子突然就不哭了，似乎开始将注意力集中于自己的内在……然后，他舒了一口气。老师又说：“你知道了，就不会再撞了。”孩子再一次回到自己的内在……

好一会儿，他回味过来，思考着离开了。妈妈很惊讶，她急切地走到老师身边，问了老师很多问题，但是这些问题其实都不是刚才真正的问题所在。老师说："你要把孩子内心发生的情绪告诉孩子，就像要把他的鼻子、眼睛告诉他一样。"

妈妈说："我怎么能知道他的内心发生什么了？"

这个提问非常关键。如果我们成人对自己内心世界发生了什么都不清楚，那我们对内在的一部分——情绪，自然也不会了解，也就无法发现和感觉到孩子内在的情绪，并给出一个相配对的合适的词了。茫然和不知，常常会使我们无视孩子的情绪，或者破坏、压抑孩子的情绪，甚至责难孩子的情绪，排斥孩子的情绪。

所谓知道情绪，主要是指能清楚地表述情绪。表述得准确达意，情绪就能好转。这就像我们从一面奇特的镜子中看到了内心的自己。例如刚才的孩子，主要的情绪并不是疼痛这样的身体感觉引起的，而是由惊恐和恼火这样的心理感觉引起的。

一位妈妈这样告诉我："我常打断我儿子说话，把他后面要说的话帮他说出来。有时，我儿子就哭着说：'你又打断我了，我要说什么都忘了！'"

孩子的哭是因为什么？是思维被打断了吗？还是表述被打断了？还是表现被打断了？还是一种能力的告白被打断了？都不是，是情绪。

因为前面所列举的都是在一种情绪中进行的。

如果不是在一种不想被打断的情绪中，或者在一种期望被打断的情绪中，或者不在任何情绪中，就不会有焦躁的情绪了。

打断情绪的是什么？还是情绪。如果你没有不想听、想打断之类的情绪，怎么会打断他呢？

对许多成人来说，情绪似乎就像竞技赛中的篮球，放在手里、身上都是个负担，放在心里更是难受，需要将它快快扔出去。如果成年人将它投到了儿童身上，儿童会将它哇哇哭掉。儿童的模式是正常的，他通过哭让情绪释放出来。

通常成年人会采用什么方式将情绪投到儿童身上呢？一般的模式是控制不住地批评、斥责，甚至打骂孩子。大部分人是以说为快，说得多，说得“语重心长”。

有一天，儿子对妈妈说：“今天，我打了妹妹两次！”

妈妈吃惊地问：“为什么？”

儿子说：“你打断我说话的时候，你的情绪很不好。你把坏情绪都给了我，我就把坏情绪给了妹妹！”

孩子比妈妈对生命内在的东西看得更清楚、感觉更敏感，因为孩子就在生命之中，他需要熟知生命中的一切，熟知情绪才会走出情绪，才会不被强制。

第四节　怎样陪伴儿童情绪的成长

给情绪命名

认知情绪，首先需要给情绪命名。

出生后的第一个 6 年里，发展情绪比发展认知更重要。因为它会帮助儿童建立自己和自己的关系，帮助儿童进入自己的内心世界，儿童也需要借此得出他的内在世界对外在世界的反应。

我们拥有两个世界，其中一个是外在的世界。在这个世界里，我们需要认识星星、月亮、太阳；需要认识树木、海洋、江河、湖泊、森林和高山；需要认识桌子、电灯、汽车、房子；需要认识书、地图、学校、图书馆。

我们还有一个内在的世界，情绪即是我们内在世界的一部分。我们需要认识高兴、愤怒、恐惧、悲伤；需要认识忌妒、恼火、难过、兴奋；需要认识喜悦、爱、快乐和孤独；需要认识感受、体验和觉察。

这两个世界的不同组合演变出不同的价值系统。当我们以物质世界的价值体系作为主要的价值观时，我们就会被物化和工具化，就远离了生命，也就远离了幸福；当我们以内在世界的价值体系作为主要的价值观时，爱、平等、正义、尊重、成长、创造等，就成为我们的价值标准。

内在的世界和外在的世界同样丰富，同样需要孩子在漫长的成长历程中认识并体验。和儿童拥有认识外部世界的内驱力一样，儿童同样也有对内在生命世界认知的内驱力。情绪是我们内在世界的景观之一，儿童自然拥有对情绪认知的内驱力。

儿童认知情绪本身就是在发展自己的认知能力。在 0 ~ 6 岁阶段，情绪认知是最重要的认知，它甚至比认知外在世界更为重要，因为这是早期儿童建构自己生命的一个重要途径和首要任务。

帮助儿童认知情绪并使其情绪成长、成熟

我们需要重视和关注孩子的情绪，以便使孩子发现、熟悉、发展自己的情绪世界，而不是一生滞留在自己的情绪迷茫之中，压抑自己的情绪。

准许孩子有各种各样的情绪，尤其准许孩子哭，不评判好坏。准许意味着给孩子空间与时间，让他自然地过渡。准许他哭意味着让孩子把情绪流淌出去，这是生命最早期情绪流动的自然礼物。

我们需要为孩子的情绪命名，就如同告诉孩子“这是眼睛”“这是鼻子”“这是嘴巴”“这是书”“这是地图”。帮助孩子说出他内在正在发生的情绪，“你生气了”“你感到愤怒”“你感到委屈”“你感到伤心”“你看上去很高兴”“你看上去很愉悦”“你看上去很兴奋”“你看上去很快乐”“你看上去有些悲伤”“你看上去有点沮丧”“你看上去有些孤独”“你很好奇”“你在表达爱”“你在关心别人”“你在表达快乐”……这叫概念或情景配对。

尽管我们能够清晰知道的情绪范围并不像了解外在世界那样广泛，有些复杂的和更深入的情绪我们依然不知，依然无法分辨，并且每个人的生命状态也不尽相同，但我们需要将自己了解的情绪告诉孩子，同时努力增加自己了解的深度与广度。因为对内在世界了解得越深、越广，我们就会成长得越好，就会越接近成熟。

我们需要肯定和认同孩子的情绪，使孩子接纳自己的情绪，并与自己的情绪为伴，帮助他发展出丰富而微妙的情感，帮助他过渡并上升到一个尽可能靠近真实的生命世界。

用爱陪伴孩子，理解孩子的情绪，慰藉孩子，让孩子从情绪的状态中走出来。

随着儿童的成长，当其他部分发展之后，情绪也从最基本的状态发展起来。这些情绪，儿童都必须在生活的某个特定的事件和时间里经历与体验，然后儿童可以感知到自己会再一次经历。这个过程，儿童可以很自然地完成，只要成人不去阻拦。我们要准许儿童用自己已经成长的认知能力去认识、调整不断随机出现的情绪，继而发展自己的情绪。

闲闲 2 岁多，妈妈和爸爸在处理他的情绪时就使用三句话，层层递进。第一句是“妈妈看到你非常生气（伤心、恐惧、恼火等）”，给情绪命名；第二句是“你想生气就生气吧”，允许孩子有情绪；第三句是“妈妈陪着你”，表达爱，让孩子有安全感和被接纳感。

基于我们有太多的成人不知道自己的情绪，也没有面对的能力，闲闲的妈妈、爸爸请阿姨也这样面对孩子的情绪，不要有其他的话语。有趣的是，这种简单的方式非常有效，不仅对闲闲有效，对社区里的其他孩子也有效。没几个月，当闲闲的情绪涌上来时，父母才说完第一句，闲闲就会意地笑了起来。

这种涌现出来的幼儿内在世界的景象和状态，孩子并不了解、不知道、不认识，如同孩子还不了解、不知道这个外在世界一样。他需要在不断触摸的过程中逐渐感知、命名、了解并知道。情绪同样也由孩子自然形成。这是最早的基础，如同对植物的了解是基于一棵树、一朵花，然后才发展到对各类植物的了解，才更深入。

情绪开始就只是一个客观的存在，没有正向、负向之分。对于幼小的孩子，一次只需要告诉他一种情绪的名称，让孩子建立一个概念，然后逐渐增加。像蒙特梭利在她的教学法中要求的那样，一次教一个概念。对孩子来说，词语的配对和概念的建立只面对他当下的情绪，而当时往往只有一种情绪是主导的。经过渐渐熟悉与感觉的过程，孩子会发现并自然发展出其他更加丰富的情绪。

在幼儿园里，老师和孩子们坐在一起分享情绪。通过分享，孩子们就能了解和认识情绪。我们和孩子们讨论情绪，了解处理情绪的方法。

贝贝回忆说："我已经画完画了，可妈妈让我涂颜色，我就生气了。"

老师试图去理解他的话："你只是想画有轮廓线的画，可是妈妈让你再涂上颜色，你感到被强迫了，你就生气了，是吗？"贝贝点点头。

嘟嘟委屈地说："每次我都很努力了，可妈妈总说我做得不好，然后她就生气，还跟我急。"

老师说："噢！你觉得你没有被妈妈接纳，你就是这样生气的，我知道了。"

睿睿说："在家里，我很努力地做好每一样事情，可妈妈还是不满意……就是认为我做得还不够好……还不够努力……"

听完睿睿的讲述，老师轻轻地把他拥抱在怀里，告诉他："睿睿，你觉得受委屈了。我知道了，我很理解你。"睿睿看起来有些感动。

……

孩子们分享完，就欢快地出去玩了。

早晨，老师接孩子时发现默默不高兴。老师说："默默，你看上去不高兴，老师抱抱你好吗？"默默说了声"不"，就转身走了。默默要独自面对他的情绪，因为他要独自面对发生的事情。

主题活动时，老师告诉孩子们："今天我们分享'爱'的表达。"

常常抱了抱媛媛，老师说："啊，你是这样表达爱的。"

多多对默默说："我爱你。"然后，多多轻吻了默默一下，又说："我妈妈就是这样爱我的。"老师说："噢，妈妈这样爱你，你也这样爱别人。"

点点对宝宝说："你很胖，我喜欢你。"宝宝听完就哭了起来，点点呆住了，然后也难过地哭了起来。

老师说："点点，你想告诉宝宝，他胖嘟嘟的，好可爱，所以你喜欢他，是吗？"

点点边点头边哭着说："是的。"

老师问："宝宝，你为什么哭呢？"

宝宝说："胖是骂人的话。有一次我说妈妈胖，妈妈生气了，大声说'不许骂我'。"

老师说："你为什么说妈妈胖呢？"

宝宝说："我喜欢妈妈。"

老师说："噢，就像点点一样。妈妈误解了你。你愿意今天在妈妈接你的时候向妈妈解释吗？"

……

悦悦说："老师，我爱妈妈的时候什么都不表达，我就自己玩着，妈妈就知道我爱她，我也知道她爱我。"

好几个孩子说："就是，我什么都不做，我就知道我妈妈爱我。"

……

默默在分享中快乐起来了。

这是儿童在学习将自己的情绪表达出来的模式，学习分享自己的情绪来源，学习倾听他人各种不同的情绪理由，学习整合自己的情绪。

任何东西，只要我们让它清晰起来，我们就会如释重负。实际上，人一直在追求一种真实和秩序。真实和秩序，就是清清楚楚！

成人的情绪状态在怎样影响着孩子情绪的发展

一个 4 岁的小女孩，无比兴奋和喜悦地穿上一条妈妈刚给她买的新裙子，兴高采烈地玩耍。突然，她在奔跑中摔倒，裙子脏了，也摔破了。孩子看着自己刚刚穿上的非常喜欢的裙子，情绪从兴奋转变为懊恼、不知所措和难过，都快要哭了。

妈妈发现后指责了她一通："怎么这么不小心……"这使孩子焦虑到了顶点，她哇哇大哭。妈妈更加指责："还哭，还有理哭了？"一切都变得混乱并交织了起来。

妈妈不知道孩子内在发生的故事，她还处于对自己的情绪不自知的状态。这种夹杂着妈妈的情绪，以及被妈妈指责之后在孩子的内在再次产生的情绪，对于一个孩子来说太复杂了，最后导致孩子的内在一片混乱。孩子还无法厘清，结果她内在的情绪只能像乱麻一样阻塞在自己的身体里。

一系列变故突然发生，孩子不知所措，然后新的痛苦又突然一下子累加了上来。

这位妈妈说，对她来说，好似她的意识里有一个不能被人破坏的既定模式或者路线图：新衣服—不弄脏—不磕碰—不摔倒—不哭，像蝴蝶一样飞舞过后，完美回家。要是这路线没走好，她的情绪就会不可遏制地涌出来。这反映了一种意识上的强制状态。

这样的情景时常发生，致使孩子内在反复叠加的复杂情绪都纠葛在一起，孩子就被锁定和禁锢了。那种生命中自然启动的调节情绪的功能，在这样的局面中失效了。在产生焦虑情绪后，认知开始产生一个不真实的结论（甚至不经过认知而在潜意识中自然形成）：“我不好。”自我价值感的低下就这样形成了。实际上，这样的情景即使成年后也可能无法走出来。破坏了情绪流动的特质，是对生命功能的破坏，它人为地把情绪变成了不流动的泥潭和沼泽。这样的湿地在早年时就成为人生命的一部分，阻塞并存留在人的生命中，成年后它也会时不时出来作怪。

如果妈妈不累加孩子的情绪，孩子就只需面对裙子脏了、破了的沮丧，她自己就会调整。或许哭一哭，沮丧就被哭了出去；或许坐在那儿和沮丧待一会儿，也能把情绪释放出去。

趁着孩子还小，生命中的调节功能在“爱和自由”中会自行启动，父母应该趁早解决自己的情绪问题，以避免阻碍孩子的自我调整。

情绪的流动

情绪会来，但孩子可以让情绪像身体一样成长，最终达到成熟。伴随着自我逐渐形成和成熟，我们就可以真正管理我们的情绪了，情绪也就会来去自由了。

在幼儿期，多种情绪的叠加，首先会导致孩子情绪的混乱，情绪的混乱又会导致心理的混乱，继而导致认知的混乱和错误。有的时候，我们就会永远停留在情绪的层面，或是停留在心理层面的纠葛中，或是停留在认知层面的桎梏中。不流动，就是一种无自由，内心无自由应该从这样一种意义上来理解：当我们走不到作为人的显著标志——精神时，我们就是被禁锢在了某种不发展的状态，而不会获得真正意义上的自由。

当然，即使是成年人，面对过于复杂的情绪时也会迷乱，难以厘清思路。

情绪流动的最后结果就一定是对生命有帮助吗？是的！自然流动总是能促使人得出一个接近真实的答案，无论是关于外在世界，还是关于内在世界。这在我看来是生命法则的预定。但也有一个条件，那就是它必须流动到最后一个节点——精神。当然，情绪会直达真善美。

如果我们认为有些情绪是不好的、无用的，当孩子出现这些情绪时，我们就会阻止，不让它流过，不给孩子空间和时间。我们说："就知道哭，哭有什么用？"我们阻止孩子的情绪，用我们的情绪再度造成孩子新的情绪，混乱和停滞便开始了。一旦情绪被阻塞，不流动，它就真的成为问题，不仅会让孩子时下有了错误的看法，还会使他以后的心理和认知出问题，而错误的认知又会导致一系列错误的做法。

更为重要的是，阻塞的那部分可能就永远停留在了童年。成年后再度回首，你会发现，有多少个童年流浪在我们的生命之河中，它们多少年一直存在于我们的生命里。成年后，我们千百次地受挫，我们的头脑是知道的，但解决不了，我们需要再次回到童年被阻塞的那个情绪中，让它流动起来，改变才会成为可能。

现在，我们是否重视、是否观察到、是否从内心的一隅觉知到了内心的世界？

事实是，我们的孩子如果成长得正常，他们自己就能解决让我们焦头烂额的情绪问题。

第五节　儿童自己管理自己的情绪

儿童天然地领悟真理、法则和爱

当然，幼儿在开始时还无法将自己的情绪用认知和语言表达出来，他们可以用的表达方式就是哭，既用来告诉照顾者发生了什么，也调节了幼儿自己的内在。随着认知和其他生命部分的成长和发展，这部分会越来越美妙，同时孩子也会更加自知。

一个4岁的男孩把脚搭在一棵小树上系鞋带，小树晃动起来。一个小女孩跑过来愤怒地说："难道你不知道树是有生命的吗？你在伤害它！"

小男孩放下脚，也愤怒地说："我没有伤害它的生命，我只是伤害了它的健康！"说完便大哭起来。

老师走过来问："发生了什么事？"

小男孩伤心地说："我现在不想说，我想到那边待一会儿，然后再说！"

小女孩点点头，和老师一起等待独处的小男孩。小男孩回来时，已经释放完愤怒的情绪，并找到了自己愤怒的原因，完全平静下来。小男孩独处的时候，小女孩也同时在做自己内在的工作，无须老师说任何话。

小男孩对小女孩说："我是伤害了小树，但是你的态度伤害了我！"

小女孩回答："我太急了，而且很生气。我应该对你好好说，对不起！"

小男孩说："我原谅你了。"然后，小男孩走到树前，认认真真地对树说："对不起！"

这个过程就是坦然面对的过程。

孩子们先在自己的内在厘清、过滤、和解，再去和当事人一致性沟通，然后释然，正确处理，最终达到和解。这是维护每个人心理的界限，是维护人与人关系的界限，是维护其他生命的界限。

情绪不成熟时就容易像洪水一样泛滥，很快吞没自己，也吞没别人。界限，是理性的某一点的边界，而情绪成熟了，才有理性可言。情绪成熟，或者生命内在的成熟，就是我们把握了分寸，在任何一点上不伤及别人，也不伤及自己。里里外外，坦坦然然，这就是我们通常所说的“尊严”，自己的尊严、他人的尊严和生命的尊严。

上升到精神的层面，所有的生命，包括人的、动物的、植物的生命都需要得到尊重。尊重原有的生命特征，这就是法则。

自我的创造，就是精神胚胎依靠发生在现实中的所有事件不断地了悟、内化着真理、法则、尊重和爱，然后让这些像水一样流进孩子的身体中，并将它们牢固地内化在孩子的每一个细胞中，这就是成长，这就是流淌的过程。

这是孩子处理自己情绪的过程，没人教他这么做。无论生命多么弱小，只要不被强制性地驯化，他们就会天然地领悟真理、法则和爱，就像兔子会打洞寻找胡萝卜、松鼠会爬树寻找坚果、蜜蜂会寻找花朵采集花蜜一样。人自身需要爱、公平和尊重，需要知道真相，我们只要保证每个人的需要、权利都是一样的，仅仅这一点就足够了。也就是这一点，使我们拥有了像兔子会打洞那样的天性。

正是基于这样一种规则和平等，教育只是需要我们在生活中关注和认同儿童的情绪以及各个部分，而管理情绪和与人沟通的艺术是孩子自己通过发生的故事创造和发展出来的。

儿童在这种自由中成长，这是解决有关内在心灵世界的界限和规则问题的方式。不让任何人到你的内在世界里肆意杀戮或者行使暴力，也不可以去他人的内在世界里杀戮或行使暴力。就像在你的家，由法律保护你的财产不受侵犯。但内在心灵世界的纠纷，必须依靠你自己在内在世界建立秩序，依靠内在各部分的成熟，依靠自我的诞生和成长。

这样的成长，可以使儿童有幸躲过权力斗争，让儿童成长为一种新人，创造出人与人关系中的新文明，帮助儿童建立彼此信任的关系。

儿童应该拥有自己面对和处理情绪的自由和空间

我们如何处理那些不被别人理解或接纳，并且被理所当然地认定是负面的事情和情绪呢？情绪真有负面的吗？我们如何面对生活中每一件不愉快的事情呢？

我们都期望看到一个孩子成年后的状态：他是否能不受情绪的困扰，他因情绪会发展出怎样的情感，又会树立怎样的世界观、人生观、价值观，他是否能善待自己。

我和九九妈妈交谈时，九九不断地叫着妈妈，妈妈生气地转头说："大人正在说话哪，等一会儿！"九九气哭了。

我和九九妈妈协商，建议她先照顾孩子。于是，九九妈妈蹲下对九九说："妈妈很爱你！但是，妈妈有重要的事情要说，你等妈妈一会儿好吗？"

九九停止了哭泣，说："妈妈，我不生气了，但我还是很伤心！"

我笑了起来。一个 4 岁多的小女孩已经可以把自己内在的情绪分辨得如此清晰而精准。

同样是九九，成长到 5 岁时，她可以管理情绪了。一天吃晚饭时，她说："我今天还没跟晴晴、悦悦玩够呢！"九九爸爸立刻站起来，打开门说："去吧，那你去呀！"听爸爸说了几遍后，九九委屈地说："又不是现在。"然后接着说："你也不用为这么点事生这么大气呀。"她对别人的情绪和自己的情绪都很清楚。她自知自己的情绪，也没有掉进父亲的情绪中。

睿睿的状态就不同了，他不仅完成了情绪的剥离，而且让情绪完全独立出来，同时他还能清楚地知道伙伴情绪的背后是什么，所以睿睿是自由的。

睿睿（4岁5个月）微笑着走在前面，同同（4岁）跟在后面，他们一前一后进到校长办公室，迎面是张校长。

睿睿问："成成来这儿了吗？"

张校长说："没来。"说完看到睿睿身后的同同两眼哭得红红的，便问睿睿："同同怎么了？"

睿睿平静地说："我不给她好吃的，她就伤心地哭了。"

张校长说："你好好安慰她呀。"

睿睿说："问题是她觉得我不应该这样对待她。"睿睿一直处在一种安静和愉快的恒定状态，同同的情绪似乎没有影响他。

说完，睿睿拉起同同的手，两人手拉手离开了。他也没有因为同同的情绪而影响自己和同同的朋友关系。

这是一段成人和孩子从心态和认知上都全然平等的对话。孩子已经无须求助成人，他比成人更加了解事情背后的原因。

情绪成熟，人的发展才会正常

儿童时期，情绪状态是判断孩子是否正常成长的一个衡量尺度，甚至孩子身体的状态，也可以通过观察情绪的"好坏"来判断。愉悦而平静的恒定状态，是保证儿童情绪成长和其他各部分成长的前提。情绪始终沮丧的孩子，他的各部分都有可能停留在原始的状态，这也意味着他的生活、他的成长可能就是不幸的。成年后他会成为情绪的俘虏，被情绪掌控，这就容易发展为成人的道德问题。

当孩子不愉悦时说"打死你"，你不会诧异。而当成人愤怒时要"打死你"，就在接近违法的边缘。情绪的原始状态会使一个成人无常，冲破关系和社会的底线，而且它还要复杂很多。

国际上有些教育工作者专门调查孩子的情绪状态，统计孩子一天会笑多少次。拥有愉快情绪的孩子，他的成长和发展也总是让人愉快和放心的。

如果我们完全不知道我们内在的世界有如此丰富的情绪，我们可能根本就无法认识到它的价值。内在世界的情绪能推动和调节我们创造一个和谐而完整的人，为我们带来内心的宁静和幸福，带来意识的激情，带来良知和真正的道德，带来对其他生命的了解和爱。

我们可以了解一只青蛙的身体结构，但不可能知道它的身体感觉。青蛙能听到什么样的声音？看到什么样的光？看到什么样的世界？受伤是什么感觉？我们无从知道。但我们可以借助情绪感觉到青蛙舒适时的欢快，还有面对恐惧时的逃生愿望，以及临死时的挣扎。这样的情绪联结会使我们产生爱意，让我们了解生物共同拥有的东西，了解我们和生命终将是一体的。

一个人如何和自己相处，在很大程度上不完全取决于头脑与理性。因为理性只能分析和认识情绪，而如何对待自己的情绪，这有赖于情绪的成熟度。情绪成熟，人的发展才会正常。我们可以从许多杰出人物身上看到这一点。所以，一个人的完整和成熟更直接地来源于身体、情绪、感觉、心理、认知和精神的共同成长和完善。自我调整的关键因素是内在自发地产生自我支持和自我关爱的情感（这就和情绪紧密相关了），而不是对自我支持和自我关爱的认识。仅有认识是做不到的。

从父母的爱到自我的关爱，这个循环的完成，才是情绪成熟的标志。成熟的人首先能清晰地把自己和别人的情绪剥离开，他清晰地知道“情绪是我的”“我要为我的情绪负责”。负责指的是我要照顾我的情绪，清楚我的情绪，知道我情绪的来源，准许自己有这样的情绪。接下来再去看看那情绪背后站着什么，然后我们请站在情绪背后的那个东西出来，和它在一起，把它转化成支持我们生命的东西。这个过程才叫情绪的自我支持过程。

做自己情绪的主人

当我们可以站在痛苦后面愉快而微笑地看着我们的痛苦时，我们可能就成熟了。只要让孩子在童年的时候经历他应该经历的情绪成长历程，他就可以达到。

当我们的情绪到来时，它是我们的一部分，我们可以看着它，和它相处，使它成为我们的动力、支持者、过渡者和升华者，而不是迷惑者和侵害者。沉迷其中，或者压抑、焦虑、自虐、沉沦，这都是源于没有建立起情绪的内在系统。

这就是要珍视孩子所有情绪的原因。

我们不是被我们的内在环境胁迫而做什么，被胁迫意味着情绪来了，我们就被情绪胁迫做了一些情绪过后就后悔的事情。这也就如同外在出现某种环境，我们就被外在环境胁迫而去做一些事情一样。

当儿童的成长流动起来，并逐渐形成自我时，儿童就可以自主选择，儿童就自主了。就像使用我们的身体一样，我们不是被我们的身体所驱使，而是主动选择是否要这样，这时候我们就自由了。

我们来看看一个5岁的女孩是怎样帮助妈妈调整情绪的。

晚上一回到家，九九妈妈就对九九爸爸和九九说："今天我特别烦躁，最好让我自己待会儿。"

九九爸爸说："可以吃晚餐吗？"

九九妈妈说："好的。"

吃晚餐的时候，由于一句话不和，九九爸爸问妈妈："你什么意思？！"

九九立即说："爸爸，妈妈今天很烦躁，你不要说她了。"

九九爸爸怔了一下，说："嗯，好吧，以后再谈。"

吃完晚餐洗碗，九九跑过来问："妈妈，你好了吗？可以陪我玩了吗？"

九九妈妈说："嗯，还不行。我特别难过，想哭却哭不出来，不知为什么。要是哭出来就好了。”

九九说：“妈妈，你可以看一看弗洛格的故事，我去给你拿。”

九九说完飞快地跑出去拿回了一本书，说：“这是《难过的弗洛格》。”然后给妈妈一字一句地念了起来：

弗洛格起床了，他觉得有一点难过。

他很想哭，可不知道为什么。

“为什么”，这是关于情绪来由的难题。大多数情绪怎样来我们都不知道。

小熊见到弗洛格这个样子，很为他担心。小熊希望弗洛格开心一点。

“笑一笑，弗洛格！”小熊说。

“我笑不出来。”弗洛格说。

“可昨天你笑了。”

弗洛格今天笑不出来，开心不起来，只想自己待着。小熊静静地离开了。

老鼠过来了：“振作一点，弗洛格！”

他说：“我不行。”“今天天气多好啊！”老鼠说，“你没生病吧？”“没有，我没病，就是提不起劲儿来。”

“看我的！”老鼠说。说完，他疯疯癫癫地跳起舞来。可是弗洛格笑不出来。

老鼠又玩起了倒立，弗洛格还是没反应。

老鼠又学马戏团小丑的样子，用鼻子顶球。弗洛格连一点笑容都没有。

看，这些小动物都知道先把情绪调整好最重要。首先要的是，开心！

老鼠没招儿了，不知道还能干些什么逗弗洛格开心。突然，他想到一个好办法，他飞快地拿来了小提琴，拉起一支好听的曲子。没想到，弗洛格竟然听得哇哇大哭起来，哭得满脸都是眼泪。

老鼠拉得时间越长，弗洛格哭得越厉害。

“弗洛格，你为什么哭啊？”老鼠问。

“因为……因为你拉得实在太好听了！”弗洛格哭着说。

在这么优美的琴声中，他再也不能控制自己的情绪了。

听他这么一说，老鼠大笑起来。

“哈哈！弗洛格，你真是太可爱了！”弗洛格莫名其妙，傻傻地站在那儿。

突然，弗洛格也笑了起来。

一直笑啊，笑啊……笑着跟老鼠一起唱啊，跳啊，再也不难过了。

可爱吧，朋友之间的安慰和欢笑可以调节情绪。开心的话语带来了开心的情绪，这种力量能抵消不开心。

鸭子听见他们开心的笑声，跑了过来，小猪也跑了过来，野兔也跑了过来，最后一个是小熊。

他们翻滚在草地上，开心地尖叫着，大笑着。

“哈哈！”弗洛格笑得上气不接下气，“我还从来没有这样笑过呢！”

一个童话故事能调理情绪，这就是语言艺术的力量。一本好书更可以成为复杂情绪的慰藉。

“亲爱的弗洛格，”小熊说，“看到你又笑了，我真为你高兴！可刚才你为什么那么不开心呢？”“我也不知道，”弗洛格回答说，“就是不开心。”

“天哪！”九九妈妈惊讶了，她不仅惊讶九九会认字（其中只有几个字不会读），还惊讶九九这么清晰地知道该如何照顾她。这惊讶触动了她，她对九九说："九九，我太感动了，非常非常感谢你，我的烦躁原来有这么多，现在只剩这么多了。"九九妈妈边说边比画着。

《难过的弗洛格》让孩子发现了自己的内在情绪，感觉到了发现所带来的快乐情绪，也促使孩子自发自觉地去认字读它。

九九问："那你可以陪我玩了吗？"

九九妈妈想了想，说："嗯，还不行，让我再去听一会儿音乐。"

音乐可以抚慰情绪，滋养心灵。音乐本身就是情绪，就是情绪的集合、情绪的升华——情感，它可以把人的情绪汇入它引起的情绪流中。这实际上是用快乐的情绪、精神的情绪替代或是转化不快乐的情绪。转化得越来越熟练，情绪的调整就会越来越成熟和快速。

"唉！"九九不明白地问，"妈妈，我要是心情不好，一两分钟就好了。大人怎么那么长时间都不好呢？"

可能因为大人的情绪太多、太深了，而且淤积已久。可能因为孩子的情绪是天然流动的，有标无本，而成人的情绪更多的是有标有本。治标更要治本，就是成人的难点。

九九明白这是妈妈的情绪，要由妈妈自己解决。

她有点失望地离开，自己画画去了。

过了一会儿，九九妈妈去找九九说："对不起啊，因为妈妈心情不好，耽误了和你玩的时间。"九九有些生气，她不理妈妈。

九九妈妈说："我给你买了好吃的，我给你拿一块，弥补一下，好不好？"九九立即高兴起来，还跑过去拿了一块糖回应妈妈。

九九在和妈妈一起面对情绪，这个孩子已经可以顺利地管理自己的情绪，并清楚别人的情绪，懂得如何关注、帮助父母了。还没有从生命中走出来，还依然在创造着自己的孩子，天然就是成人情绪的缓解和消除者。

情绪是流动的，并在这种流动中得到调整，这就是情绪管理。我们或者可以通过更高的精神打造新情绪。

现在人们开始研究如何调整、管理与治疗情绪，用各种追根溯源的方法接纳和梳理情绪，这种研究组织和研究活动大多很有文化根底，而且为数不少。这表明各个知识层的人都了解到情绪的作用和情绪管理的重要性。管理情绪是生命的智慧！

如果你是自己情绪的主人，你就拥有了两种能力：一是你清晰地抽身在外，不受他人情绪、自己情绪的控制；二是你自由地拥有自己的情绪，就如同你拥有自己的身体一样，它是你生命的动力、调解者、滋养者、支持者，是你同其他人产生联结的天使和使者。

第六节　伴随情绪，儿童进入生命深处

有生活就会有情绪，现代生活中总会有现代生活特征的情绪。我们不是学习让情绪不要来，而是学习在情绪到来的时候怎样对待情绪。

妈妈独自坐在那儿，5 岁的女儿关切地问："妈妈，你怎么了？"

妈妈努力抑制自己的情绪说："妈妈只是有些孤独！"

孩子停顿了一会儿，同理地含泪说："妈妈，没有一个人不是孤独的！"

妈妈吃惊地看着 5 岁的女儿，沉默了，这超出了一个成人的思考范围，妈妈便从孤独中豁然走出。

"都是这样的"，孩子只是透过自己内在成长的孤独感发现，人都是孤独的。这种情绪的普遍性是一把简单却有效的万能钥匙，可以使很多症结消解。

实际上，这种沟通的方法也是一个简单的普遍化的方法。问题是孩子怎么会有这样的聪慧呢？她不是采用了方法的普遍化，而是想到了真正的普遍性。

孤独情绪是一种渴望伴侣、渴望朋友的内心感觉，那是一种人之双体化、群体化的内驱力。

10 年之后的一天，这个孩子和妈妈再次谈论同样的话题。

孩子说："妈妈，你不在家的时候，有一天晚上，我睡不着，非常孤独。"

妈妈心疼地握住孩子的手，默然……

"别担心！"孩子说，"我就和我的孤独待在一起……后来我发现，我可以享受我的孤独。妈妈，人一出生，就会带着孤独来到这个世界。”

……

孩子继续说：“我睡不着，一直思考到天快亮了，5点了。”

妈妈大吃一惊，她不知道一个孩子会有如此深入的思考，“你思考什么了？”

孩子说：“我思考人究竟为什么活着，人生的意义是什么。”

妈妈问：“人为什么活着？意义是什么？”

孩子说：“就是活着！人生没有什么意义，意义都是自己赋予的。”

情绪在时间和空间的保证下总会激发人走进他内在之中更深处的世界。它会引导我们，让我们深深地走进去，再进去……发现自己内在的世界，了悟人生这个包含了内外两个世界的奇妙的生命景象。

对于儿童来说，情绪来临时就是纯粹的情绪。纯粹非常重要，儿童大哭时便完全在其情绪中，全然地感觉情绪，高度专注于情绪，然后情绪便流淌出来，不再存留在儿童的生命中。这不会给儿童带来创伤，反而会使儿童成长。情绪因为某个原因来临，又因为全然感知而流走……情绪是短暂的，这种流动而不是阻塞的状况，在儿童18年的成长中，会促使儿童逐渐趋于内在的平静和祥和，最终成长为一个健全的人。

成人就不同了。情绪到来时，各种各样的想法，未来、今日、过去……夹杂混合在一起，要么从情绪中出不来，要么用理性把情绪压抑下去，寻求某个时候爆发。这些恰恰是童年情绪没有得到成长的后果。

儿童内在的情绪运转是一个天然的过程。情绪像河流一样在生命中流过，流过……来了又去，去了又来。儿童不会躲避，不会评判，但儿童会观察、感知、熟悉、了解、升华……

情绪是生命通向无生命世界的一座桥梁，也是通往内在世界的动力。婴儿依靠情绪的桥梁走向这个痛苦多于幸福的物质世界，逐渐过渡、适应、调节着自己的生命，走向自己生命的更深处，然后依靠内在发展建立起对外在世界的认知。

儿童必须是他情绪的主人！要让孩子清楚内在，就必须使他拥有更高的自由。

那天晚上，已经稍错过了洗澡的时间，点点进到浴室，突然又玩起了洗手液。点点妈妈顿时烦恼起来，转身离开去做其他家事。过了一会儿，点点过来了。

妈妈说："点点，你是不是喜欢爸爸的方式？"点点马上明白了，他点点头。

"那好！"妈妈又急又气地说，"洗澡就是洗澡，不要再做这做那了！"

点点稍微一愣，然后认真并缓慢地说："但是，你不能发这么大的脾气。你应该说'洗澡就是洗澡，不要再浪费时间了，小宝贝'。"点点的声音温和而平静，他的话柔软地落进妈妈的心里，妈妈顿时被震撼了，刚才的情绪被一种感动和柔软的情绪所代替。

停顿了一会儿，妈妈说："噢，谢谢你。妈妈又学习到了，知道该怎么对你了。妈妈爱你，谢谢你！"

情绪帮助妈妈发现孩子，觉察自己。

孩子就是这样，在认知尚未完全发展起来时，依靠一种奇特的能力觉知着成人的内心世界，带着成人走向情绪的更新境界。这个刚从生命中走出来的生命，拥有成人难以完全明白的生命智慧，这样的儿童的智慧却未被我们真正认识过，未被我们普遍发展起来，并一直被我们成人忽略着、禁锢着。因此，我们很难拥有一个完整的人的体验，对完整的人也没有认知和判断。

第七节　精神情绪

精神情绪不可或缺

有一次，幼儿园的老师办诗歌朗诵会，老师们朗读的是纪伯伦、泰戈尔等文学家的经典作品。孩子们围坐在周围，静静地听着……朗诵会结束后，一位老师抱着一个大哭的孩子走过来。我问："怎么了？"老师说："她还没有从刚才的情绪中出来，我打扰了她。"

原来孩子哭是因为情绪的真善美的意境被破坏了。我们把这种情绪的真善美的意境称为精神情绪。

语言本身是拥有某种能量的，伟大的作品也携带着精神能量。有些成人在听的时候会用思维去理解诗的内容，他们感觉不到精神能量。儿童和成人正好相反，儿童首先感受到的是精神能量。由于他们的认知还没有达到理性理解语言的程度，所以他们常常不明白诗的语言究竟说了什么，但诗的语言携带着的精神能量营造了一种情绪的意境，儿童就和这种情绪的意境融为一体，这种一体带着孩子的情绪升华。

对精神，人有一种天赋的嗅觉，像植物敏感于光，狗敏感于骨头，兔子敏感于胡萝卜……对于尚未发展和创造出自我的儿童，精神情绪和精神感觉可以直接把他们引领到一个超越现实的更高的精神世界。他们会领略和体验，虽然还不会用认知分析、归纳、表达，但精神情绪已经为儿童创造出一个更高的生命的背景和底色。

如果童年时代精神的情绪和精神的感觉没有因发生的事情被激活，精神胚胎的这一部分就无法尽可能地在儿童身上肉体化或者说无法人性化。激活这一部分实际上是让儿童的生命触摸一个精神世界的存在，成长的过程中，他们就拥有了作为人的潜在特质，成为精神的存在物，而我们在现实中看到很多人都没有多少精神生活。这就是在童年这一部分成长的重要意义，这就是精神情绪不可或缺的价值所在，这就是儿童不可或缺的最重要的成长历程。

当孩子走过情绪和感觉的初步历程，再经由心理，越来越多的东西就会被儿童包容到自己的生命之中。在这些基本的内在环境被开发之后，在我们可以感觉到的生命的后面，悄悄地流淌出一股奇特的、让儿童开始留恋的爱的暖流，它将与母亲或是某一个特定的人，在一个特定的时机产生联结。一联结，一个新的历程便开始了，原有的浑然一体的情绪状态，开始有了一个较为清明的上升，情感的世界拉开了序幕。

儿童开始从完全的以自我为中心的情绪世界中迈出一只脚，开始用自己深处的某种情绪的触动和父母互动，这似乎是和父母“恋爱”的开始。哭，不再是孩童般的哇哇大哭，而由被触动之后默默流泪的伤心取代；快乐不再是纯然的快乐，而是渲染着一种刚刚滋生的幸福感……奇妙的情怀开始在儿童的生命中如一缕青丝缓慢地被儿童感觉着并被抽离出来。对父母情感的依恋开始了，但不再完全是因为安全感和渴望爱，而是出于情感互动和情感交流的需要。

正常的儿童在幼儿时就在爱恋了，那是儿童正常成长状态历经的“瑰丽演出”。他们期盼和“恋人”的相见；他们为第二天相见而准备礼物，为没有见到而痛苦、失魂落魄；他们手牵手走路或坐在台阶上，安静又甜蜜，为在一起而幸福！和成人的复杂的爱相比，儿童的爱如钻石一样晶莹、纯粹。

直达儿童精神的《快乐王子》

这个故事发生在幼儿园的某一个班级里，并且它每天下午重复发生着，持续了20多天。那些天的下午，孩子们要求王老师读《快乐王子》，《快乐王子》成为孩子们和王老师的精神慰藉。

读者可以读一读这个故事，这样就有机会和孩子产生同理心了。我重读了这个故事，生命的深处再次被感动。好的动画片和好的童话故事是最好的灵性、精神滋养，也是最好的心灵慰藉。我尝试着节选了一部分，请你用情绪和感觉来阅读，它可以柔软你的心，带给你美妙的情绪。我相信，这对你而言是心灵的治疗。请从生命的角度阅读，它可以滋润和帮助你的生命，但对你获得物质利益恐怕没有什么直接的帮助。

“我有黄金做的卧室。”燕子朝四周看看后轻声地对自己说，随之准备入睡了。但就在他把头放在羽翅下面的时候，一滴大大的水珠落在他的身上。

紧接着又落下来一滴。

他抬头望去，看见了——啊！他看见了什么呢？

快乐王子的双眼充满了泪水，泪珠顺着他金黄的脸颊淌了下来。王子的脸在月光下美丽无比，燕子顿生怜悯之心。

“你是谁？”他问对方。

“我是快乐王子。”

“那么你为什么哭呢？”燕子又问，“你把我的身体都打湿了。”

雕像开口说道：“我叫快乐王子……我这么高高地立在这儿，能看见自己城市中所有的丑恶和贫苦。尽管我的心是铅做的，可我还是忍不住要哭……”

“远处，”雕像用低缓而悦耳的声音继续说，“远处的一条小街上住着一户穷人。一扇窗户开着，透过窗户我能看见一个女人坐在桌旁。在房间角落里的一张床上躺着她生病的孩子。孩子在发烧，嚷着要吃橘子。他的妈妈除了给他喂几口河水外什么也没有，因此孩子老是哭个不停。燕子，燕子，小燕子，你愿意把我剑柄上的红宝石取下来送给她吗？我的双脚被固定在这基座上，不能动弹。”

“伙伴们在埃及等我。”燕子说。

“燕子，燕子，小燕子，”王子又说，“你不肯陪我过一夜，做我的信使吗？那个孩子太饥渴了，他的母亲伤心极了。”

……

燕子从王子的宝剑上取下那颗硕大的红宝石，用嘴衔着，越过城里一座连一座的屋顶，朝远方飞去。

……

发烧的孩子在床上辗转反侧，母亲已经睡熟了，因为她太疲倦了。他跳进屋里，将硕大的红宝石放在那女人顶针旁的桌子上。随后他又轻轻地绕着床，飞了一圈，用羽翅扇着孩子的前额。“我觉得好凉爽，”孩子说，“我一定是好起来了。”说完就沉沉地进入甜蜜的梦乡。

……

月亮升起的时候燕子飞回到快乐王子的身边。“你在埃及有什么事要办吗？”他高声问道，“我就要动身了。”

……

“燕子，燕子，小燕子，”王子说，“远处在城市的那一头，我看见住在阁楼中的一个年轻男子。他在一张铺满纸张的书桌上埋头用功，旁边的玻璃杯中放着一束干枯的紫罗兰。他有一头棕色的卷发，嘴唇红得像石榴，他还有一双睡意蒙眬的大眼睛。他正力争为剧院经理写出一个剧本，但是他已经被冻得写不下去了。壁炉里没有柴火，饥饿又弄得他头昏眼花。”

“我愿意陪你再过一夜，”燕子说，他的确有颗善良的心，“我是不是再送他一块红宝石？”

“唉！我现在没有红宝石了，”王子说，“所剩的只有我的双眼。它们由稀有的蓝宝石做成，是1000多年前印度出产的。取出一颗给他送去。他会将它卖给珠宝商，好买回食物和木柴，完成他的剧本。”

“亲爱的王子，”燕子说，“我不能这样做。”说完就哭了起来。

“燕子，燕子，小燕子，”王子说，“就照我说的话去做吧。”

因此燕子取下了王子的一只眼睛，朝年轻男子住的阁楼飞去了。

“冬天到了，”燕子回答，“寒冷的雪就要来了。而在埃及，太阳挂在葱绿的棕榈树上，暖和极了……”

“在下面的广场上，”快乐王子说，“站着一个卖火柴的小女孩。她的火柴都掉在阴沟里了，它们都不能用了。如果她不带钱回家，她的父亲会打她的，她正在哭着呢。她既没穿鞋，也没有穿袜子，头上什么也没戴。请把我的另一只眼睛取下来，给她送去，这样她父亲就不会揍她了。”

“我愿意陪你再过一夜，”燕子说，“但我不能取下你的眼睛，否则你就变成个瞎子了。”

“燕子，燕子，小燕子，”王子说，“就照我说的话去做吧。”

于是燕子又取下了王子的另一只眼睛，带着它朝下飞去。他一下子落在小女孩的面前，把宝石悄悄地放在她的手掌心上。“一块多么美丽的玻璃呀！”小女孩高声叫着，她笑着朝家里跑去。

这时，燕子回到王子身旁。“你现在瞎了，”燕子说，“我要永远陪着你。”

“不，小燕子，”可怜的王子说，“你得到埃及去。”

“我要一直陪着你。”燕子说着就睡在了王子的脚下。

……

最后，燕子也知道自己快要死去了。他剩下的力气只够再飞到王子的肩上一回。“再见了，亲爱的王子！”他喃喃地说，“你愿意让我亲吻你的手吗？”

“我真高兴你终于要飞往埃及去了，小燕子，”王子说，“你在这儿待得太久了。不过你得亲我的嘴唇，因为我爱你。”

“我要去的地方不是埃及，”燕子说，“我要去死亡之家。死亡是长眠的兄弟，不是吗？”

接着他亲吻了快乐王子的嘴唇，然后就跌落在王子的脚下，死去了。

就在此刻，雕像体内发出一声奇特的爆裂声，好像有什么东西破碎了。其实是王子的那颗铅做的心已裂成了两半。

上帝对他的一位天使说：“把城市里最珍贵的两件东西给我拿来吧！”于是天使就把铅心和死鸟给上帝带了回来。

“你的选择对极了，”上帝说，“因为在我这天堂的花园里，小鸟可以永远地放声歌唱，而在我那黄金的城堡中，快乐王子可以永远幸福、快乐地生活下去。”

不知这是读到了第几天，这天下午，王老师读到一半时，其中的一些孩子眼中涌满了泪水……王老师接着读道：

“唉！我现在没有红宝石了，”王子说，“所剩的只有我的双眼。它们由稀有的蓝宝石做成……”

“亲爱的王子，”燕子说，“我不能这样做。”说完就哭了起来。

“燕子，燕子，小燕子，”王子说，“就照我说的话去做吧。”

……

“在下面的广场上，”快乐王子说，“站着一个卖火柴的小女孩。……她既没穿鞋，也没有穿袜子，头上什么也没戴。请把我的另一只眼睛取下来，给她送去，这样她父亲就不会揍她了。”

《快乐王子》的故事就这样把孩子们的情绪一层一层地推向一个又一个高潮，推到内在最深的至善之处。孩子们哭了，老师也哭了，边哭边读。故事没有中断过，一种充满了爱、慈悲、至善至美的情绪由此而生，这种内在的情绪和感觉形成了一种氛围笼罩着这个地方。没有大声的哭泣，孩子们边默默地流泪，边专注地沉浸在故事里。故事讲完了，停顿了一会儿，孩子们才问:“快乐王子死了吗？”“小燕子死了吗？”

在认知上，孩子们并没有太清晰的认识，甚至生与死都不知。他们不知现实中的死和天国中的活，甚至不知很多在我们成人看来非常清晰的事情。听故事的有2岁半、3岁、4岁和5岁的孩子，情绪已经把他们带到最高的善和最高的美中……可能孩子们以后都没有机会再思考《快乐王子》在讲什么，给自己带来的是什么，或者因为什么而感动，但这种情绪的流动把他们带到了一个境界，那个境界唤醒了他们生命中相同的东西——至善至美，这才是人性。这东西被积淀在了孩子们自我创造的生命中，像花瓣一样柔软和美好。

语言产生了精神能量，而语言的美妙又营造了气氛，它带给孩子精神的感觉和精神的情绪，就像语言让太阳光辉灿烂，语言让心灵落地而歌，语言让世界瑰丽和清晰。那表示精神胚胎引导的精神生活已经开始。

精神情绪是在意境中的生命能量的涌动，是一种对美好和崇高的情景的高潮体验。

对真善美故事产生共鸣，这是基于儿童自身的生命特征。这与成人有着截然的不同：成人生活在外在的物质世界中，专注于外在的利益世界，利益更容易触动成人的情绪；而儿童生活在生命之中，情绪专注于生命本原的引领，协助着创造适合这个物质世界生存的自我。由于精神胚胎是生命的本原，所以儿童的特征就是创造，他们可以敏锐地感知美、善和真。儿童会和王子、燕子同感，他们被情绪带领着融入童话中，和故事连成一体，并在那里练就。所以，在共鸣中，儿童全神贯注，交融于心，感受到了这个意境带来的生命的善和美，融合了情感、美感、语感等综合感觉的具有生命力和心灵感受的精神。

在儿童的思维里，一切都被放入生命之中，一切都有灵魂。童话可能不全然是儿童眼睛看到的外在世界的景象，但只要还没有进入理性时期，童话就是儿童内在世界的真实。

成人用理性把现实和童话分开，也等于用理性把生命世界和物质世界分离开；成人期望的纯粹的精神生活，却只有儿童才能完整感受到。

在接下来的几十天中，这个故事成为孩子们的精神慰藉。

每天到了读故事的时间，他们就坐在那里等待老师。有了那次情绪的精神体验，再听时，一定是第一次高潮体验的继续。他们一遍一遍地听，老师一天一天地读。这样的高潮体验对于老师来说也是同样的新奇和愉悦。老师可能说了什么，也可能没说什么，但老师和孩子们一起同感，他们的情绪一起起舞，这就是生活，这就是最好的老师！

这样的景象不一定每天都会发生，但如果我们每天都真实地面对生活、面对孩子，我们很快就会发现：情绪可以直达精神，它直接使我们的生命产生变化，如感觉一样，这是最容易让孩子的生命升华的方法。

能营造这种意境的，就是爱。

这就是孩子成长的途径，就是教育。不是说教，不是用洪亮的声音将道理填入儿童的头脑，不是由成人的教导而建立美和道德，而是那一刻，一种意境的光辉照耀，变化就在儿童心中发生了，一种情绪把儿童心中本来就有的真善美的情思在现实的情景中固定下来。

许多成人在给孩子读故事的时候，成人的心没在故事中，这是第一个分离，和故事的分离；第二个分离是成人没有和孩子同感，讲故事的人和听故事的人在故事中是分离的。成人喜欢把注意力放在知识的灌输上，喜欢解释里面的知识和词语，这就无法营造一个情绪的氛围，会直接破坏孩子的精神情绪和精神感觉。

常常有人说：要活在当下。但其实只有儿童活在当下，活在当下纯粹的情绪、当下纯粹的感觉、当下纯粹的认知、当下出神入化的精神……不混淆其他，就可以活在当下了。

情绪帮助认知

也许有人会认为，这是童话，孩子们天然喜欢，所以他们非常容易直达精神。但事实上，即使是科学的内容，孩子们依然可以依靠情绪直接进入精神的本质。只是情绪先于认知，或者说情绪帮助了孩子的认知。

有一天，我到教室里观察孩子，一个孩子抱了一本《儿童世界百科全书》过来，这是每个班级都配有的。感谢作者的用心，这本百科全书图文并茂，概念清晰，配图恰当，我在家里没事时也常会读一读。我们起先是在八角桌上读，我从第一页读起，读着读着，一抬头，发现好几个孩子都趴在了桌上，他们努力伸展着身体以看清图画。我们从桌上移到了地毯上，大家围坐着，我正好读到“我们是如何来到世上的”。

第一段的内容是这样的：

我们是如何来到世上的？科学，或者是生理学告诉我们的谜底是这样的：人体是由许多叫细胞的活性基本单位构成的。我们都来自母亲身体里的一个细胞。小宝宝是在妈妈体内一个叫子宫的地方发育成长的。基因是细胞的一部分，基因控制着宝宝的成长。每一个小宝宝都是从母亲和父亲的细胞里获得基因的。

然后就是图配着文字①：

子宫，是女人能够怀小宝宝的器官。卵巢能向外排出卵子。

睾丸，是男人产生小宝宝的器官。睾丸能向外排出精子。

精子进入卵子里。这就产生出小宝宝的第一个细胞。

最初，一个受精卵分裂成 2 个细胞，然后再分裂成 4 个细胞。

它还要再分裂下去，并且变得越来越大。

有时候，妈妈身体里的一个卵子会生出 2 个小宝宝。他们是同卵双生。同卵双生都是 2 个男孩或 2 个女孩，他们之间看起来非常相像。

有时妈妈身体里的 2 个卵子，也可以生出双胞胎。这些双胞胎不是

① 图片请参见《儿童世界百科全书》，晨光出版社出版。

同卵的，而是异卵的。这些宝宝生出来后，互相也不怎么相像。

偶尔，一位母亲可能会一次就生出3个、4个、5个或6个宝宝，但这实属罕见。这种情况被称为一胎多生。

翻过另一页，“十月怀胎”：

宝宝生活在妈妈的子宫里，这里就好像是一个温暖的袋子，袋中充满了宝宝生活需要的液体养分。宝宝从妈妈的身体里就可以获得所需的全部食物和氧气。这一切是通过一条叫作脐带的管子输送来的。俗话说“十月怀胎一朝分娩”，妈妈可以在一天中把宝宝生下来，说的就是这个意思。

图片配文字：

精子进入卵子里，就形成了宝宝的第一个细胞：

1个月时，宝宝比一粒豌豆大不了多少。

3个月时，宝宝约6厘米长。

4个月时，宝宝开始活动了。

5个月时，宝宝会吮自己的大拇指了。

6个月时，宝宝会听声音了。

7个月时，宝宝会睁开眼睛，又踢又撞了。

8个月时，宝宝会触摸东西了。

9个月时，宝宝就要出生了。

宝宝将要降临人世时，妈妈可以到医院去分娩，把宝宝送出妈妈的身体。

医生或者助产士帮助妈妈把宝宝生出来。宝宝一旦出了妈妈的身体就会呼吸和啼哭。宝宝从降临人世的那一刻起就不再需要用脐带了，因为宝宝能直接从妈妈身体外获取食物和氧气。脐带没有用处了，于是就把脐带剪去。

我投入而认真地读到最后，靠近我的几个孩子突然哭倒在我的怀抱中。对面的一个小男孩扑到我的怀里，抱着我放声大哭。没有哭的孩子也默默地注视着我，我也默默无语地注视着他们。我分辨不清那是什么样的情绪和感受，那一刻，我的大脑完全空白了……自始至终，没有一个孩子告诉我什么，我们到底触摸到了内在的什么？

那印象太深刻了，离开教室后我仍然无法释怀。我决定第二天再换一个班级试一下，看看那是否是个偶然，那是否是个别孩子对生命诞生的感动。

第二天，我用同样的模式读了这些内容，情景完全一样。几个孩子倒在我的怀抱之中，放声大哭，其他孩子默默地注视我，我也默默无语地注视着他们。

我想知道那到底是什么，孩子们为什么会酣畅淋漓地大哭？我打算再到第三个班去试试。

一切依然如此！

那是十几年前的事情了。那时我和孩子们一样，对自己、对孩子、对人的内心世界并没有非常清晰的了解，我正迈向内在的路，走得并不太深远。直到现在，我们共同的内在情绪依然深刻地震撼着我。

十几年来，几乎没有孩子对“我们是如何来到世上的”不感兴趣。所有的孩子都对“我从哪里来”充满好奇。但我不能确切还原孩子的那种情绪状态，我同样不能够用理性接近那种情绪状态而准确地描述它。我想，我的情绪必须达到那种高潮体验，才能确切知道。这件事被放置在我的心里。

几年后，我买到一部专题片《生命的奇迹》，讲述不同种族的妈妈以不同方式分娩的过程。我希望通过这部专题片去感受孩子们那样的高潮体验。带着这样一种郑重的渴盼，我观看了这部片子。这次，我像小朋友一样，酣畅淋漓地流着泪，生命突然起飞……又深深地融于生命之中，你必须哭……如果让我用头脑、用语言来描述，那是体验从生命浑然的包容中正在奋力出来时的激情，同时又在体验发现生命诞生时的奥妙和感动。那一刻，生命的诞生就在自己身体的每个细胞里激昂而又柔情地合唱着，你必须哭。这是生命的赞歌，是你对自然奥秘的领悟，也是你对自己生命的了悟。儿童就此发现了自己的生命。

讲座的时候，我把这个专题片放映给大家看，孕育生命的妈妈们被感动得流泪，养育生命的爸爸们默默无语，没有人不对生命的诞生产生敬意。当那一刻来临时，情绪和感觉首先充满了你。

一位从医学院刚毕业的小伙子被分配到产科实习。那天，一位产妇急诊，一切都来不及准备，孩子就已经滑落到他的手中，他捧着这个新生命，那一刻他被震撼了。孩子被接走了，产妇被推走了，他还看着自己的双手，那带着新生命的鲜红血水的双手，他站在那儿。然后，一个人过来了，又一个人过来了，他突然醒了过来，把手举着给那个不相识的人看，说："看到了吗！一个新生命诞生了！一个新生命诞生了！"

是的，一个新生命诞生了！不是一句话，不是观念的认为，不是头脑的理解，而是一种激荡的情绪带你体验了生命诞生的过程，让你走进了生命本身。这才是情绪的奥妙之处。

于是，一个怀中抱着孩子的妇人说："请给我们谈谈孩子。"
他说：
你们的孩子，都不是你们的孩子，
乃是"生命"为自己所渴望的儿女。
他们是凭借你们而来，却不是从你们而来。
你们是弓，你们的孩子是从弦上发出的生命的箭矢。
那射者在无穷之中看定了目标，也用神力将你们引满，
使他的箭矢迅速而遥远地射了出来。
让你们的射者手中的"弯曲"，成为喜乐吧；
因为他爱那飞出的箭，也爱上了那静止的弓。

——纪伯伦

其实，生命早已在母亲那里生成，诞生只是向这世界的入场。精神不像生命的入场，它是静悄悄地诞生，没有人知道它什么时候来临，它静悄悄地显出，只是我们忽然感觉到了它。

伟大作品能够通过情绪和感受融入儿童的精神世界

8月28日，是马丁·路德·金在1963年发表《我有一个梦想》的演说的日子。

在我的孩子13岁的那一年，一天午餐前，我坐在餐桌前给几个孩子读《我有一个梦想》。我记得我上大学时学习过那段历史，自己读过《我有一个梦想》，在录音机里也听人朗读过……马丁·路德·金离我非常遥远。给孩子们读，不是因为没有读过，而是因为演说词非常精彩，另外也想以此纪念这个伟大的人。

我读道：

> 我今天怀有一个梦。
>
> 我梦想有一天，深谷弥合，高山夷平，崎路化坦途，曲径成通衢，上帝的光华再现，普天下生灵共谒。
>
> 这是我们的希望。这是我将带回南方的信念。有了这个信念，我们就能从绝望之山开采出希望之石……

我从未有过的一种精神情绪突然从我的内心深处升腾而起，它强烈地弥漫了我整个生命……我泪流满面。孩子们的眼睛里闪着明亮的光。

一种百年的渴望，一种人类对自由的向往，一种人类生而平等的伟大情怀，一种贯穿天地的能量和激情——马丁·路德·金的激情，在我的生命中撞击着我。然后，我和他就完完全全地成为我们，我便不存在了。我们融入了一个人的生命之中，成为他，联结了他。

其后，我再次在荧屏上看到马丁·路德·金时，我的内在就响起一个声音："我的兄弟……我的兄弟。"我熟悉了他，知道那一刻他生命中升腾起的是什么。一种携手并进的真实和亲近。

我理解，在此之前我学习并认识了他，分析了他，知道他的历史背景。但那一刻，我的生命用情绪体验了他、感觉了他，在这种精神的内涵中，我以我生命的情绪和感觉拥抱了他的生命，和他的生命世界有了精神上的沟通和联结。这种体验让我刻骨铭心地知道了一个生命的精神向往，他影响了我的生命。情绪是我们的天使。

我们很想感受到爱、正义、民主、自由、宽容、勇敢、坚强、善良、崇高、智慧、深刻、幽默、平等、和谐与善美。成长不仅需要孩子用头脑去认识，更需要孩子感觉到它。感觉和情绪让我们内化了这些，让它变成了我们生命的一部分，而它也需要成为孩子的一部分。在童年，情绪到和感觉到比认识到更能造就一个创造自我的生命。

如前所说，我们出生的时候，我们和父母以及世界是融合在一起的。情绪也是这样一个生命特征。在头 6 年中，我们尝试着把自己的情绪同其他人的情绪剥离开来，我们在练习怎样把自己的情绪独立出来，为自己生命的一部分负责任。但是，在成长的过程中，我们却抽升出了另外一个东西——精神情绪，它似乎是情绪中最精华和最核心的部分，它是通过和精神的融合让我们深刻感知到的。所以，这一部分我们去学着如何融合，如何深深地进去，如何高高地升华。这两者是有差别的。

孩子在成长的过程中自然地做着两样事情，情绪的剥离与情绪的升华。剥离使孩子趋于个体化，而升华则沉淀出生命的精华。只要有合适的环境，儿童就会自然完成。我们需要做的是和孩子一起生活，而内在的过程则由孩子自己完成和创造。

我们所有人的生命都拥有伟大的一面，它是我们生命的本质，和所有伟大的人一样。如果童年时我们的精神情绪在日常的生活中被激活和启动了，我们的生命就会有一个精神的飞跃。当孩子成年后，他看到一个高尚和伟大的生命，他能够通过情绪和感觉融入对方的精神世界中，而不仅仅靠理性，当然他可以加入理性。精神情绪可以使人和他人融为一体，所以实际上每一个生命都是我们生命的一部分。

在你生命的河流中，流淌着恒定不变的存在，一切的物在你的两岸存在；一切的人如物一般在你的两岸存在；一切人的想法、念头如物、如人在你的两岸存在；你的情绪、想法、念头也如物、如人、如人的想法和念头一样，在你的生命中流过而消亡。生命的河流中只流淌着你生命的真正存在和所有生命的真实存在。

你的成长的结果，终将趋于宁静和祥和。你的生命像一条流动的河流，宁静而鲜活地流淌着……

第四章

儿童是自己感觉的主人

感觉不可能被人代替完成，也不可能被人教出来或是被人灌输进去，它是自己内在世界发生的生命体验。

第一节　感觉是发现的智慧

我的孩子出生后第三天被抱回了家，回家的第二天吃完奶被放在床上，他突然大声哭了起来。只见奶水大口地从他嘴里溢出，溢满了他的脸和眼窝处，接着哭声戛然而止。他一动不动，睁着一双惊奇的眼睛，高度地觉察着，好像生命在这个世界中瞬间醒来了。我看到，他的身体高度警觉着，就好像每一个细胞都在感觉着这个突发事件，然后他出现一种大梦初醒之后的愉快感。

这个出生不到1周的孩子，大脑还不具备基本的认知功能，但是天然的觉察能力把他从生命的浑然一体中唤醒，使他感觉到外在的世界。应该说，这是一种感觉，但是我觉得这样说还不够，我认为除了感觉，还并存着一种生命的觉察力。

感觉使这个小小的生命有了一个巨大的发现，而这只是发现的开始，其后还会出现各种感觉，并且每一次感觉都会引领一次新的发现。

这让我感到震撼，一个出生三四天的婴儿，竟然具有这样一种生命能力——感觉。与此同时，我也是首先感觉到了他的感觉，然后才发现。我感觉到了，我才发现，这种生命的能力是属于我们所有人的。我和孩子同步经历了这个过程。这同以往说到的感觉有着非常大的不同。

第二天，我抱着他，他突然打了一个嗝，瞬间他又出现了吐奶时的那种高度警觉的状态。他发现了打嗝，然后他全身心地感觉着打嗝，直到那个过程完成。在其后，新的打嗝到来的时候，他还在感觉。直到充分感觉之后，他熟悉了打嗝，才变得不舒服、不耐烦起来。

如果感觉让我们发现这个世界，那这里面就包含着一个巨大的奇迹：生命可以永无止境地处在发现的状态。你可以想象，人会处在不断发现的喜悦中，创造就变得永无止境了。

因此，感觉不能被破坏。破坏了感觉，就意味着损坏了一个人的发现。

一个3岁的孩子这样问妈妈："妈妈，刚出生的孩子什么都不会，对吗？"

妈妈说："刚出生的婴儿，该会的都会。他会用嘴吃东西，会用眼睛看东西，会用鼻子闻味道。当我用一根羽毛接触他的脚的时候，他会把脚缩回去。饿了、尿了，他会用哭声告诉妈妈。你看，刚一出生，他该会的都已经会了。"

虽然刚出生的婴儿对这个已经长久存在的、人类所创造的千姿百态的世界一无所知，但是他拥有一个与自然法则相联结的、强有力的系统，这个系统可以帮他发现这个世界，了解并适应这个世界，最后掌握这个世界；也可以让他发现内在的世界，同时还将建构一个同这个世界相和谐的内在世界，并且借助这两个世界创造一个自我。这个系统比认知系统更为基本，它就是儿童的感觉系统。

与其说我们从出生开始就在学习，不如说从出生开始我们就在感觉，并且透过感觉在发现，这可能才是真正的学习。我们是通过感觉和借助感觉学习的，并且感觉还是其他学习的前导和最根本的学习工具。只有借助感觉的过程，我们才能将学习的对象像吃食物一样内化到我们的身体里，认知在先期是达不到的。

《感觉的自然史》一书中说道："感官是将我们与古往今来所有人连在一起的一种延伸。它们在主观和客观之间搭起了桥梁，在个人的灵魂与其众多相关物之间搭起了桥梁，将个人与宇宙以及地球上的一切生命连在了一起。"

脑科学这样说，出生时，儿童大脑的感觉系统已经成熟，他们用自己的5种感觉来发现世界，当然他们也发现着自己。

对于儿童来说，全然敞开的感觉就是生命本身，他依靠感觉来发现和创造新的自己和现象。这里包含两个内容：

一是儿童就是感觉的。其实从根本上来说，人是感觉的，虽然人有其他的部分，但人时刻都是感觉着的，感觉本身和人是一体的。对于儿童，任何一种未知到来时，儿童都先用感觉拥抱它，待在它的最核心。通过感觉获得的东西，就会变成一个人的血液和细胞，这就是内化，或者称为“肉体化”。

二是儿童依靠感觉来发现和认识世界。儿童好像把生命的整体感觉都聚焦在视觉、听觉、嗅觉、味觉、触觉这 5 种基本感觉上。

第二节 感觉是儿童认知的基础

婴儿通过身体感觉发现世界和自己

我们试着从刚出生的时刻开始说起吧。

最初的生命似乎没有故事，世界在婴儿睁开眼睛时，就被以光的形式纳入了婴儿的视觉中。当婴儿睁开眼睛时，世界是由明和暗组成的，婴儿并不会分辨出这一物体和那一物体的区别，但明暗的世界闯入了婴儿的视线。

与此同时，婴儿会用嘴吮吸，他们通过嘴激发自己内在的味觉。吮吸的时候是由妈妈抱着，还是独自躺在那儿，这会在他们的心理上引起不同的感觉。婴儿信任感的发展最早也是从此开始的。

婴儿尿湿的时候，他们会有身体不舒服的感觉。需要妈妈照顾时，他们会用哭声召唤妈妈。妈妈是能及时赶到并满足婴儿的需求，还是不加理会，这会建立起婴儿最早对妈妈的感觉。这种在关系中的最初的感觉，会延伸成婴儿和周围人以及和社会的关系，最后演化为婴儿和自己的关系。

当婴儿的视觉开始能够区分家里摆放的物品时，手也被嘴吮吸的感觉发现了；手的能力发展后，手到处抓握时的触觉会给婴儿带来更大的惊奇和发现；爬行能力和手的能力能让他们把某样东西从一个连接它的平面上扔下去——把一物拿起扔出的感觉，使婴儿惊奇地发现，物与物是分离开来的。

这种逐渐发展起来的感觉系统会给婴儿带来不断的惊喜，而这种惊喜又会促使婴儿产生一系列新的感觉和探索愿望："哇，世界是由黑白光组成的呀……纸盒和桌子是可以分离开的呀……我会打嗝呀……我会吐奶呀……这个总是凑过来不断说‘妈妈抱’的人原来叫妈妈呀……”“这是我通过身体的感觉发现的。哇，我发现了世界，发现了我自己。”这个发现的喜悦会不断激发并释放婴儿的生命力，也就是这样的发现建构了我们大脑的发展雏形。

度过了生命最初的两年，儿童的感觉系统和心智会因感觉而发展、上升到另一个层面。我们说婴儿成长了。

这一切都是依靠感觉发生的。透过感觉，孩子拥有了自己的心理、认知与精神，这并不是谁教出来的。同情绪一样，感觉是天然就存在的，所以感觉的过程是任何其他人都不可以替代完成的。

认知始于感觉

我们先从经典的 5 种感觉说起。

一个 8 个月的婴儿看到妈妈端过来一碗鸡蛋羹，这是她每天的食物。她急切地要去抓碗里的东西，妈妈忙说:“烫！会烫的！”婴儿并不知道“烫”究竟是什么，她的手已经伸进了碗里，然后便是一声惊哭。妈妈急忙拿出她的手，但手已经被烫了。不过，婴儿已经将过高的温度刺激手指时的瞬间感觉捕捉到了，通过这种感觉，她体验到了什么是“烫”。当下一次妈妈再说“烫”时，这个情景就会在她的脑海中浮现，“烫”的感觉会再次传递到这个婴儿的大脑中，我们把它称为知觉。给知觉指称上对应的词，这个婴儿就建立了“烫”的概念。

我们必须注意到，感觉、知觉、名称、词汇等这些都不是概念。概念是幼儿心中自己创建的归他自己所有的抽象的东西。概念是幼儿内心发展中出现的特异的东西，它是思维抽象生成的，是思想的细胞。我们不能给孩子感觉和知觉，我们也不能给孩子概念，但我们可以给孩子名称和词汇。

也就是说，孩子自己产生和体验感觉、知觉，在自己内在创建概念，成人所能做的就是对应孩子的感觉、知觉、概念，给出名称和词汇。

用眼睛观察明暗的世界，分辨这一物体和那一物体的界限。用嘴吮吸，既能获得食物，也能和妈妈发生生命的联结。用耳朵听各种各样的声音，并从中拣选出母语。用哭声召唤妈妈，并与妈妈建立关系的雏形。用身体活动，并和妈妈接触，激发生命的活力和探索世界的愿望。感觉就这样扩展、延伸着孩子的内在世界和外在世界。

海伦·凯勒这样写她的世界开启的那次事件："莎莉文老师把我的一只手放在喷水口下，一股清凉的水在我的手上流过。她在我的另一只手上拼写'水'字，起先写得很慢，第二遍就写得快一些。我静静地站着，注意她手的动作。突然间，我恍然大悟，有股神奇的感觉在我脑中荡漾，我一下子理解了语言文字的奥秘，'水'这个字就是正在我手上流过的这种清凉而美妙的东西。

"水唤醒了我的灵魂，并给予我光明、希望、快乐和自由——啊！原来宇宙万物都各有名称，每个名称都能启发我新的思想。我开始以新奇的眼光看待每一样东西。"

感觉到的一瞬间，感觉到的世界就被打开了。儿童在成长的过程中，会体验数以万计的感觉，这个过程的完成是任何他人都不可以替代的。有些感觉是外在世界带给内在的，有些则是自己的内在世界给自己的。各种不同的感觉刺激着儿童，使他们发展出了非常好的鉴别能力、精确能力和协调能力。

传统的理论主张智力来自感觉，它认为感觉是知觉的基础，感觉信息首先传到大脑中，被抽取并破译为知觉，然后知觉上升到概念，这是认知的初级阶段，也就是感性经验阶段。在这里，我们强调的是，儿童的认知是从感觉开始的，因此感觉非常重要。

爱德华·塞贡[①]所主张的"把儿童从感觉训练引向概念"就是智力教育。无疑，认知始于感觉，因此经历感觉对于儿童是不可或缺的。

想证明上面的内容，只要有孩子的地方，只要你不强制孩子，这样的事

① 爱德华·塞贡（1812—1880），法国特殊教育学家、内科医生。

实就无处不见，无所不在。

1岁8个月的西西兴奋、投入地推着一把小椅子在屋里行进。突然，椅子顶到了茶几上。他使劲往前推，椅子就是推不动。他焦虑而无助地哭起来，边哭边推。这样来回使劲，小椅子来回移动，稍一错位，椅子就被推过去了。

西西又继续在屋里来回推，类似的情况又发生了。重复感觉几次之后，西西明白不能够从桌子中穿过去，只能绕着走。他反复推着小椅子，绕着茶几跑，顶上去了，错一下位，便成功地推了过去。这种发现的快乐使他不断重复着、感觉着。西西发现了物体的不可入性，发现了直线和曲线的运行。

身体的感觉非常重要。儿童要感觉用力的效果，以及意识对大物体的控制。孩子喜欢推车、推门、推箱子。和“扔”比较，推对物体的控制和使用完全不同。这是儿童通过感觉完成的。尽管他还不会整合，但儿童感觉到的世界往往是最本质、最基础、最真理的部分。

在幼儿园里，有时会看到这样的景象：一个孩子前行时，前面站着的其他孩子挡住了前行的路，这个孩子就会推开甚至直接推倒挡道的孩子，自己却不知道可以绕着走。

所以，老师需要带着孩子，让孩子自己绕着走，而不是只告诉孩子：“你要绕过他，绕着走。”要带着孩子让孩子亲自感觉，因为幼儿是感觉的而不是语言的生命。有了感觉，孩子就明白了。

在科学界，对大脑神经元形态结构的研究已确认，大脑神经元在胚胎形成初期就开始发育了，它们由轴突和树突组成，其中一个神经元的轴突和另一个神经元的树突相连接的部分叫突触。携带信息的化学性神经递质通过突触在各个神经元中流动，信息也就这样在头脑中被传递了。因此，人早期的经验决定其大脑的突触组织。而经验是依靠儿童自己的感官来获得的，因此可以说感觉的发展决定着神经系统的发育。

我们既无法看到孩子大脑里的结构，也无法使孩子看到自己大脑中化学神经递质传递的过程，那些是无理性、无色彩、客观自然的。但是，我们拥有和客观的外在世界完全不同的一个内在的世界——生命的、情绪的、感觉的、心理的、认知的、精神的世界，这正是作为万物之精灵的人的特质。我们必须从精神上对人有一个接近真实的描述。那就是，精神从基本感觉中来，回到复杂丰富、瑰丽高级的感觉中去。

儿童通过感觉来认识世界

我们现在来阐述儿童是怎样依靠 5 种感觉——视觉、听觉、嗅觉、味觉、触觉——来认识世界的。

我们好像把生命的整体感觉聚焦在这 5 种感觉上。我们试着列举婴儿是怎样通过味觉和触觉来感知自己和外在世界的。

一个 2 个月左右的婴儿躺在妈妈的怀里，高度专注地、努力地将自己的手往嘴里放。看上去，他总是对不准自己的嘴，手总是落在周边的地方。试了好几次，似乎是巧合，手落在了嘴里，他成功了。然后，他满足地吮吸着他的手，发出很大的吧唧吧唧的声音。

妈妈低下头，笑容可掬地说："不讲卫生，不讲卫生。"一边说着，一边将婴儿的手从他的嘴里拿了出来。婴儿又开始用前面的行为模式继续努力，但几次都被妈妈阻止了。突然，婴儿恼怒地哭了起来，妈妈依然笑着说："哦，宝贝你怎么了？哪里不舒服？尿湿了吗？"

近旁的邻座对婴儿的妈妈说："他正在成长，你打扰了他。"妈妈一脸茫然。邻座接着说："吃手就是他成长的需要，他需要用嘴来感知自己的身体。等他的手再放进嘴里，他就会安静下来。"

妈妈听完后，半信半疑地将孩子的手放入嘴中，小婴儿便立刻发出吧唧吧唧的声音，满足地投入这种吮吸中。

对一个2个月大的婴儿来说，他用嘴感知自己，并通过这样的吮吸把手解放出来。这是他最早用嘴来感知自己和外在世界的开始，也是最早让手产生感觉的开始。

小哲哲10个月大，他坐在地板上，周围摆放着一堆玩具。他玩耍的方式是这样的：抓起每样东西往嘴里放。他先把积木放进嘴里，又抓起橡皮，然后是塑料圈……每一样东西他都放进嘴里，然后全身心地吮吸、啃咬、品尝。

这样的行为已经持续好几个月了，小哲哲无论抓到什么都不自觉地往嘴里放，硬的和软的、无味的和有味的、不同质地的、可吃的和不可吃的……一转身，他已经抓起一条毛巾往嘴里塞，有时候妈妈衣服上的一条带子也被他抓起来塞进嘴里。

我们不禁猜想：他究竟在用嘴干什么？这些东西究竟让他感觉到了什么？他用嘴认知到了什么？可以肯定地说：他正是用这种方式体验着自己和他周围的世界，他自己选择究竟要把哪些东西塞进嘴里，并建构只属于他的自我世界。我们把这样一个过程称为儿童口腔的敏感期。

有一点是肯定的，全世界的幼儿都要透过感觉的过程来认识世界，用感觉和这个世界建立最初的关系。

关于感觉教育的经典理论

下面给一个历史注解。

关于儿童如何用感觉来发展自己的理论，有近百年的发展史了，从卢梭到近代的蒙特梭利、皮亚杰，他们都阐述了这样一个教育观点——儿童依靠感觉来认知。

1762年，卢梭在他的《爱弥儿》中提出，感觉是知识的门户，感觉教育可以把人从独崇理性的驯化中解放出来，成为自然人。

这里卢梭所说的“理性”就是我们所说的“认知”。他举了一个例子：

“有一个斯巴达妇女在等待着战事的消息，她的5个儿子都在军队里。一个奴隶来了，她战栗地问：‘有什么消息？’奴隶回答说：‘你的5个儿子都战死了。’‘贱奴，谁问你这个？’‘我们已经胜利了！’于是，这位母亲便跑到庙中去感谢神灵。”

卢梭认为，这样的人会常处在自相矛盾中，他的感觉和认识是分离开的。用心理学的说法是，这样的人因内在分裂而常处于焦虑状态，他经常在内心的倾向和应尽的本分之间徘徊、犹豫。因此，他既不能成为一个人，也不能成为一个好公民。对于这个内外不能一致的人，卢梭问：“他要同时成为这两种人，该如何做到呢？”

卢梭是要告诉我们，注重感觉才可以让我们的孩子成为一个真实的人、统一的人，而真实的人才可以靠近真理。全然依靠理性，我们会被驯化成社会或是某人或是某个利益集团的工具。

跨入1900年后，我们选出一个代表性的人物——蒙特梭利。感觉教育是蒙特梭利教育的核心部分。她认为：感觉教育就是自我教育。她这样定义的教育是什么呢？她说：“科学的观察已经证明，教育不是教师给予学生什么东西，教育乃是人类的一种自然的活动过程。受教育并不是听讲，而是从环境中汲取经验。”她进一步具体解释说：“活动是真正人格的一部分，是无法以其他取代的。不活动的人会受到根本存在的伤害，成为被人生所遗弃的人。”身体感觉的过程会如此地被人强调！稍加一点解释，这里的“被人生所遗弃”，不是被别人的人生遗弃，而是被自己的人生所遗弃。简言之，不让儿童感觉与体验，意味着让儿童失去自己的人生。

我们的教育是以蒙特梭利的教育理论为平台的，多年的教育实践证实了两点：儿童是自我教育的，儿童是通过感觉发展和创造自己的。

皮亚杰的成就是认知发生论，但是用他的理论来讲感觉的重要性，再合适不过了。

皮亚杰的发展阶段论阐述了人0～15岁的认知发展。

3岁的贝贝有一天遇到了一只“疑似猫”。她好奇地走近它，它却跑掉了。她叫它“吉吉”。下午，她又吃惊地看到另一只“疑似猫”用后腿站立着。“吉吉坐了起来？”她开始注意这个“疑似猫”和猫的不同点。母亲告诉她这个动物正确的名称是“松鼠”。

在这个例子中，皮亚杰抽离出的是认知，但有血有肉的部分是感觉和心理活动。根本没有人可以跳过感觉、知觉、经验这些过程。

根据皮亚杰的理论，12岁以后的孩子才可以不依靠实物来认知。实际上在我们的周围，太多的人根本就没有发展到12岁。他们被过早地剥夺了感觉。在12岁以前，认知必须使用实物，这就是为了保证儿童的感觉、知觉、经验顺利过渡到认知。

这些关于感觉教育的理论都是经典理论。历史上所有的教育家都阐述了他们通过观察发现的儿童认知的秘密。这个秘密的发现促使了教育的变革，不断改善着儿童的生存状态，加快了人类的进化，促进了社会文明的发展。

但是，这样一个历经了近百年、几乎接近常识的发现，并没有普遍地被我们今天的父母接纳，也没有被我们应用在儿童生活的点点滴滴中；并没有被大多数教育机构中的教育者接纳，也没有在学校教育中被贯彻和实施，没有体现在课程、教学方法或者老师的言语中。

因此，我们和人类历史上的儿童教育学家们只是擦肩而过，仍不曾相知。

警惕离开感觉的“教”和“育”

许多妈妈不允许孩子吃手，不允许孩子抓摸，不允许孩子玩土……一个劲儿地说着“不讲卫生”“听话”，而使孩子焦虑地大哭。许多教育者让6岁的孩子速算。还有许多我们熟知的教育方法，比如老师站在前面教孩子，“1是个棒棒，2是个鸭子，3是个耳朵”……类似这种根据成人的想象而设计的教育方法影响着一代又一代的孩子。不了解人成长的历程，而想当然地使用灌输和驯化，这种破坏儿童成长的教育模式却被我们延续下来，我们要从这样的教育观中觉醒。

感觉不仅让孩子发现简单和基本的物质世界，也让孩子发现基本的内在世界。儿童完成基本的感觉后，感觉的能力就如同认知的能力一样，会在这种基础上被提升。

例如感觉数学：孩子把数棒握在手里，握住 1 根数棒，握住 2 根数棒，握住 3 根数棒，握住 4 根数棒……依此类推，孩子通过用手握的感觉发现“越来越多”。用感觉发现数和数的序列，通过感觉你“吃”了进去，这个序列就被肉体化了。肉体化的本质就是你内在的潜质的基础。感觉不可能被人代替完成，也不可能被人教出来或是被人灌输进去，它是自己内在世界发生的生命体验。

这里，我强调的是“生命经由感觉的肉体化”和“学得”的差异性：让儿童“学到”的东西，基本上只能成为儿童的装饰品，成年后，这个心智还是儿童的成人，会被装饰得看上去非常精美，他已经符合他人和社会的标准了。但是，这样的人就是一个工具性的人，他还处在无法自知的状态。

因此，对于 0 ～ 12 岁的孩子来说，如果我们还能勉强提到“教育”这个概念的话，就应该认识到，这个时候的孩子正是通过感觉来发现世界、通过感觉来唤醒自己的。感觉是所有发展和创造的初始、过程和背景。这就是自我创造教育的一个核心的理由，因为感觉无法被“教”和替代。

离开感觉，“教”出来的成长，只会建构一套认知与生命分离的系统，儿童所掌握的东西就是知识，而无法形成智力。智力是身体、感觉、心智一体化的过程中统合形成的理解能力、分析能力、解决问题的能力和创造能力，而分离则会导致一个和自己的生命不融合的虚假系统，它的本质是一个人的身、心、意的分裂。

传统理论认为，儿童是靠 5 种感觉——视觉、听觉、嗅觉、味觉、触觉来认知外在世界的，这千真万确。但很多人却机械地理解这个理论，他们让感受和认识分离，让认识和做法分离。例如，传统说法认为，儿童成长是“教”和“育”出来的。

感觉在成长的生命中是如此举足轻重，如此基础和普遍。如果感觉加之于觉察（似乎觉察隐藏在感觉的深处），感觉就可以透过我们的身体，让我们发现内在世界所有部分的活动：身体的、情绪的、心理的、认知的、精神的，甚至你的真正的存在也要靠感觉来体验。成长起来的感觉会越来越敏锐和升华，这种被升华起来的感觉可以感觉更为抽象的东西，感觉更为精细的无形的存在。感觉的高度敏感加之强大的理性，生命就拥有了发现外在世界的敏锐，这正是天才的品质，也正是儿童努力做的事情。

3岁的贝贝看到王老师坐在办公室，她站在门口看了一会儿后走到王老师身边，然后坐在王老师的腿上。王老师和她友好地交谈着。一会儿，王老师要去卫生间，她问贝贝："老师要去卫生间，你要去吗？"贝贝说："我也要去。"

到了卫生间，贝贝问王老师："你是男的，还是女的？"

王老师哑然失笑，沉吟了一下说："你看呢？"

贝贝说："我扎辫子！"

王老师说："我也有辫子呀。"王老师蹲下，用手摸摸自己头上扎着的一个小小的马尾辫给贝贝看。实际上，贝贝已经看见了。以成人的想法，她可以用认知来判断，但这不是孩子的做法。

停顿了一会儿，贝贝又问："你是男的，还是女的？"显然贝贝找不到感觉，她一定是要用感觉来确定的，她无法直接用认知去确定。

这时候，王老师很认真地回答说："我是女的！"

贝贝无法用认知来确定的原因是，王老师的个头儿太高了。这超出了贝贝对“女的”的感觉。她必须感觉到位了，才会用认知整理出来。

可是，贝贝为什么在卫生间提这个问题呢？她是不是觉得性别和卫生间有关呢？当王老师说“我也扎辫子”后，贝贝为什么再一次提这个问题呢？

她可能还有其他感觉，但自己一时说不清楚。

“男的”“女的”是概念，概念从感觉开始，从感觉中抽象。贝贝肯定已经感觉到了这个概念的更近的秘密，因为是卫生间把男女分开，而只有女卫生间她才能和王老师共同进入。

用感觉建立概念，之后用感觉不断充实和修正概念，使概念不断发展和完备，这是儿童一直在做的事情。即便是成年后，这也是他继续要做的事情，是他终身要做的事情。

成年后的概念发展和更新会帮助我们组建新思想，这样就保证了成人意识永远成长和进化，而不会落伍和被淘汰。这也需要感觉来发现和开始。

如果我们准许自己使用生命的感觉来认识人，当我们成年后，我们就不会再把住在这个星球另一面的人，不再把知名的人、伟大的人、权威的人视若彼岸世界的人、抽象的人或是神奇的人，我们可以在某一部分和他们产生联结，产生感觉和共鸣。我们会知道他们和我们一样是活生生的、有血有肉的。我们有着共享的情感和精神，有着人类共性的成长历程和梦想——我们就从成年后仍然具有的儿童对成人的虚幻中走了出来。

儿童也会通过对生命的了解和认识，帮我们和真正的人、真正的生命拉近距离，拿走生畏和崇拜。

第三节　感觉让儿童发现自己的内在世界

用感觉探索和发现

对于成人来说，感觉就是用全身心来拥抱生命。对于儿童来说，感觉就是他的生命本身，感觉就是生命的发现。儿童依靠感觉让自己全部的生命“发现”新的现象和创造从未有的自己。这与我们用眼睛看见有本质的差别，我们常常是看见了，但并没有发现。

发现总是带着情绪的喜悦或是痛苦而来。

一个3岁的小女孩正大张着嘴，惊恐地哭着，泪流满面。老师专注地蹲在她的面前，用棉签在她的嘴里拨动着……

我驻足问：“发生了什么事？”

老师说：“肉卡在了牙缝里。”

我问：“用棉签行吗？应该用牙签！”

老师依然专注地在孩子的嘴里拨弄着：“没找到牙签！”孩子一听更加惊恐地看着我，眼泪哗哗地流着。

我坐在她的身边感受她，停顿了一会儿，我对她说：“肉卡在了牙缝里，没有受伤，不会有危险。”

她还在大哭，但身体已经放松了许多。

停顿了一会儿，我又说：“肉卡在了牙缝里，有异样的感觉，所以害怕了。”

她还是哭，但没有了惊恐。

停顿了一会儿，我又说：“肉卡在了牙缝里，只是异样的感觉，你没有受伤！

不用害怕！”

她依然大哭。

停顿了一会儿，我接着说：“肉卡在了牙缝里，吓了你一大跳。”

这时，老师突然惊喜地说：“桌上有牙签，我找到了。”孩子把嘴张得更大了，她边哭边期待着。

一位家长走到门前，问：“怎么了？”我回答说：“肉卡在了牙缝里。”然后我们会意地笑了。

老师终于把牙缝里的肉剔出来了，孩子愉悦地跑出办公室，喊着“肉丝卡在牙缝里了”，便去和其他孩子分享这惊奇的体验了。

“停顿一会儿”是为了不打扰、不伤害孩子内在感觉的过程、心理的过程和思维的过程。

牙缝里有了异物，孩子就第一次有了生命中这种身体上的奇异感觉。这奇特的感觉让小女孩产生了恐惧的情绪。对于这个小生命来说，这便是一件惊天动地的重大事件。嘴里异样的感觉，这感觉从未出现过，这是一种全然的未知，因此小女孩在心理上就难以承受了。把心理上的难以承受通过哭流淌出去，心理空间被哭拉大了，奇异的感觉也就被接纳进来。

这里伴随着一个心理过程，所以感觉、情绪、心理同时支持着孩子。如果没有充分的感觉，没有情绪流动的支持，心理活动就不会显化。而如果心理活动不显化，孩子就无法接纳发生的事情，他的感觉也就不会被上升到认知。

惊心动魄之后便是喜悦和平静，感觉帮助孩子在心理层面上提升了。下次再遇到类似的身体感觉，甚至更高一层的感觉时，心理便有了承受力，也会有清晰和相对客观的认识和判断，因此他自然就能够淡然处之了。感觉就这样一个接一个地发现着秘密，成长就这样一个心理层面、一个心理层面地不断上升！

牙缝被卡，一种没有预料的感受突然来访了。第一次突如其来的感觉，带来了情绪的惊恐。儿童在不断得到这种偶遇的成长机会。

感觉在每个人的内在世界里开辟着一个接一个的新大陆，但环绕孩子的依然是无边无际的大海……你不知未知的世界究竟有多大，你可以永无止境地探索下去。这叫用感觉探索。

不要打扰孩子的感觉

剥夺儿童的感觉，并采用“教”的模式，就等于把孩子先放进去，让他在规定的范围内学习，这叫“画地为牢”。

那一年，美国迪士尼100周年的纪念演出在北京举行，舞台是一个体育场的滑冰场。我坐在座位上，发现周围几乎全是父母带着孩子来看演出。

演出开始了，云雾层层涌来。一个手持魔棒的仙女滑翔而出，激荡人心的音乐响起，仙女在滑冰场滑翔旋转。一个美妙的女音响起：“你有梦想吗？拥有梦想，梦想就能成真。”一切都在仙女的滑翔和手中魔棒的指点下成真。所有的观众都在这种美妙中屏气凝神，人们的情绪和感觉被仙女带入一种精神的情境中……

但这感觉有时就被打扰了。

我的身后坐着一位妈妈，她旁边坐着的是她大约9岁大的儿子。妈妈开始了她的认知教育：“一位仙女出来了。”

她说：“她用魔棒变出了什么？”

她说：“你能认出来吗？这是皮诺曹。”

她说：“这个是什么？白雪公主。”

她说：“认出来了吗？这是阿拉丁。”

她说：“小时候你看过的，这应该是灰姑娘。”

……

此时此刻，感觉和情绪带领着人的内在，接受着舞台上精神的频频召唤，把观众的精神一个个引导出来，然后再用精神的光辉去回照舞台。精神的频频映现和对流，把人们带进精神生活的精彩世界。

在这当下，认知是多余的。人物和剧情，这些所谓的知识其实只是审美的道具。人是审美的主体，而不是装载知识的容器。

妈妈的做法打扰了孩子的感觉。如果孩子的这种感觉常被打扰，他的感觉、情绪、心灵的系统就会受到破坏，实际上，认知的系统也不会成长得很好，成长就会出现一个极大的缺失。这相当于孩子的认知出现障碍一样，实际的情况可能更为严重。

今天，太多的成人就这样充满善意地把孩子生命中珍贵的东西拿走、扔掉了。

我大学同学曾经赞叹另一位同学读过那么多小说，并对他有景仰之意。问这一本，读过；那一本，也读过。他看书看一页比我们看一行还快。原来小说还能这样看。不是意境，不是感觉，不是精神，不是人性，不是典型的和特别的生活风格、情态、状态、样式及其中的情绪、感受和味道，而是作品的名字、作者的名字、所谓的时代背景、作品的地位、作品中人物的名字和故事情节、展示的所谓历史、作品表达的思想性和批判性，这些像《百家姓》一样可以硬背记熟的东西。原来，这叫“知识”。

只要我们让自己的意识从某种蒙昧的状态走出来，即使没有什么理论的支持，仅凭对生命的尊重，我们也可以发现生命需求的迹象。凭借对幼儿生命的观察，也会发现这种教导式的教育模式是对人的生命成长的一种损伤。审美感觉就这样被我们的文化长久地忽略着，而这又延误了成千上万个儿童的成长。

正像伏尔泰对人发出的感慨：“发现哪怕一点点人的自身结构竟需要30个世纪。了解一点人心灵的东西则需要无限的岁月。然而，一瞬间就足以置他于死地。”

4个十一二岁的孩子随同一位妈妈一起去听音乐会。那是一场5人演奏的管乐协奏室内演奏音乐会。中场休息时，其中一个孩子看起来非常痛苦，他忍耐不住了，坚持要走。

为什么呢？孩子说："太乱了！"

什么太乱了？孩子说："他们一边演奏一边胡思乱想，发出的声音太乱了！"

凭什么这样判断？孩子说："凭感觉！"

其他孩子呢？一个说："他们是注意力不集中，不过他们没有办法，他们也不想这样。"

其他孩子首肯。

肉塞在牙缝里、走路摔了一跤……这些基本的感觉完成之后，儿童就可以通过基本的感觉产生更深层的感觉，感觉到储存在生命深处的内容。这些不像基本感觉一样是必然发生的，这种内在的感觉一定是在基本感觉比较完善之后，才会逐渐地被儿童发展出来或者创造出来。

学会爱必然从感觉开始

当我们迈过我们的幼年、少年、青年，走向我们的成年，我们已经不再有"牙缝里有异物"这样最基础的身体感受了，也不会再对这个"异样的感觉"产生痛苦、惊恐、诧异、喜悦和惊喜。基本的感觉已经趋于我们形成基本的成熟，其他感觉——心理的感觉、情感的感觉、精神的感觉、心灵的感觉会像生命之花一样开放，这正是儿童的又一个生命特征。

在改变自己生命的状态上，感觉对于成人来说，如同对于儿童一样重要。因为只有感觉，改变才有可能发生。感觉的核心价值在于，感觉可以起始和转化，它是真正的学习工具。

一位爸爸总是打骂孩子。孩子4岁了，大人一说话，孩子就紧张得不知所措。孩子一放松，就总打其他孩子。

解决的办法只能是父亲停止打骂孩子。

父亲说："我爱我的孩子，但是一到那个时候，我就控制不住了。不打不骂，他不听话，我急！又不知道怎么办。"

父亲爱孩子，行为的反应却是经常打孩子。头脑想的和实际做的正好相反。

打骂的做法已经深深地内化在血液里，变成了临场行为必然的、不可控制的反应。这肯定又是童年的经历造成的。

父亲说："小时候，我妈把我夹在腿里打我，她打不动的时候才会住手。我不能打她。上学的路上，我看哪个同学不顺眼，我就打谁，比我妈打我还要狠。"

父亲说："我没有妈妈爱我的感受，我不知道怎么爱。"

没有爱的感觉是无法爱的，学会爱也必然是从感觉开始的。长时间的感觉就像血液和细胞被替换了一样，就变成了你自己。无论你是成人还是孩子，对自己生命的改变必须从感觉开始。只是认识到了，改变依然不会成为可能。

所以，你可以想象，说教真的能改变人吗？每个人在说教时都想尽可能地说得好，以为那将改变很多人的命运，但只有触动了感觉，变化才有动力。

被打、被愤怒地对待，这是一种情绪，同时也是一种感觉，在这样的氛围和惯常的感觉中生活，也会将这种感觉肉体化、内化，就成为你，你的自然反应就是打和愤怒。

我相信一切暴力最根本上都始于家庭。我也相信，只要家庭暴力没有了，这世界就和平了。

我们正在学习怎样爱孩子。孩子是父母寻找爱的感觉的对象，父母透过孩子对爱的感觉的反馈，产生如何爱孩子的动力。

你没有经历爱的感觉，而现在要开始学习爱，你会面临大量相似的问题：面对孩子时很无措，遇到问题时会慌乱，对如何爱孩子还没有判断力而感到烦乱，第一次尝试爱和规则，被孩子控制，要讨好孩子，因为学习而感到辛苦和焦虑，因为从未有过的体验和对爱的结果的不知而感到害怕，因为仍在学习而不能持久，因为不断地要和自己成长的负面经验斗争而感到无力和能量不足，因为全新的爱孩子的观念而遭到家庭其他成员的反对……因为突然从自己已有的习性中跳出而喜悦和惊恐，因为爱孩子而拥有了勇气，因为自己内在的童年创伤而渴望得到改变，因为内在深处有对新生活的渴望……

突然间，这个感觉的过程，就成为千百万个父母的成长——“我不是要这样思考，我是要这样生活！”

我要把对孩子的反应变成一种爱的反应，这就是爱的学习。必须从感觉开始，然后再回到感觉中，这就是感觉学习。

爱的感觉开启了生命内在的变化

由于成人丧失了太多的感觉，所以容易形成一种惯性，比如不自觉地躲避内在发生的痛苦的、孤独的、愤怒的、幸福的各种感觉，他们不再发现生活，也就不再创造生活了。他们在童年未创造出自己感觉的那一部分，所以现有的某些东西似乎就被固化了、合理化了。甚至，当幸福和喜悦到来时，我们的头脑明知道那是正向的东西，但依然会感觉到恐惧。因为那种感觉超出了我们惯常的感受，那是异样的感觉，我们已经无法像孩子那样接纳了。

一种甜美的幸福却是异样的感觉？那是害怕和不敢接纳爱！

我们必须先从模仿做起，我们先模仿着爱孩子，它可能看上去真实性不够强，但我们已经开始这样做了。另外，我们必须从改变我们的语言系统开始，把“你怎么又这样”改变为“妈妈很爱你，但是这件事情不能这样做”，然后教给孩子正确的方式。语言一改变，语言所传达的能量就变了，情景也就变了，新的感觉就产生了。

还有，我们需要把我们跟孩子在一起的速度放慢，让自己作为一个观察者而存在，同时也作为一个感觉者而存在。当我们尝试着去感觉孩子的时候，我们就知道他们怎么了，然后再依此做出决定。这几条是我们改变的一个开始。

最后，我们还有一个支持我们的人和天然的让我们学习爱的人，那就是我们的孩子。如果孩子会表达的话，他会说："爸爸妈妈，我来陪伴你们成长。"

对安徒生的《丑小鸭》，孩子们这样问："为什么因为丑小鸭的羽毛是灰色的，和别人不一样，就是丑的呢？""什么才是丑和美？"这是孩子们提出的问题。实际上，对成人来说，内在的异样的感觉是不容易被自己接纳的，是容易被自己视为丑的。但对于儿童来说，那似乎是一个创造自己的新信号，儿童会感到好奇，产生兴趣，并乐此不疲地拥抱它，用它来建构自己。这是何等的不同呀！

当成人对生命失去感觉时，他的生命就无法改变和发展了。当成人对事物失去感觉时，新世界的大门就对他关闭了。他只能以模式化的状态来生存。

一次，我问一位新老师和孩子相处了3个月的感想，她说："我发现了我自己。"

她告诉我，一天她站在院子里，突然一个孩子跑过来，从后面抱住她的双腿，然后把头伸到前面，快活地仰着脸对她说："我爱你！"那话语里充满了爱。她突然被孩子这样纯然的爱和完全的敞开冲击到了内心的最深处，她感动着，眼眶湿润了，不知该如何回答。须臾，她内在产生了一种涌动，使她想说："我也爱你！"但她没有说出来，她对我说："我说不出口，我感到尴尬，不好意思。因为没有人这样对我说过，所以我一点都不习惯。"她内在的感动涌出的同时，也搅动了她成长所积淀下来的习性，她不知道该怎么办。但是，孩子一直仰着脸，依然完全地、敞开地、坦然地、充满爱意地看着她，这种爱的延续和流淌使她终于结结巴巴地说："我、我也爱你。"孩子便转身跑开了。

她站在院子里回味并不断感觉着这段内心的历程，孩子的爱一下把她拉回到了自己的内在，触动了她最本质的东西。在这种触动下，她打破了自己成长历程中固有的模式，这一打破使她超越出来。虽然这个打破只是一个开始，但足以给这位年轻老师带来喜悦，她对自己充满了信心。她说："我也说了，虽然没有孩子那么自然，但是我说出了口，这感觉真好！”

听到有人对你说“我爱你”的感觉是这世界上最好的感觉，这是孩子的感觉；对喜欢的人说“我爱你”的感觉也是这世界上最好的感觉，这是成熟的人的感觉。爱的感觉开启了生命内在的变化。成人的变化也是从爱的感觉开始的。

这位老师的感受，几乎是每一位新老师的感受，她们几乎都在说类似事情的感觉，这些感觉使她们一下子从原有的生活、思维方式和生活惯性中醒悟过来。那新的感觉让人喜悦和惊奇，生命打开了，生命流动了。

或许年轻人更容易被触动，他们的美好可能就在于他们更容易感觉到爱和美好。长久地和孩子待在一起，我们发现，儿童对爱和美好的感觉更为敏感。如果我们放下自己，和孩子同感、同长，我们的改变就会一点点开始。

这是一次有意义的开始，孩子的爱开启了老师的感觉，这感觉又进一步让老师发现了自己的内在。就好像我们发现内在有一个领域，然后向这个领域迈了一小步。有了感觉，就发现了这些，当然其后还需要经历心理的过程和认知的过程，最后升华到精神。生活从此就变了，人也开始有了一种创造新生活的愿望。常这样，生命就改变了。

“我发现了我自己”，因为我发现了“我”，“我”可以享受这种感觉，“我”也可以让别人享受这种感觉。这个内容的意义在于，我因为某种感觉，闯入了我的内在，生命一下就鲜活了，这感觉使我愉悦。我启发了我，我开始爱我自己了。

第四节　感觉带领儿童进入自己内在的精神世界

精神感觉可以使人的内在直达精神

有一次，几个朋友听一个11岁的男孩弹钢琴，其中一位研究哲学的朋友对我说："这个孩子学钢琴学得太痛苦了！"

我问："为什么？"

他说："他对音乐根本没有感觉！"

没有感觉就无法把人带入音乐的世界，没有精神感觉更无法感知音乐，因为好的音乐是纯粹的精神与纯粹的心灵，人必须依靠精神情绪和精神感觉才能进入。

精神感觉可以使人的内在直达精神，了悟真善美，并完全成为精神。直达而无须通过一个过程，在这一点上如同情绪。精神感觉总是和精神情绪相伴随而直达精神，它是生命的滋养和精神创造的预热和前奏。

有一天，我从幼儿园教室的门前经过，不经意看到一个4岁左右的小姑娘站在一张小课桌上起舞。下午的阳光透过窗户的上半部正好照射在那张小桌上。那是一天中阳光最柔和、最有色彩的时候，你可以想象，她是如何发现这束金色的阳光，如何感觉到这束阳光的美妙，然后情不自禁地站在桌上，想和这束阳光融为一体……

金色的阳光照在她起舞的身姿上。课桌并不大，她甚至不可以转身，但她的手和手臂、头部和颈部、腿部和臀部，以及她整个挺拔的脊椎，都洋溢着她内在的感受，自由地表达着她内在的音乐。

阳光下的她，在没有音乐的伴奏下，以她身体的动作和内在的感受形成了音乐的场域，传递着音乐的美妙。不是职业的芭蕾或是现代舞蹈，那是浑然一体的、神性的、表达着她每一个细胞的感觉的舞蹈。那是我看到的最有魅力、最美丽的舞者，那是我听到的最动听的音乐。我这样表达，不是使用了这些文字，而是我真的感觉到了那文字以外的、文字不能表达的拨动心弦的东西。

一种感觉把她引向了内在的审美和精神，并让她产生了表现的愿望。这种感觉把精神照射在自己的形象上，让自己的形象放射出精神的灿灿光辉，然后她自己特别地去感觉它。

使这个孩子拥有表达自己内心感觉的机会的，是她内心的自由和环境的自由。对于这个孩子，这个事件是偶然的，但偶然的事件成为孩子创造自我的必然。对于儿童来说，只需一次，某种东西就在孩子的身体里形成了。

类似的事情都不是孩子们的偶然，孩子们在自由中生活，内心精神感觉的出现就具有了必然性。任何一种内在的高级感觉都可以使我们直达精神，精神的升华再沉淀，就形成了自我。

孩子们明显地渴望拥有这样的审美和精神的生活环境。当幼儿园有老师的诗歌朗诵会、读书会、音乐欣赏、舞蹈表演时，当我们一起畅谈精神和艺术时，孩子们都喜欢待在老师身边，着迷一般地感觉和倾听。我知道很多时候他们甚至都听不懂某些话语，但他们的感觉犹在。

有时候，我们到朋友家聊天，我们谈论生命、心灵、教育、人生……这是一种精神生活。孩子坐在边上不愿离开，他静静地沉浸在其中。妈妈有时候会说："去玩吧。"孩子不愿意。我说："孩子喜欢精神生活，让他待着吧。"从认知角度来说，孩子听不懂，但他可以感觉精神的氛围。

婴儿的内在天然存在精神能量并受其指引

孩子对精神生活有着天然的精神感觉，有着天然的熟知和亲切，如同植物天然喜欢阳光。所以，我们聊天的意识和语言在什么层面、在什么精神层级就显得格外重要了。

对精神活动和精神生活，儿童有小鹿般的警觉。

有一次，我和朋友一家一起看芭蕾舞剧《天鹅湖》。演出结束后，一路走出来，4岁的女孩一直无语。坐在车上我转头看，小女孩双目清澈闪亮，神态宁静而深入地坐在后座上，身心依然沉醉在芭蕾中。一种精神的氛围在她的身体周围弥漫着，她沉浸其中，光亮的眼睛像一个初恋者，柔美的下巴和颈部的静感像一个舞者，芭蕾一直在她内心的世界起舞……我看到舞动的芭蕾叠加在这孩子精美的精神之上。

大人们一路都在说不相干的话，屁股一落定在车上，就又开始说起废话来。

废话很温馨，可是和孩子的心境相距很远。我们是从世俗场景的寒暄和喧哗中收取快乐的人。如果有一天，我们可以和儿童共鸣，和儿童用感觉共享精神时光，儿童就不再孤独，就不再像我们那样，渐渐把那个精神的世界遗忘掉了。

我们和儿童的世界就是这样的不同。儿童相信和吸收精神的美，如同相信和吸收童话世界一样。

精神世界可以久久存储在我们的内心，精神感觉可以被我们久久回味，因为那里的核心是美。而我们被世俗的现实包围吞噬，早早离开了审美的、感觉的世界。不过，我们也有蓦然回首的时候。

一次，一位朋友对我说："那个晚上，我被一首歌给震撼了。那是我从来没有过的感受。我听了一宿，做出了一个重要决定：把目前的一个项目取消了。"这是一个成人由审美感觉直达精神的体验。

那个晚上，他的内在发生了什么？又有多少成人能对自己内在发生的事情有兴趣？

我知道，被一种情绪和精神震撼而做出决定的人，现在少而又少。我被震撼了!

不久，又听朋友说:“被一首歌感动，做出这样的决定，太幼稚了。”我又被震撼了!

因为我知道，大多数成人不太关心那些不产生既得利益的精神感觉的触动，偶尔有那么一次精神感觉的触动，又不知道它的来源，那真的没有什么用处。但那真的没有用处吗?不是，那是创造一个崭新的自己的机会，你做了一个超出理性的决定，你又做了……一次次那样的触动，就会一次次创造一个新的你自己。有人说，那是内在的混沌，是混沌帮助我们成长。这就是精神的工作。精神感觉和精神情绪就是你内在最高的激情、最高的美和最高的善。只要它出现，就马上抓住它。儿童就是这样做的。

但是，现实锁定了我们的人生，我们就放弃了突然的一个闪念给我们带来的成长的机会。这种锁定也将逐渐加重我们生命的惯性和僵硬，加重所谓的命运。如果我们观察儿童，这个机会将会重来。

儿童不同，在他的生活中，哪怕只发生过一次，他就足以创造自己了。如果他们被某个东西触动了，即便不是震撼，他们也会嗅着它，用全部的激情去投入。那种内在奇妙的感觉就是精神胚胎的驱动，也是他们生命成长的动力。那里已经预设了尽可能地创造杰出的自己的密码。他们是由内在的力量驱动来决定做什么，而不是由某个外在的利益动机驱动。

这恰恰是人的希望所在。这样的孩子长大后，就能既照顾好自己的生命和生活，又能兼顾和体恤其他的生命，建设所有人赖以生存的世界。

让我们看一看成人的感觉吧。这是美国电影《弦动我心》的一段对白。

主人公站在音乐厅的舞台上，注视着音乐厅的主人，接受着他的邀请:“我来告诉你，当你屏息静气，仔细听的时候，你就会听到1891年柴可夫斯基指挥的首场音乐会。如果你听这边，你能听到海菲兹的演奏;如果你往那边听，你能听到拉赫玛尼诺夫……当你往那个方向听，你能听到霍洛维茨在弹钢琴……他们就在这座大厅里……欢迎所有到这儿的演奏家，这就是卡内基音乐厅的魅力所在。”

如果你了解音乐，你会被带进一个音乐的世界。这是感觉把你带进去的。然而，儿童不需要了解音乐，他只要站在那儿，站在音乐的场域或是就站在你面前，他就会穿透你的感觉，回到自己的感觉里。这就是儿童，他用感觉知道你的生命里发生了什么！

如同精神情绪一样，精神的感觉同样会把你带到一个真善美的制高点，在精神情绪的推动下，感觉就达到了高潮。

所以，“感觉是最宏大、最基础的探索和学习的过程，是形成各种复杂心理过程的基础。”（《感觉的自然史》）

至此，儿童究竟是通过大脑学习还是通过感觉学习，这不是质疑，而是定论。但我们常喜欢让儿童越过感觉与心理而直接到达认知。我们太急功近利了。

觉察和反省

在成长中如此急功近利，我们的社会应该集体觉察和反省。我们必须跳越感觉过程而直达认知吗？可能也可以，但应当是成长到青春期之后，那应该是 14 岁。我们不排除个别的、极少的认知“奇才”——这是高度崇尚现代科技的某种文化所赋予的意义——他们所拥有的特别天性、特别机遇和特别环境，使得他们在感觉学习方面获得非常充分，又能长久专注于一个方向。但在正常情况下，如果儿童没有被认为的特殊天分，也不能保证他会拥有适宜的条件、机遇、方法和智慧，此时若让儿童提前进入认知，用话语的方式灌输给他知识，这是违背自然法则的，会产生不良后果。这就是今天很多成人饱尝着内在没有“自我”的混乱和无自主性的挣扎，没有精神的愉悦，没有创造的状态。我们没有办法把我们这些成人的内在的关系厘清，我们无法看到真正的人的状态。

可能由于我们没有了应该有的感觉，我们就无意间破坏了儿童的这种感觉，结果可能会让儿童对人感到失望。

有一次，一个班的6个大孩子（十二三岁）和老师一起观看法国电影《放牛班的春天》。

《放牛班的春天》是由法国的一个童声合唱团参与演出的一部音乐故事片。音乐，是人的生命之弦和精神之弦的某一根的激发、共振和弹响。音乐，你必须使用感觉来欣赏。整个教室和每一个人，都沉浸在故事和音乐中……影片进行到最高潮：孩子们要给学校的赞助者演唱，歌声把每个人都带入了一种精神和美的境界。那个被老师禁止独唱的男孩，失落地站在圆柱下……当那一段独唱需要人时，老师示意男孩，男孩惊喜地走出来，美妙的童音便回荡起来……

这时候，孩子们的情绪和感觉被激发得上升再上升，它将人的生命激情一级、一级地送上了更高级的生命状态。精神的感觉和精神的情绪可以把我们带到美和善的极致。孩子们和老师都沉浸在这无比奇妙的感觉中。

突然，飞飞满目通红，说了一句下流的话。他没有感觉到，还是难以承受那种精神的美好和纯粹？他的头脑立刻联想到影片里的老师曾爱慕过小男孩的母亲，所以他说了一句调侃小男孩的下流话。

他禁不住想打破这种沉浸其中的美感，但又让自己难堪。我伸手轻轻触摸他的手背说："你可以保持沉默，度过这份尴尬。"

这种通过故事情节推动的音乐，经由孩子们的感觉、情绪，然后经历心理感受来到孩子们的心中，它给孩子们一个和外面世界完全不同的体验。开始时，儿童会用较长的时间来感觉它。

但飞飞不可遏制地说了第二句下流话，一语双关，而且还略带幽默。所有高度集中的、纯粹的、升华的感觉，一下子滑落了下来，流散了。

我和老师都有些难过，因为我们都清楚这个插曲对于其他孩子的影响，也清楚这个孩子的状态。这已经不是第一次了，飞飞只要一遇到爱的情绪、表达或者庄严的感觉，或者高度集中的精神感，他总会躲闪，而且还要用低俗的语言来调侃，转移目标。飞飞刚转学过来时，头1个多月，他一直表现得是个“好孩子”，但是之后，他开始喜欢在上课的头10分钟里先抱怨一番，所有的孩子都在等待他结束抱怨，他却总是浑然不知。

显然，飞飞内在的感觉被严重地破坏了。当一种精神在审美中上升时，他的还未成长和有创伤的感觉和心理状态却拉住了他。他的心理感觉走出来说：“你，就你？”

他这次没能抗御自己的冲动，于是他也想拉住大家，他说：“他，就他？”

成人必须陪伴飞飞，让他的感觉觉醒，让心理成长，让情绪正常，以便使他可以承受美、承受爱、承受精神，以便让他远离动物般生存的状态。

但是不要说教！而是启动孩子生活的感觉。先感觉到了，再经由心理接纳，然后逐渐内化，这才是教育本身。即使孩子不可遏制地犯错，也应当给他一个有美有善的生活环境。而说教并不友善，说教是在说：“你不好。”这种方式总是容易建立起一个分裂的、虚假的生活。

做儿童的心灵陪伴者

一位爱孩子的母亲和我坐在一起，身边坐着她14岁的儿子。她非常克制地说着自己的孩子。孩子坐在一旁，在妈妈的语言中他显得不安和焦虑，他的手、身体、神情都处在尴尬和无奈的状态中。交谈的场景变得非常尴尬，这样的交谈几乎没有太大的效果。孩子感觉到了，但妈妈一无感觉。还是同样的问题：感觉到哪里去了？

如果捐赠会使偷窃者尴尬，就是触动了偷窃者的内心深处，触动了良心。爱会使人尴尬，自由会使人尴尬，美会使人尴尬。这就是精神。

精神是人的特质，是人类的象征。精神感觉是人类特有的感觉。儿童从心理的状态发展到精神的状态，从动物变成了人。

精神的感觉才是爱、道德和美好的来源。它可以推动你到达那种至爱、至善和至美，让你体验。体验了，对于个体来说，个体就人性化了，就成为真实的存在。这正是人成长的特征，也是创造自我的过程。

精神的新感觉是一个人的精神升起、成长的结果。精神的新高度就是他本人内在的新高度，于是他从精神方面看到了和他高度相当的新群体和新世界，甚至能感觉到精神高于他的其他人。

各种各样的艺术品就是人的精神的各种各样的镜子。镜子不同，显现的人的精神也不同，但是精神的有无、明暗、高低、大小和镜子没有关系。只有两者都很好，精神艺术才会呈现光芒。

人的内在精神给各种形状、造型和声音赋予美的光辉，人的精神有多明亮，那光辉就有多灿烂。当那光辉反射回来的时候人们享受它，其实就是在享受自己。

我常常想，如果每个成长中的生命都有一个心灵的陪伴者，而不是破坏者，当异样的痛苦到来时，这个陪伴者只需要站在孩子的身后，与孩子一同渡过，陪伴孩子走出这种异样，孩子自然就会从异样中获得喜悦、平静和成长。这样，我们就再也不会重复经历异样的痛苦。

这是我所渴望的人的成长，所以我希望每一个成人、每一对父母都能成为自己孩子的陪伴者。这样，孩子必将会从爱的陪伴中长大、成熟，然后成为自己的陪伴者，这也是一个必然的成长法则。

第五节　感觉是良知和善（道德）的来源

除情绪之外，感觉也拥有使我们和自己的内在世界以及他人的内在世界——身体的、情绪的、感觉的、心理的、认知的、精神的和灵性的产生联结的可能，它使我们走进自己和他人的生命事件之中，扩展着我们生命内在的世界。

儿童的嗅觉敏感于生命，就像大多数成人的嗅觉敏感于利益一样。有趣的是，对生命敏感，会产生真正的善。

广州的春天到来时，有一些昆虫开始寻找地方产卵。一天，我和几个即将上中学的孩子在家里聊天。一只昆虫飞进屋里，我怕昆虫，想赶它出去。

一个孩子说："你应当提前把纱门关好，这样它就可以到其他的地方找家了。它要产卵生宝宝了。现在，它已经找到你们家的屋顶处，那儿是个凹槽，有射灯，温暖、安全，是它最好的家。"

我惊讶地看着他们。

另一个孩子说："好些大人害怕昆虫。昆虫的生命和我们一样，这个地方温暖、湿润，很多的生命应该和我们一起生活才对。你不用害怕。"

我只有感动和感慨，这是我面对孩子常有的状态。我很好奇，究竟人的生命是什么样。

一次讨论时，一位老师这样说："我喜欢出生不久的小狗狗，不喜欢大狗。"

她说："我非常害怕狗。我住的社区里，有很多人养狗，为了克服怕狗的心理，我就常和狗说话。每一次遇到狗，我都对狗说：'狗狗，我很害怕你，你不要靠近我，好吗？’如果是一条小狗，它就会站在那儿，凝神地感觉你、领会你，然后便离开我走了。但是，大狗就不一样了，它游移不定，你根本无法让它停下来、静下来，它无法和你在一起产生感觉和联结。”

我想那可能是因为大狗用经验和任务代替了小狗的天性。

每一个人都有过那种走进别人的生命中，知道别人和被人知晓的体验，并深刻地留恋着。那是我们走进了共同的场域而产生的一种生命的愉悦。这不是通过思考而是通过感觉来完成的，这就是生命的感觉。

假如没有生命的感觉，假如我们仅用思维来对待人类，我们就会产生“智者制人”的观念。我们都知道有一些所谓的“智者”缺乏情感、灵性和人性。

一次坐飞机，3 个座位，我和一位年轻人各坐一头。他看完飞机上提供的刊物，便插入他前面座位的布袋中。杂志就 1 本，并且在他的个人空间范围内，我便问他：“我可以取来看吗？”他却闭上了眼睛，全身散发着疏离的气氛。我非常好奇，又问：“我可以取来看吗？”他转头非常恼怒和蔑视地说：“飞机上的东西，要看自己取！”我非常惊讶，便解释说：“这是基于对你的尊重。”他不再愤怒而开始不安。我感到困惑，也无从解释。同事说：“噢，他认为你是土老帽儿。这是一个社会价值系统，他们以金钱、身份和地位来判断人。”

你看，把人完全物化产生了等级，而等级又派生出了各种问题。但在生命的系统中，尊重生命、爱生命才是价值所在。

当我抬头看云的时候，我就成为一片云；
当我低头欣赏游动的鱼时，我就在水中游；
当我凝视高飞的鸟时，我就在空中飞翔；
当我爱你的时候，我就成了你。

当我和一个生命联结，就如同进入一条生命之河。在这条生命河流中，我们无法将自己和他人分离开，虽然每个个体的生命都是存在的，但生命将我们放入共同的能量海里，彼此的知晓和共存使我们合为一体而又独立。这恰恰是真正意义上的平等。在物质的世界里，很难有真正意义上的平等，尽管我们人类一直渴望平等。

对生命的感觉使我们知晓了其他生命，知道我们都是一样的生命，于是学会了尊重和关爱。只有从生命的角度来理解生命，才会有真正的善，而善又派生出道德。人的道德和良知怎么能依靠外在培养，只能依靠生命的感觉来提升。我们关心地球上所有的生命是否可以很好地生活繁衍下去，即使是关心物质环境也是对我们作为生命的人而言的。所以，提升自己对生命的了解和知晓，是现在和未来文明的保证。

一天下午上植物课，老师准备了一棵旱生植物，让孩子们观察。在介绍完旱生植物的根、茎、叶之后，老师想从原来那棵完整的植物上分解一小块下来，准备解剖，想让孩子们更充分地了解旱生植物的茎。

当老师想要从植物的根上分解那一小块时，气氛一下子紧张起来。有的孩子马上说："别伤害它。"有的孩子担忧地说："你会弄伤它的。"有的孩子担忧地问："老师，如果这样的话，它会不会死啊？"老师说："不会的！我们只是分解一小块，它不会死的！"尽管这样解释了，但当老师把分解下来的植物解剖开，让孩子们触摸时，大部分孩子都拒绝触摸。悦悦这个平时看起来大大咧咧的孩子，这时也很难过，并且拒绝触摸，似乎觉得这样剥离一个生命已经很严重了，再触摸就更严重了！一些孩子虽然触摸了，但也只是小心翼翼、轻轻地碰了一下，然后立即把手收回来。这种为生命的分离而感到的担忧和不安，正是儿童依据生命的感觉所发展出来的！

对儿童来说，植物、动物、人类、自己都是一样的，都是同样的生命。那他们是怎样知道的呢？是不是正常的儿童都天然有这样的感觉呢？

成人即使知道，但有的人有感觉，有的人却没有感觉。

我建议植物和动物的解剖课应在儿童的理性成长到能接受之后再上。

接纳和尊重自然界中弱肉强食的生存状态是一回事，对生命之爱又是另一回事。而人类对同类的爱和对生命之爱，一定是基于对生命的感觉而被养育起来的。

对于更幼小的孩子来说，感知和联结其他生命是天然的，这样的联结和感知我们称为爱。教育首先要保护这种天然的生命智慧、天然的生命之爱，以及天然的内在友善。我们还要依靠对生命的感觉发展良知和道德。

这才是真正的良知和道德，因为它源于爱。

今天，地球上最严峻的问题，例如物种的不断消亡、环境的破坏、冰山的融化、人类道德水准的降低，无不是源于与自己内在生命世界的联结的断裂，这与一味追求外在物质世界的利益相关联。就如同如果我们把人类和自然彻底隔离，存活就会出问题一样。同样，如果我们不能回归内在去寻找我们内在生命的资源，我们的文明和道德就会沦丧。而儿童会通过这种和生命的联结和感觉，帮我们找回自己和地球。

第六节　对感觉的新认识

“心灵感觉”和“生命感觉”

感觉仅仅集中于人体的5种感觉吗？我们过去的认识有没有可能局限了我们？

一个5岁的小男孩A在排队盛饭时和另一个5岁的小男孩B发生了争执，一个3岁多的小女孩走过来指着小男孩A说：“是你的错。”

小男孩A说：“你没有看见事情发生的全部过程，怎么判断是我的错呢？”

小女孩说：“我是没有看见事情发生的全部过程，但是我有感觉呀！”

小男孩A说：“好吧，你听我说完，你再感觉。我先站在那儿排队，我站了一会儿，饭还没有端来。我想我出去玩一会儿。我就玩了一小会儿，结果他就站在了我的位置上。我让他走开，他不走开。谁的错？”

小女孩肯定地说：“就是你的错！”

小男孩A说：“为什么？”

小女孩说：“不知道，反正你错了。”小女孩还是无法通过思维的分析、思考、组织、整理表达出来，但凭感觉她确定：A错了。

小男孩A说：“好吧，我们找老师去。”

……

整个过程，我都站在旁边，惊讶地观察着。

小女孩说不清、道不明，她的智能还达不到对这件事情的认知。如果我们分析的话，应该是这样：离开原有的位置，到另外一个地方玩一会儿，但还占之前的位置，这是否是合理的？你在别的地方，还占排队的位置，你不能同时待在两个空间里。你也不能身体离开了，但意识还占着排队的位置。你应该和自己同在才对。

小男孩并不认为自己错了，他也不明白小女孩为什么这样判断。

但小女孩的判断清晰而明确，小男孩就是错了。这个明确的判断是从哪里得来的呢？

答案必定是从她内心的感觉而来。

长久和孩子在一起，每个妈妈都会发现孩子的这种直觉能力，我把它称为心灵感觉或者超感觉。它表现在许多让人惊奇的地方。

乾乾妈妈到幼儿园接乾乾，给乾乾带了一个柚子。乾乾抱着柚子，几个孩子便围了过来。乾乾妈妈剥下一瓣又一瓣，乾乾一瓣一瓣地分享给了小朋友们，但没有分享给其中一个小女孩（2岁多，个子矮这些孩子一头）。妈妈见状说："乾乾，你给她分享一块吧。"

乾乾平静地说："她不是我的朋友。"

小女孩一句话没有说，只是看着。妈妈正示范着如何剥开包裹在果肉上的那层透明的皮，孩子们便认认真真地学着剥……小女孩高度专注地看着……

每个孩子都剥着、品尝着……妈妈看着小女孩目不转睛地看着大男孩们在分享，心里感觉小女孩太可怜了，就又对乾乾说："你能不能给她分一瓣？"乾乾摇头。

诚诚好像完全清楚乾乾妈妈的心理活动和话语的意思，就拉长声调，强调地说："她并不想——吃，只想——看。"

乾乾妈妈很惊讶，心里想："是这样吗？"

孩子们吃完，就跑到滑梯那里去玩了。剩余的皮和核都被放在了椅子上，小女孩就盯着它们看。乾乾妈妈这时就把手里的柚子剥下一瓣递给小女孩，小女孩看了乾乾妈妈一眼，什么表情都没有，转身走了。

乾乾妈妈又惊讶了。她想："诚诚是怎么知道小女孩的真实内在的？诚诚是如何既清楚小女孩的真实需求，又清楚我内心的心理活动，还有我意识层面的话语？他必须三者都清楚才会告诉我。他是怎么知道的？思考出来的吗？"

这是心灵的感应。正常的儿童，当没有受到理性的打扰时，他们的心灵会非常敏锐，他们能感知到现象背后的真实。是不是在5种最基本、最集中的身体感觉之外，生命中还有更深入的感觉呢？那是什么？孩子这样的清楚明了到底来自什么？

乾乾妈妈从自己的心态出发，把小女孩专注地看理解为孩子渴望吃到柚子；乾乾妈妈还认为，分享给了其他的孩子而拒绝分享给小女孩，这样的拒绝会伤害她，乾乾妈妈认为小女孩太可怜了。

诚诚的知道，是源于感觉还是思考？

乾乾妈妈源于心理和思考，把她看到的情景赋予了新的意义，并给予了解释，但这解释可能完全与真实背离，她在不觉知中应用了心理和认知。她的感觉呢？

我们的身体感觉，例如听觉，可以让我们感觉到声音，这是因为耳朵把听觉信息转变为生物电信号，然后通过神经细胞传送到了大脑。但另外一种超出身体器官，也超出精神的感觉，可以让我们感觉到氛围，感觉到说话人表达的真实含义，这种感觉可以使我们瞬间明了当下的真相。它超出了想法、思考与逻辑，直达真实，它可以帮助我们深入自己的内在和事物的内在，我称为"心灵感觉"。那种人的5种感官感觉之外的、源于基本生命存在的感觉，我称为"生命感觉"。

人们普遍知道的是，从婴儿到儿童，他们好像都知道家长和其他成人的心思。

毛毛8岁，一天学校排练，李老师看到毛毛手里拿着一瓶冰红茶走了进来。

李老师说："毛毛，你能帮李老师买瓶水吗？"

毛毛说："可以，你要什么？"

李老师说："我要茉莉花茶。"

李老师接着又说："你再问问贺老师和王老师要什么。"

贺老师和王老师肯定地说："要茉莉蜜茶。"

在毛毛转身要走的一刻，李老师忙说："我也要茉莉蜜茶吧。"

毛毛转回身说："你也太没个性了吧，她们要什么，你就要什么。"

李老师哑口无言。

毛毛转身走了两步，又转身说："你不能因为她们的职位高，你就跟从她们吧。"

李老师很惊讶，然后开始觉察自己。

李老师的第一个觉察是，怕毛毛麻烦，怕她难以记住几种茶名，但她感到这个解释是牵强的。她更深一步地觉察自己，她觉察到自己平时经常习惯性地放弃自己的权利，日久就造成了无意间放弃自己意愿的自然趋向。平时，这种内心深处所发生的事件，并未被自己捕捉到过或者感觉到过。

毛毛在李老师说话的同时，她的心灵就已经感觉到了李老师内在所发生的事情，她率真地把它说了出来，而且一语中的。在毛毛的话语帮助下，李老师开始觉察自己，才有机会将这样的潜意识提升到意识的状态。

人类感觉新来源

1966年，美国的一个叫克里夫·巴克斯特（Cleve Backster）的人给科学界打开了一个"潘多拉的盒子"。他通过多年的实验发现了植物的秘密。他通过电流计测试植物，发现植物对人的意念和情感有着很高的敏感和觉知。巴克斯特记载了这样的过程，他晓得，如果要激发一个人做出能让电流计的指针跳起来的强烈反应，最有效的办法就是威胁此人的安危。所以，他决定对这株龙血树如法炮制：将一片叶子浸在他从不离手的一杯热咖啡里。电流计上并没有明显的反应。巴克斯特于是又思索了好几分钟，想出了一个更狠的手段：点个火来烧连接着电流计的叶片。火焰的形象在他脑中浮起的那一刻，他还没有做出找火柴的举动，记录笔就在坐标纸上画出了代表剧变的一长条往上扫的轨迹。巴克斯特人未移动，即他没往龙血树这边移动，难道这棵植物能看穿他的意念吗?

他到别的房间去取火柴，回来再看记录，发现坐标纸上又有了一个向上的突起，显然是他打定主意要点火的那一刻引起的。接着，他打消烧叶子的念头，却仍然假装做着要烧的动作。这一回，坐标纸上却出现了毫无反应的记录，仿佛这植物能分辨意图的真假。

巴克斯特认为，这种知觉力在植物界一定是比较根本的属性。我们知道植物没有神经系统，没有眼、耳、鼻、口，这是确实的。巴克斯特指出:“知觉似乎不止于细胞，还可能及于分子、原子、次原子的层级。以往一向公认的植物世界和动物世界的差别，可能得全部重新评估。”

植物也知道意念或意图?

与此同时，许多科学家做着同样的对植物和其他生命的探究。当科学为我们证实了越来越多的生命现象时，大量的人文科学工作者同步探索着作为有精神和创造特征的人类的生命发展和成长。我们不得不重新思考生命，重新思考人的生命现象，尤其不得不重新审视人类的孩子，这个初始的生命。

不用考虑结构组成很复杂的生物，我们就来看组成分子极为简单的水，如果它都有对意念的反应，这就足够说明事实了。所有生命，其主要组成成分都是水。因此，所有生命都有对意念的感觉。生命形式越复杂、越高级，对这种感觉的放大作用、细分作用就会越大，分辨能力就会越强。简单地说，凡是生命都有意识，不同的生命其意识不同，并存在于不同的次元空间。

水和植物似乎都有心，不管显示得多么弱。如果连水和植物都有意念、意识、意向、心态，儿童就更有了。意识的起源和根源的普遍观点受到了根本的挑战，我们也将重新认识自己，重新学习调整自己。

我们正处在一个会让我们发现人类感觉新来源的时代。我们不但知道儿童拥有基本的感觉，拥有知觉，我们还清楚所有的人都拥有直觉，这是认知之外的一种来源，我们完全可以在对儿童的观察中发现这一种普遍存在的现象，那就是人拥有一种生命的感觉，它是智慧和创造的重要来源。或者说，我们智慧中的一部分可能并不源于认知，认知只是我们用来分析、推理、逻辑、整合的那部分。

实际上，我们常常会遇到这样的情景：一个孩子突然道出了真理，这显然超出了像牙缝里有了异物的那种身体感觉和心理感觉，它使孩子直达事情的本质，它就是我们常会有的内在深处的心灵感觉和精神感觉，那感觉得出的就是结果，而不是出自理性的逻辑。但我们不太在意我们内在发生的事情，我们更多的或是习惯地在意物质世界所发生的事情。

第五章

儿童是自己心理的主人

对于儿童来说，他对世界、对自己的接纳，首先要经历感觉和心理，然后才流向认知的程序。这个过程才是对的，而不是直接跳跃到认知的层面。

第一节　心理，扩展了儿童内在的空间

西西这一天整3岁，中午吃完饭，他就坐在幼儿园大厅里等妈妈送生日蛋糕来。这是他第一次在幼儿园里过生日。他等了一中午，直到其他小朋友午休起床时蛋糕才送到。

西西抱着蛋糕，默默地坐着，专注地看着蛋糕，神情完全沉浸在自己的内在世界里，直到老师告诉他："我们把蛋糕放进餐厅，然后去洗手，过生日。"

西西一句话都不说，只是看着蛋糕，一动不动……老师劝说的耐心都到了尽头，各种心理活动此起彼伏：西西为什么这样？真实的原因是什么？西西的心理活动是什么？我们不知道，而西西也还无法表达清楚。

一位老师对西西说："老师帮你看着，你去洗手吧。"

停顿了一会儿后，西西突然放下蛋糕，洗手去了。大家松了一口气。

洗完手，西西抱着蛋糕到了餐厅。小朋友和老师围着西西，兴高采烈地唱歌、祝福。西西还是一言不发，他看着蛋糕，专注地沉浸在自己内在的世界里，那个世界似乎没有人可以走进去。分蛋糕时，老师把上面有一朵花的那块大的切给了西西，西西看着它，还是一句话都不说。所有的孩子都吃完蛋糕，走了。西西还是看着他的那块蛋糕。其他老师也走了，只剩下一个老师在收拾桌子。西西站起来，也走了。老师惊讶地喊道："西西，你的蛋糕还没有吃呢！"西西静静地说："我不吃。"

老师诧异了，她不明白这是为什么。她找到参与生日活动的其他老师问："他为什么一块都没有吃？我以为西西特别想吃蛋糕呢！"

对于西西来说，看着蛋糕……他必须长久地看着。看是感觉的一种，如果他马上离开，那蛋糕就无法停留在他的脑中，那会有一种消失的感觉。所以，他长久地看着，就像摄像机一样，要把具象的东西摄入内在，有的变成了画面，有的成为可以活动的景象……进入他内在的世界里。

这之前，西西见过蛋糕很多次，所以蛋糕、生日以及所有新加进来的内容，会不断地补充进来，他必须不断感觉、感觉……慢慢地，孩子把这种可触摸的实相变成感官感觉到的东西，并将之存放在生命的里边。但是，生命的接纳是以意识的状态存在的，所以这些情景和图片就必须转化和过渡为不同的、纷纭的意识活动。这些意识活动不断出现，越来越多，这就是心理的工作；把这些不同的意识活动分析、归类、组织、整合出来，则是认知的工作。

我们并不知道西西这个转化的过程是否完成得迅速。通常孩子越小，心理的过程就越长；越简单的事物，接纳得越容易；越趋于抽象和复杂的事物，接纳的过程越复杂，时间经历得就越长，意识的活动就越多。这个过程是一个“暗箱操作”的过程，所以我们并不知道西西是否完成了整个过程，但可以肯定的是，西西是在心理活动的过程中。

儿童和成人不同。许多成人在讲述事情的时候，总是在描述内在存留的情景和故事，一触动这些情景和故事，他们就会陷入这些故事中，他们需要别人的倾听。可能在被倾听的过程中，他们想努力把这些情景和故事转化成意识的存在。但由于成人积累的心理活动太多了，其中有些是情景的存在和累积，有些是刚刚转化成的无数个意识的念头，这些都没有得到认知的整合、组织和归纳，所以成人的内在总是纷乱的。累积得过多，成人就停留在心理的层面，而无法上升到认知。这是成人的状态。

儿童则是如此纯粹、如此专注、如此奇特。在儿童的心里，是纯粹的空和纯粹的无。他要全然地用自己的感觉投入其中，他要感觉这些内在的活动，感觉并经过他所需要的时间来转化，转化为意识，然后才被纳入他生命的世界中。这是一个创造自我意识的历程，虽然这些意识完全是无序的，就好像是意识的碎片，但是他做到了把这个物质世界的东西转化成意识。西西用了这样一种方式把过生日放进自己的生命中，这正是他内心不断活动的结果。虽然他的认知还无法像成人那样快，他还无法用认知和思维将出现的意识梳理、整合清楚，这需要时间。西西需要在以后或许我们并不知的情况下，进入下一步。

在成人看来，这只是一次在幼儿园中的生日活动，这是成人已经形成的既定思维模式。但是，对于儿童来说，这个过程就把外在世界纳入自己的生命之中了。

出生时，世界在儿童的外面。孩子要长大，就必须借助环境，借助是指要和环境相互作用。如何作用呢？儿童的感觉不只停留在感觉到的东西上，这感觉还会撞击开内在生命的大门，儿童要把这发现的东西“吃”进去。他的内在有一股巨大的意识动力将这“吃”进的实物转化，成为意识的存在状态，这样世界才能够被人以生命的形式所接纳。也就是说，人的生命就把发现的世界接纳到生命内在中来。人的核心实际上是意识能量的存在。

儿童自然不能把世界生吞活剥地吞进自己的生命里边，装进的模式一定是先经由感觉系统的作用，就像5种感觉的结果：真实物体在眼中就变成了明暗、颜色、图片、景象或者影像；触摸的感觉变成了形状、软硬。各种感觉产生着不同的东西，就如同嗅觉产生不同的味道一样，所有这些又会产生情绪的愉悦或者痛苦。这是感觉完成的。有些人说这也是知觉的过程，但是它都没有被转化成意识的状态，内在的驱动力使儿童不断地重放这些感觉的结果、情景和图片，不断回味，重复感觉……这些实相就在这样反复的涌动中转化为零散的、纷乱的意识。这个过程就像把情景转换成语言一样，这些语言不一定表达一个完整的内容，但把情景转换成一条条的语言而存在。这就是有些哲学家说的，人的本质是语言的存在物。这种把具象的、实体的转化为情景的、影像的、记忆的，然后在内在再逐渐消化、转化为意识的散乱的活动，我们称为心理活动。

这个过程需要多久才能完成？观察告诉我们，生命初始的头几年，儿童不断地使用感觉，透过感觉来发现世界，形成内在的印象，会有一些极为简单的心理活动，而稍微复杂一点的心理活动大概更晚才能形成。我们猜测，更为复杂、艰难、高级的转化过程，对所有人来说应该都是相对缓慢的。这个过程由每个人自己完成，可能需要几年、几个月、几天、几小时。这是我们无法决定的，由自由护驾。

要完成这个过程，需要非常多的时间和相对独立的空间。

心理将一个外在的世界：自然界的、社会的、物体的、事情的、关系的、人的、生命的世界包容进来，并逐渐形成一个非常大的、内在意识的、有序的系统和生命的空间。这个空间究竟能有多大，像一个池塘、一个湖、一片海、一片天空……这取决于儿童期心理的成长和下一个环节——认知的成长和精神的创造。

教育和成长的历程，必须从对生命的真正了解开始，这会使我们更惊喜地发现儿童的智慧！

成人的生命历程和儿童的成长历程遵循同一个法则，如果你想让你的生命成长，一定要经历这个过程。但是，如果成人不从关注生命的角度出发，就会要求儿童直接进入认知，也就是结果，这样就阻止了儿童心理的成长。

有一大批成人是这样长大的，如果你没有历经心理的过程，无论获得多少知识，拥有多高的地位，获得多少金钱，你的生命都不会改变。就像你拥有金钱一样，你必须历经心理的过程，你才可以从心理上真正成为财富的富有者。

历经情绪的、感觉的、心理的、认知的、精神的过程，这才叫滋养自己的生命，养育和创造自己的生命。没有养育自己的生命，人会变成一个认知的工具，也就无法从认知状态升华到精神状态。

我的孩子出生 3 天后就从医院抱回家，可是自回家开始，每天凌晨 5 点一过他就会大哭。喂奶、抱着安抚都不管用，他就是不停地哭。因为找不出孩子哭的原因，几天后，我们感到心力交瘁。丈夫就说："今天夜里我们用心观察，看看是心理问题还是生理问题。"

孩子再哭时，我说："是心理原因，饥饿导致的心理活动。"丈夫问我："你还记得在医院天亮时的情景吗？"我记得，我住的病房就在婴儿室的旁边。五六点钟，婴儿们就开始哭声大合唱。医务人员开始打扫卫生，交接班时，婴儿们几乎要哭近1小时，有时更久。这是原因吗？

我觉得奇特，想起曾经和一位心理医生朋友讨论心理活动从何时产生，他肯定地说："从出生时开始。"现在，难道我的孩子已经有心理的不安和焦虑了吗？为什么是心理原因，而不是其他？因为观察到孩子的不安和焦虑了吗？我真的疑惑。

我说："明天，在他还没有哭时，我们提前半小时给他喂奶。"

第二天凌晨，提前半小时，我们不等他哭就开始给他喂奶。吃饱后，他一直睡到自然醒来。其后每天如此。从那天开始，孩子再也没有在凌晨时哭过。

这就被验证了是一个心理问题吗？可能是，也可能不是。

如果是饥饿导致的生理问题，孩子哭时，给他吃奶，他就不应当再哭了。但孩子吃了奶还在哭，那就应当是心理问题了。

定时的饥饿，或饥饿习惯？或将演化为秩序？

我无法知道，一个婴儿饥饿时被延后1～2小时喂奶，他会产生什么感觉。但显然婴儿这时候无法接纳延后吃奶的饥饿感，所以就会用情绪来表达。这个时候认知并未发展起来，但由于被延后的吃奶已经透过婴儿的感觉产生了一种不适感，意识的一点点碎片就出现了，心理活动就产生了。婴儿越幼小，其心理反应就越会依靠情绪表达出来，实际上也越容易解决。

一不舒服就哭，一难受就哭，婴儿这种哭的反应在有些人那里被保留到了成年。这是一个很好的情绪排解和消解方法。另一些成人会用意识、意志和理性调整与消解不适，他们常常需要忍耐度过。这是另一种调节方法。

婴儿的哭保护了自己，因为婴儿需要帮助。成人有了语言和意志，成人会自助，或用话语求助。但很多成人借助理性产生了特别“意志”，“意志”产生对情绪的忍耐。情绪积压多了，就产生了疾病。

今天，观察成人在心理治疗时的情景，我们发现，成人在某些时候会回到婴儿时期，有的时候甚至会回到刚刚出生时。成人完全回到了当时的情景中。那存留在内在深处的情景被冰封在那里从来没有被转化过，那种恐惧、痛苦的身体姿态和难以名状的哭声让人心碎。有趣的是，当婴儿哭时，成人常常就没有了这种感觉。

生命本来就是一条意识的长河，婴儿是一个意识体。出生时，这个工作的过程就开始了。身体的、感觉的体验，都会产生些许的心理活动。由于早期的心理活动并不明显，它不顺畅时，情绪就会主动出来帮助，透过情绪把不畅的内容彰显出来。如果转化时不顺畅，心理活动就会被积压下来，有时它潜藏得过深，甚至无法用我们的头脑捕捉到，但情绪依然会轻易表现出来。情绪像我们身体的疼痛感一样，内在透过痛苦的情绪时时发出警报。那些外在事件的冲击，内在生命的变化、受阻、波动，都会由情绪表现出来，进入我们生命的视线内。所以，早期的心理常常需要我们透过情绪和活动来观察。

第二节　历经心理过程，外在的事件被接纳

儿童的心理活动是生命自然的成长机制。

南南妈妈到幼儿园接南南（4 岁 11 个月），给南南带了一个指环糖。糖装在一个塑料的、圆柱形的小绿盒里。

南南拿着糖，引来身边一个 4 岁多小男孩的注意。小男孩急切地说："给我分享一个，好吗？分享给我一个。"

南南说："不行，我就一个！"

小男孩专注地看着南南手里的糖盒再次说："分享给我一个吧！"

南南专注而略带急切地努力打开糖盒。糖盒猛然被打开，但由于用力过猛，里面的指环糖被甩了出去，摔成了好几块。南南立刻就怔住了。正在关注的小男孩立刻以极快的速度，蹲下身捡起一块，转眼就放到了嘴里。最大的一块，和指环黏在一起，被甩在不远处，闪着红色的宝石般的光彩。

南南见状冲过去，捡起那枚还残存着糖块的指环，一看，残缺不全的糖黏在上面。南南痛苦万分，大哭着把指环糖砸在了地上，接着把手里的绿色塑料盒也砸在了地上，跑过去边捶打妈妈边哇哇大哭，然后把头埋在了妈妈的怀里。

妈妈帮助南南把心理活动说了出来："不完整了，不完整了。"

这会儿，小男孩也已经把地上的碎糖块捡起来放进了嘴里。

南南哭，是因为他心理上不能接纳糖摔碎了这一事实，哭帮助他释放这种难以接纳的痛苦。哭着哭着，痛苦的情绪缓解了心理上的这种不接纳。然后，南南抬头说："再买一个，再买一个新的。"

妈妈说："好，再买一个新的，下次就知道如何打开糖盒了。"

南南停顿了一会儿，领悟这句话后，接着又再次想起刚才摔碎了糖的痛苦景象，就又哭了起来，说："现在就去买。"

南南带着糖块残破的痛苦和将要弥补的喜悦，跟随妈妈一起去超市了……

南南什么时候逐渐接纳了糖破碎了这一事实，我们并不完全知道，这取决于儿童自己。眼睛看到糖碎了，内在的感受就是痛苦。痛苦流淌过去了，转化的过程才慢慢开始。这一定需要时间，无法快，尤其对于儿童来说。心理的接纳历程如同吃进的食物在腹中消化一样，需要一点一点地逐步消解。心理的接纳程度在童年期发展得越好，他未来的转化、接纳和调整的能力就会越强。但即使这样，也需要时间的保证。

心里如何想，嘴上就如何说，并且马上就做，这就是儿童。

每一个动作和每一种声音都表达着孩子的心理，他心里浮现什么，就立刻表现什么，做什么。

这样的事情发生几次后，儿童渐渐熟悉，转化工作持续不断地进行，认知便开始整理和分析，最后会整合出一个结果。但心理要让事情的过程以及事件对自己内在的触动在自己的内在经过，经过了，转化为意识的能量了，才走向或是流向下一步。

这之后，在南南的生命历程中，他不但会接纳糖块被摔碎的现实，而且会接纳更多——未来可能会有更严重的破碎发生，比如理想的破碎、工作成果的破碎、朋友的背叛和离弃、恋爱的失败……这些完美事情的骤然破缺所带来的心理感受是一样的。他会越来越宽广地接纳生活中发生的一切，他必须经历这样一个心理过程，并伴随着情绪，这样他才会发现这个世界和自己的秘密。

心理工作的过程，有时伴随着痛苦，有时伴随着快乐，但真正转化和内化的过程，一定是儿童沉浸进去。他用很长时间感觉自己内心世界涌进的东西，体验和感觉这个涌进物带来的内在变化。正如儿童在舞台跳舞时忽然停下来"呆呆"地不跳了，正在舞台上弹琴忽然"呆呆"地不弹了，吃蛋糕时忽然“呆呆”地不吃了。

沉浸是“我思”，我思蛋糕、思糖果、思某个情景……表明儿童离开了蛋糕这个对象，从“我思蛋糕”走到纯粹的“我思”，完全把蛋糕这个对象搁置。按照思想家胡塞尔的理论：客体对象—还原—我思对象—还原—我思—还原—自我——思到下一步就会达到自我。

动物还原不到“我思”，所以它没有自我。儿童早期还原不到“我思”，所以早期儿童也没有自我，只是自我正在萌动。儿童开始觉察，就是开始“我思”。那是儿童正在向自我走近。

儿童的“我思”比成人用的时间长很多，因为“我思”的过程是“我转化”，而我们却还总在问“儿童这是怎么了”。

儿童的需求不仅仅是那块蛋糕，还有那个场景及其随机产生的相关意境。儿童心中的场景和成人心中的完全不同。

所有的事情，所有的东西，所有的关系，所有的内在生命的感触、情绪，都会经历心理的过程。这是生命预设好的自然的现象，如同我们是身体的、情绪的、感觉的一样。这样儿童才会把外在的世界和内在的世界融进自己的内在，最终创造出自我。

感觉是发现，情绪是释放、调整和支持，心理是转化和接纳，认知是组织、分析、整理、整合和探索，精神是升华。所有这些组成一个链，同时它们又彼此交融和支持。

孩子出生时，在孩子的世界里还没有妈妈、爸爸，没有房子、杯子、桌子、沙发，没有蛋糕、糖、威化饼干、巧克力，没有树、水、山、海，没有狗、猫、鸽子、老虎、狮子、大象，也没有生日活动、幼儿园、老师和小朋友。

同样，在孩子的世界里也没有愤怒、生气、悲伤、高兴，没有强迫、被强迫、伤害、打击、感谢、支持、接纳，没有被认可、安全感、归属、认同和被准许，也没有欺骗和丑陋。

第三节　历经心理过程，外在的人和物被接纳

就像儿童透过感觉来发现外在世界和内在世界一样，儿童同样需要透过心理历程来将感觉所发现的装进来，转化为内在的意识的活动，纳入自己的生命中。

我到朋友家做客，和1岁半的玉玉小心而友好地用眼神交流，不在意识上有任何要抱他和靠近他的企图。孩子观察完我之后，边比画边对我说："草呜——的，飞机呜——飞走了。"妈妈笑了起来，说："噢，早晨我和他在院子里的草地上拔草，正好飞过去一架飞机，他高兴地喊'飞走了'。"

对于这个宝宝而言，这是他感觉最棒的事情。这个事件作为一个景象被他接纳了进来，保存在了内在，那是惊奇和快乐的，这就是孩子简单的心理活动，他正处在这样的年龄和阶段，这些内在的景象将被进一步内化。

比比的心理活动则要复杂得多。

比比在小区里玩时，看到了一只小鸭子，他不知道这只鸭子来自哪里。这只长着黄色绒毛的小鸭子不断地叫着，似乎在寻找着什么，比比就跑过去问它："你妈妈呢？"鸭子自然不能回答。由于比比非常关爱它，鸭子便看着他，安静了下来。鸭子安静下来，这触动了比比，使他产生了心理的反应。从那一刻开始，比比走到哪里，鸭子就跟到哪里。比比上电梯，鸭子就迅速跟着上了电梯。这也触动了比比的内心。比比推开自己家的门，鸭子就迅速地跑了进来。有时鸭子跑得太快，还会摔一跤。这也触动了比比的内心。好像你根本不用管鸭子，鸭子就自然跟着比比进进出出。

鸭子一系列的行为活动不断地碰触着比比的内心，碰撞而产生的心理活动，让比比逐渐地发现了小鸭子跟他的关系。这时他决定给小鸭子起个名字，他叫它“小强”。我们都知道鸭子这种动物容易把它第一眼看到的人当成父母，实际上“小强”把关爱它的比比当成了它的妈妈。

比比给鸭子准备了一个盘子，他把食物放到盘子里，让鸭子吃。鸭子就把两只蹼脚放在盘子里来回地踩，用嘴推着把食物吞到嘴里，然后甩头，甩得食物到处都是，最后才伸长脖子把食物吃进去。这看上去太有趣了，比比说：“鸭子跟鸡真的好不同哦。”

比比发现，鸭子一见到水就一路跑过去，常常跑得太急，还会摔倒。于是比比经常带着鸭子到社区里的小河沟里游泳，最后比比对妈妈说：“鸭子必须生活在水里，因为鸭子在水里的时候很自由、很快乐。”

由于“小强”常常要跟着比比，所以他有时也把鸭子带去上学，带到班里。老师准许他上课的时候把“小强”放在阳台上，用一个东西圈起来。下课的时候，老师、孩子们和“小强”一起感觉，一起笑，一起看。

实际上这是比比和“小强”一起的生活，我们权且把它说成是观察。经历了这样一个过程，鸭子走进了比比的生命之中。

现在我们来设想，拿一个塑料鸭子教给儿童说：“这是鸭子！”这是鸭子吗？差别在哪里呢？

比比感觉了，并产生了相应的情绪，他有了一个把实物转化为意识的漫长的心理过程，认知再把这些散乱的意识不断分析整理出结果，比比就拥有了一个知道的历程。他没有越过历程而简单地从认知开始。

内在的过程只有观察才能发现。也许孩子会把心理的过程零零碎碎、没头没尾地说出来，这很难吸引成人的兴趣，心理的过程也许就被省略了。

孩子如果把认知的结果告诉成人，因为认知是一个结果和标志，成人就会快乐许多。

这就派生出了为什么我们想教孩子。对于成人来说，教是一种快速有效地让孩子知道结果的方式。成人难以忍受过程的漫长，所以直接把认知的结果告诉孩子，结果不仅一定会影响儿童的心理历程和创造自我意识的过程，也一定会影响他的认知发展，也会将他的生命搁浅在心理或是认知的层面。

当你感觉了，引发了相应的情绪，你就花了大量的时间和精力，把你关注的内容迎接进了自己的内在。你咀嚼了又咀嚼，感觉了又感觉，转化为生命可以接受的意识，整合出了结果，内化在了你细胞的意识中，那会产生难以想象的深入。这就是建构和创造一个生命的成长过程。

如果告诉你什么叫恋爱，一个男人和一个女人……你的头脑好像知道了，但其实不是真正知道。“知道”需要一个过程：你感觉了，引发了相应的情绪，走过了一个心理历程，你就知道了。或许最后你用认知整理出来：恋爱原来是灵魂的交融，或是恋爱原来是情感的联结，或是恋爱原来是补偿童年的缺失，或是恋爱原来是痛苦和甜蜜的混合物，或是恋爱原来就是性爱，或是恋爱根本不存在……或是恋爱到底是什么。你当然可以得出结论，这是认知的工作。但真正的知道是纳入，或者是拥有，因为只有这样，这个东西才会被整合在你的生命中。

第四节　经历不同的心理过程，得出不同的认知结果

人的不同的心理状态（之前累积的），使人拥有不同的心理历程，不同的心理历程又得出不同的认知结果。至于最后是否能够得出一个精神的结果，那纯粹要看这个过程是流淌的，还是被阻塞了。

就如同你 10 岁前被寄养在奶奶家，10 岁后，你回家和妈妈生活在一起。从头脑的层面来说，你知道这位女士就是你的亲生母亲，但你难以接纳，无法拥有和奶奶在一起生活的感觉。你的感觉是自己被寄养在了别人家里。这是因为，你还没有把这位女士转化到你的意识中，接纳、内化她做妈妈的心理过程没有完成，你根本没有在你的内在拥有“妈妈”，你的“妈妈”是你的奶奶。也可能你一生都无法走过这个历程，因为这个历程已经在你和奶奶一起生活时完成了，现在无法再用和自己认识中的妈妈来替代奶奶作为妈妈的认知。这是一个永远无法替代的心理历程。

只有一种解决问题的可能，放下认知中妈妈的概念，让这个 10 岁的孩子再和这位女士重新创造一段新的心理历程，他才有可能接纳妈妈。对于儿童来说，他对世界、对自己的接纳，首先要经历感觉和心理，然后才流向认知的程序。这个过程才是对的，而不是直接跳跃到认知的层面。

就像我告诉一位妈妈：“请你不要骂你的孩子了，你要爱孩子。”

这位妈妈说：“道理我都明白，但我做不到。”头脑是无法学习到爱的，头脑是了解，无法知道。只有感觉爱，历经爱的转化的心理过程，才知道爱。

对于儿童来说，他们没有成形的经验的感觉和积累，没有固定的、成形

的思维和信条，没有根本无法觉察的心理活动，也没有停止不息的思想……一切都是可以循环和流淌的，由儿童自己创造出来。

一个非常复杂的外在的事件，儿童可能需要非常久的时间来进行一个转化的过程，转化出的意识碎片可能需要达到一定的量，或者说那个转化的过程要尽可能的完全，然后头脑会自动去整理这些思绪和意识的碎片。这需要很长的工作过程，整合的结果是一定会创造出一个相对宏大的内在的空间和相对宏大的、有序的系统。这是个天然的过程，纳入认知系统中，心理的碎片就不存在了，内在就有序了。在多个有序的系统中，儿童就会逐渐发现法则，发现隐藏在法则中的真善美，这就是精神。

如果感觉被破坏了——感觉的被破坏就是没有感觉，但潜在的感觉依然存在，撞击出来的碎片就完全无法被逐渐转化、再感觉和认识到，你根本得不到时间和空间的保证来流动、熟悉，进而认知，而被忽视的感觉又撞击出新的意识碎片，循环往复。内在过于纷乱和无序，就开始焦虑、拒绝、排除，这是内在无空间的表现，这是认知没有办法把这些碎片上升到一种清明的状态——秩序——的表现，那么所有的一切就都出问题了。情绪的、感觉的、心理的，都可能被停留在一种原始的状态中，原始的状态意味着保持原貌，内在就没有被扩大和开拓的空间了。

到底是让它流淌过去，还是让它永远作为碎片留在你的生命之中，这就是成长的关键。而成人的心理治疗过程就是，在某个人的陪伴下，让你再回到形成碎片的那个成长的生命阶段，用现在作为成人的智能把那些还停留在尚未转化完成的情景和意识碎片状态中的东西重新转化和整理出来。由他人完成你的内在工作，这从来都是不可能的，还得你自己回去解决。这依然是一个自己创造自己的历程。我们一定要把隐藏着的意识的散乱活动上升到显性的理性状态。这就是文明。

我们要准许儿童把所有的一切，内在的和外在的，纳入孩子自己的内在世界中来，要允许孩子完成这个过程。

不是先认识它们，而是自然地发现与接纳，让这些意识的碎片到来，完全地到来，然后，再慢慢地梳理。在合适的时间，认知才会慢慢认识它们、分析它们、了解它们，这是认知的工作。出现这些意识的碎片是需要时间的，感觉这些意识的碎片也是需要时间的，逐渐转化的过程更需要时间。然后，把这些碎片一个个分门别类、整理、组织，这又需要时间和空间。所以，孩子的所有行为和内在的运转看上去是缓慢的。

教育的历程是一个自我创造的历程，自我创造的历程需要足够的时间。不是老师讲解过程，告诉答案，而是老师设计情景和事件，让孩子自己感觉、自己转化、自己提取、自己整合。这个过程一定是缓慢的。

江江一脸委屈地坐在楼梯口，老师看了他一会儿，他也看到了老师，视线接触时，老师对他说："宝贝，你怎么了？需要我的帮助吗？"

江江说："刚才我想和可可他们一起玩，可是他们都不愿意和我玩。可可还推了我，我很生气。"

正在这时，可可走了过来，老师对可可说："宝贝，你和江江之间发生了什么事情？"

可可说："我已经向他道歉了呀，他也已经原谅我了。"

"是这样吗？"老师问江江。

江江说："是的，我已经原谅他了，可我心里还是有些不舒服。"

老师说："那你需要我的帮助吗？"

江江说："不需要。我只是想自己在这里坐一会儿，我可以自己调整的，你离开吧。"

听他这样说，老师也没有再说什么，转身离开了，但在楼梯的拐角处悄悄地观察他。只见江江用两只手撑着脸，深深地叹了口气，然后将胳膊放下，伸展了两条腿，又叹了两口气。

一会儿，江江站起来走到院子里。看到睿睿跑了过来，他对睿睿说："你愿意和我一起玩吗？"睿睿说："愿意呀。"

江江的表情顿时明快起来，他拉着睿睿的手跑去滑滑梯了。

显然江江已经与可可将事情的纠纷和情绪处理完了，但是他感觉到了自己的不舒服。那是什么呢？他还需要在楼梯处独自坐一会儿，他必须面对这件事情，这件事情在内在重复上演，撞击出来一系列心理感受。这感受有些痛苦，他需要有一段时间和空间来感觉、熟悉这些；他需要和痛苦的感受待一会儿，逐渐把痛苦接纳进来，慢慢转化，转化为意识的活动，然后就有可能厘清这些散乱的意识了。

江江为什么没有把痛苦的情绪哭出去？因为江江的情绪已经成熟到不需要这样处理的程度了。

江江为什么没有把注意力放在指责可可上，没有认为自己的不舒服是可可造成的，而是把注意力放回到自己的内在，在内在运作？这正是儿童与成人的不同。实际上，正常的成人也像儿童那样，在事情发生之后，一定会回到自己的内在，内观自己，这正是心理升华的过程，或者说是自我创造的一个历程。

如果孩子不能回到内在，排斥和抗拒便可能产生，会出现心理障碍和认知障碍。

接纳不是认同，不是喜欢，但必须先接纳进来，你的度大了才包容。接纳进来后，你才选择。有一句广告词这样说：“心有多大，世界就有多大。”这个广告是针对成人的。实际上，这对儿童来说更合适。因为儿童正在经历这个过程，而成人在描述这个结果。

儿童的生命，是全方位的开放。期盼你观察儿童，那样你就会看到儿童，尤其是婴儿。从视觉上看，你也会发现他们看上去和你、和周围的环境几乎是一体的，一体就是一个全然接纳的状态。由于头脑（认知）的部分还没有发展起来，他完全凭借精神胚胎的引领。精神胚胎的特征是一体化、创造、爱、好奇、无与伦比的觉察，所以儿童不存在不接纳这个问题。只是接纳有时是快乐的接纳，有时是痛苦的接纳。痛苦并不可怕，痛苦不会阻止孩子接纳，有如摔倒不会阻止孩子走路一样。孩子有面对痛苦时的调节能力，孩子可以大哭，把痛苦哭出去；孩子可以找父母安慰……当儿童被强制时，当儿童还没有情绪的支持和慰藉时，或者儿童没有感觉到爱还被指责时，就有了创伤。儿童为了生存会躲避某些事物，但并不是成人的排斥、抗拒和不接纳。

第五节　父母对儿童心理成长的影响

告诉孩子你自己的真实情况

在幼儿园里，豆豆妈妈正在工作。豆豆跑过来坐在了妈妈的腿上，非要和妈妈在一起。妈妈拿出本子，让豆豆画画。豆豆一边问这问那，一边画着画。时间过去了半小时，豆豆妈妈温和地对豆豆说："你去找老师，老师有一本你爱听的故事书，她会给你读。"

豆豆说："我还要再画一页。"

这一页画完了，豆豆妈妈说："你已经画完了，老师在教室等你哪。老师很喜欢你的。"

豆豆说："妈妈，我再画最后一行。就最后一行，好吗？"

豆豆妈妈说："这次说话算数，就最后一行。"

最后一行画完了，豆豆妈妈说："好了，我们去教室了。老师等着你，要给你讲你最喜欢听的故事呢。"

豆豆又说："妈妈，这一行我画坏了，所以要再画一遍。"

豆豆妈妈开始恼怒起来……

豆豆妈妈的心理活动孩子不清楚吗？不，非常清楚。儿童对成人内在真实的情绪、感觉和心理活动，其清晰的程度超过了思维层面的语言。这不取决于豆豆在认知上了解妈妈的状态，而是豆豆可以和妈妈浑然一体。由于这样一个生命特征，豆豆就和妈妈共生了，被妈妈带进了妈妈的生命状态中。

一方面在心理层面，另一方面在语言层面，这是两个系统，它们同时在一个人的身体和大脑里运行。

如果我们把孩子的心理需求说出来，那就是："我要和你在一起，我要你关注我、爱我。"

如果把妈妈的心理活动说出来，应该是："你离开吧！我有还没做完的工作，你打扰了我。""我现在有些焦虑。""你必须离开，到老师那里去。""你这样，让我很恼火，现在我是忍耐着不发火。因为身边有同事，所以我假装温和、耐心地跟你说，你最好赶快去教室找老师。"

豆豆知道妈妈想用他喜欢的东西诱骗他离开，同时也知道妈妈的焦虑，知道她忍耐着不发火。豆豆的心理活动是："我不想走，就是不想走，看你怎么办！"

豆豆的妈妈可以这样说：

"你想和妈妈在一起，是吗？"（给孩子描述孩子内在的心理需求）

豆豆可能会说："是的，妈妈。"

妈妈说："妈妈爱你，妈妈也想和你在一起，妈妈抱你10分钟。"（满足孩子的渴望，告诉孩子你可以做到的范围）

妈妈说："现在妈妈要工作。妈妈需要把工作做完。你去找老师玩。妈妈工作完成了，就去找你，好吗？"

告诉孩子你自己的真实情况。没有什么比告诉孩子真话更容易让孩子接纳的了。

让孩子一致，孩子才会拥有内在的能力

许多成人无法捕捉自己内在的、无意识的心理活动。当成人无法觉察时，就会把孩子牵引进来，孩子会跟随着大人同步进行，这样的情景就会被复制和循环。这种状态应该被称为人生的游戏，在这种无意识并反复进行的游戏

中，自我创造的历程被堵塞了。

核心的问题是孩子两方面都看似清楚，但孩子还没有能力可逆性地把这些东西表达出来，也就是无法抽离。除非让孩子一致，孩子才会拥有这种内在的能力。

对儿童来说，早先这种心理和语言分离的状态似乎是清楚的。但如果经常生活在其中，就会开始不明白，内心活动、情绪、感觉、心理需求和认识、思维就会各自逐渐分离开来。这就是分裂。

我们前面说过，心理活动是意识的碎片，这种意识的碎片是在不同的事件和内在的感触中被撞击出来的，但意识的碎片在人的内在出现的时候，一致化的人就自然地会充分感觉它，完全熟知它，认知就会把它分类、组织、整合，变成有序的系统。未来人需要靠这个有序的系统上升到精神。但是，分裂开来的人，他的意识的碎片——心理活动——不断地滋生着，不断地累加着，不断地重复制作着，而认知没有时间和空间来统合和整理。

儿童必须高度集中和一致，并且在时间和空间的保证之下来发展这些。这就是为什么孩子需要很慢的速度来成长，孩子还需要独立和不受干扰的空间来面对和处理这些意识的碎片。

因此，独处和与他人疏离的状态就变得非常重要。儿童必须回到内在，完成我们看不见的工作。这是一个创造性的工作，如同把意识的材料在内在创造和准备出来。否则，内在的散乱意识太多、太凌乱，或是根本还没有转化为意识，这些就已经在内在沉积下来。沉积下来，就是人的潜意识形成的过程，这是人解决内在混乱的一种自动调整机制。

这就是为什么一些心理学家认为，治疗的过程就是把潜意识上升到意识，用一致性的沟通达到对成人的治疗效果。其中的意义实际上从儿童这里马上就能看出来，儿童拥有自己内在工作的程序。从儿童这里我们就容易理解这种认识了。

心理活动如果上升不到认知，就会成为一种障碍。这种障碍又被储存在内在，变成内在的纠葛。各种意识的碎片搅拌在一起，变成自己内在生命中的沼泽地。如果心理成为纠葛和障碍，人就没有办法再把它拿出来，也没有办法用认知厘清，心理就不能流动到一个高级的上升的状态了。

但认知还是会出来帮忙，认知会对这种逐渐累积下来的心理状态给出一个结论或者一个出路，这正是认知的工作。但这种由于心理固结而得出的结论一定是负向的，一定是阻碍生命的，孩子在小的时候就被一点点地拉向了这条歧途。这就开始展开了一个永不停止的心理游戏和权力斗争的智力游戏。这个人生游戏会一直持续下去，直到这个人的生命开始在内在觉察，然后生命开始寻找一条一致化的路。原本孩子就是高度一致的，像一条奔流不息的生命河流。

父母的一致，会给儿童的生命创造一个健康的成长环境

非常有趣的是，很多妈妈会问："10 分钟后，孩子还是不想走，怎么办呢？"这就是妈妈的一种心理活动和心态。这个心态是什么呢？是妈妈的焦虑，是妈妈承受不了孩子的哭，当然也承受不了分离的痛苦。妈妈的这种心态太容易被孩子捕捉到了。实际上，如果你没有这样的心态，而是真真实实地和孩子待 10 分钟。如果那时孩子还不想离开，你可以让老师把他抱走。即使是哭着不愿意离开，儿童也会逐步接纳这样一个现实。但至少这是一致的，不会给他造成一种潜在的心理障碍，因为这个过程没有把孩子的心理和认知分离开。

为什么妈妈不直接说出孩子的心理需求呢？为什么妈妈不说出自己的心理需求呢？首先，妈妈没有办法把这种隐形的、无序的想法上升到清明的意识中，这种心理状态非常可能是妈妈的一种惯常的状态，就是说不出来、描述不出来，或者说出来的就是另外一套东西。这样的心理纠葛太久了，河床下面酝酿的东西太多，如同淤泥，一层一层地淤积，意识之河越来越干涸，河床的淤积越来越厚，潜意识越积越多。这就是大部分人的生命成长过程。

所以，孩子才疑惑地问：“为什么人越长越丑？”我说：“不是，是越长越老。”孩子说：“不是，我看到的是越长越丑。”对于大部分人而言，“老”代表无意识的心理的积淀物，“丑”就是必然的了。

如果未来想从潜意识上升到意识，想清清楚楚地知道自己的每一部分，那就需要觉察，需要和自己的身体、感觉、情绪、心理、念头联结，并清楚地、一致性地说出来，这需要一段漫长的，可能也是非常痛苦的心理历程。

父母的一致，会给儿童的生命创造一个健康的成长环境，孩子才能正常发展。

千千的故事说明儿童经历着心理、认知，上升到精神的过程。

千千 14 岁。千千妈妈在工作中遇到了麻烦，自己无法解决，就回去和女儿说，说自己的感受，说自己的想法。千千妈妈说：“女儿的话不多，她总是在认真听我说。”

这次千千认真地听完妈妈的话，对妈妈说：“妈妈，你不要抱着一种想去证明什么的心态干工作，你要让自己真实起来，有多少能力就做多少事情。”

千千可以从妈妈长段的语言中获取妈妈意识背后的潜意识。从妈妈意识的语言里，千千听到了语言背后的心理需求，她认为妈妈工作的动力是为了证明自己，而不是工作本身。这就变得不真实了。千千鼓励妈妈要真实地看到自己的内在需求，再去工作。

千千妈妈说：“孩子说出了我内在深层的东西，而这些东西我是全然不知的。她的话总是会把我震出来。”千千妈妈又说：“孩子的精神状态比我高，所以我怎么了，她知道；她怎么了，我不知道。”

千千妈妈想表达的是，千千拥有一种把妈妈拎出来、跳出原有思维窠臼的能力，有一种让妈妈换一种方式来思考的能力。这难道不是智慧吗？

千千 13 岁的时候，强强 5 岁半。这几天，千千是强强家的客人。这个晚上，千千又听到强强妈妈在卧室里对强强大发脾气。一会儿，强强带着满脸的愤怒、难过、内疚走进了千千的房间。千千蹲下身，注视着强强，她马上和眼前这个生命融合在了一起，她用手轻轻抚摸着强强的后背说："我知道你非常生气，非常难过……但妈妈就是这样子的，你要接纳她。"

强强注视着千千良久，愤怒、内疚都在这句话后的注视中消解了，强强释然了，然后强强把头轻轻靠在了千千的肩膀上，一句话都没有说。

一个普遍的东西，一种自然的存在状态，就是这样。事情和谐起来，坦然以及所谓的包容就这样被5岁半的强强理解了。

千千这个13岁的少女，她历经了大量的把意识的碎片或者把散乱的意识用认知整合起来的内在经验，所以她会用极快的速度厘清不同人的状态。

她不仅在认识上清楚发生的事情，她还透过事情发现着事情背后的生命本质。她已经从精神上了悟一个人的生命状态，她真实而本质地告诉了5岁半的强强。强强并不完全依靠认知来理解这句话，他用心灵了悟了这句话的真意，放下了痛苦和愤怒。他好像不用和别人发脾气，也不用把脾气埋到心里。情绪碰到真实和本质时就奇妙地消失了。

接纳一个真实的存在，就是爱。在被我们称为"爱"的所有的爱中，这种爱是最博大、最真实、最深刻的爱。

我真的可以想象一个成人会如何复杂地解释这些。而两个孩子之间就是这样，说话简单而直指本质，他们在用心灵沟通。

这样对生活和本质的把握，一定需要走过感觉的、情绪的、心理的历程。让心理的活动像一条意识的河流一样流过，形形色色的人才会被容纳，被装进自己的心里，我们才会有千千的本质、理解和包容。

第六节　关系中，儿童心理的成长

交流中的力量和权力

人跟物产生关系，人才能走进物的世界；人跟事件产生关系，人才能走进事件中；人跟人产生关系，人才能走进他人中。进去了，如同进入一个房间，或者一个世界。明白了，清楚了，再走出来，就是一个成长过程，也是一个心理发展到认知的过程。

宝宝和佳佳在幼儿园的院子里玩耍。突然，宝宝大哭起来，我忙跑过去问："发生了什么事？"

宝宝说："他打我了！"

我问佳佳："你打她了吗？"

佳佳正玩着手里的东西，平静地说："没有！"

我转头对宝宝说："他说没有打。"

宝宝又大哭，泪流满面地说："打了！"

我又转头问佳佳："你打她了吗？"

佳佳还是平静而专注地玩着手中的玩具，安静地说："没有。"

我观察两个孩子，一个静若止水，无任何要辩解的意思，似乎在说一件和他无关的事情；一个泪流满面，满脸稚气，已经和佳佳关系至深了。凭以往的经验我也看不出个究竟。沉静了一下，我问宝宝："他怎么打的你？"

宝宝指着地上，我低头看，是一堆尖尖的、馒头大小的沙堆。宝宝说："我让他踩一下，他不踩！就这样打我了。"

我一下就明白了。宝宝只能表述清楚她自己的意愿，还没有能力认识清楚他们之间到底发生了什么，更没有办法表述清楚。

我缓慢而认真地说："你想让他踩——"

宝宝点点头。

我说："他可以同意——踩，也可以不——同意踩，因为他是他自己的主人。"

宝宝完全专注地沉浸在我所表达的意思里，两只眼睛盯着我。

我说："你不能强迫他。"

宝宝看着我。

我说："你要尊重他说——不！"

宝宝什么都没有说，就站在原地，伫立着……然后走了。佳佳始终安静地玩着手里的玩具。

这里，宝宝不仅要区分"我"和"他"，还必须区分"被拒绝"和"被打"，而这些只是顺带出现的问题。

在这个事件中，问题的关键在于，宝宝内在涌现出一种交往的愿望，这种愿望是一种涌动的意识，并未被宝宝认识清楚。但宝宝碰壁了，她同样无法认识清楚这是一种关系。她想让对方按自己的意愿做，但没有实现，她把碰壁认为是被打。这是一种自然产生的控制事情和关系的心理倾向。但和宝宝交往的佳佳，既不怕成人的误解，也不怕宝宝的哭闹，这些没有给他造成压力，他静静地和自己在一起。用认知来讲，这就是内在的力量。

世界上只有这两种力量，它们的差别在于，人可以把注意力放在对人、事、关系的掌控上，也可以把所有的注意力放在对内在的觉知和建构上。后者就拥有了和万物一体的力量，这种力量可以让自我安住其中。佳佳正是这样，无论宝宝如何，他都心如止水，一切如是。

任何个人，无论是孩子还是大人，是老人还是幼童，和他人交往，就一定会遇到一个问题，这也是核心的问题，即力量和权力。拥有力量和权力，这正是生物界的本能，但是作为人，我们完全可以超越这种本能。

从社会的角度来看，这个问题就引出了平等和权威。平等的关系是尊重和接纳别人；权威的关系，一定是控制、支配和服从、依附的关系。

对这些，两个孩子并未上升到认知状况，它是一种心理的、未被头脑分析整理出的散状的心理性的、感觉性的意识。

对于宝宝来说，实际上对于所有的孩子来说，领悟这种生命内在的秘密，是非常容易的。这种心理的活动在一个个具体的事件中，一次又一次地经历，就会被认知捕捉到最核心的部分，就会被认知料理得越来越清楚，最后上升至精神。

关键在于，儿童所处的环境是怎样的。宝宝不会留下潜意识，她的任何和成长有关的心理活动，都会在宽松的、自由的、时间的、规则的环境中上升到意识。荣格[①]说："人类的文明是将潜意识上升到意识状态。"成长和自我创造的历程，就是将自然的、流动的、心理的意识上升到认知状态，而不是将之变成潜意识状态存在生命里。这才是成长的和谐。

这种现象在成人的人际关系中也存在：恋人中，拒绝我就是不爱我；同事中，拒绝我就是为难我；上下级关系中，拒绝我就是拆我的台；亲子关系中，拒绝我就是不孝。你支持我、喜欢我、关心我、体贴我、爱我，那就请服从我。这种成人的心理是最基本的孩子心态，它没有在成人内在长大过。

儿童进入社会，即形成和他人的关系：有的形成平等、友好、友谊；有的形成权威、附属；还有的不断争得一种权威的前提和铺垫，就是优胜。

"优胜"与"控制"

优胜，一种优越之争。这种普遍的人类之争，将延续到很久以后的优胜之争。这在人类历史上存在已久，我们是否能在人类进化的文明中超越优胜之争，走向更高的文明呢？儿童似乎正在这个意识的进化途中工作着。

---

① 卡尔·荣格（1875—1961），瑞士心理学家。

4 岁多的九九就不同了，她明显地能把心理捕捉到，并且把它提取出来。她经历了长达一年多的心路历程，走过了关系的关卡。现在她已经 5 岁多了，她可以把他人和自己的心理活动直接提取出来，并将之上升到认识的状态。她通过长久的交往发现着心理的秘密，不断地尝试用认知整理清楚，但她还没有完全做到。

九九和月月一年多前成为好朋友，她们在一个小区住。放学的时候，月月的阿姨会隔三岔五地把月月和九九一起接回家，让九九吃完饭，玩一会儿再走。每次九九的妈妈去接九九的时候，月月家里的人通常都会对九九妈妈说："九九很乖，比月月有规则。九九吃饭吃得很好，月月就不行。"（你可以知道月月父母的用意。）刚开始，九九并没有觉察成人的用意，九九也会对妈妈说："我的力气比月月大，我能把她抱起来。她抱不动我，因为我比她吃得多。她老是坐着发呆。"

逐渐九九开始觉察到大人潜藏的心理，就不再炫耀了。

月月妈妈在接孩子时会对九九妈妈说："阿姨在的时候，月月的秩序很好，也不会迟到，该干什么就干什么，但是阿姨对月月的控制很厉害。"

春节过后，阿姨走了。月月的爷爷奶奶过来照看月月。

这之后，九九经常回来和妈妈说："今天月月不理我，我一直问她，她都不说话，都一直走上三楼了，把我的腿都累断了。"

有一天，九九独自背着书包出现在家门口，对妈妈说："月月让我去她家，但是去了她家后又根本不理我，只和妞妞玩，根本不理我，我都要走了才和我说话。"

九九说："为什么她老爱控制我？这让我很不舒服。"

这是九九第一次认识到关系中的控制和权力斗争。

接着，她又对妈妈说："和她在一起玩，什么都由她决定，一次都没有我决定的。"

这是九九认识到了月月对事情的控制。

月月奶奶在接月月时对九九妈妈说："阿姨走后，月月现在早上起来可困难了。只能告诉月月：'如果按时去学校，就买好东西给你'。"

月月奶奶说:“这个孩子很自我,但是太自由了也要规范。”

有一天,九九妈妈去月月家接九九。九九拿起一张画了五彩画的纸,折起来要走时,月月说:“我不同意你拿走!这是我的纸和我的笔。”

九九愣在那里,说:“这是我的画!”

九九妈妈劝月月说:“你让九九拿走,阿姨还你一包纸可以吗?”

月月不同意。

纷乱中,九九哭了。她说:“你也没有早说!”

月月就不同意。

九九妈妈对九九说:“今天解决不了这个问题,我们先回家吧!”

九九哭着拍打妈妈。

月月妈妈对月月说:“你愿意你的好朋友这么伤心难过吗?”诸如此类奉劝了一番。最后,月月想了个解决的办法,用剪刀把纸上所有有画的部分剪下来,剩下的归她。九九同意了。

显然这幅画画得太复杂,月月剪得太久,已经太累了。月月妈妈保证,明天早晨月月一定把画带到幼儿园去接着剪。九九同意了,和妈妈回家了。

第二天放学的时候,在校门口,九九热切地看着月月说:“月月,你能去我家玩吗?”月月有一点犹豫,九九又说:“你去我家玩,好吗?”月月点点头说:“好吧!”“噢!”九九欢呼雀跃,一路高兴地笑着、跑着,在月月周围转着。

路上,月月奶奶对九九妈妈说:“九九在我们家,我们觉得九九有些地方特别好,我就老夸她,但是九九说,‘你别再夸我了,你把我夸烦了’。”

过了马路,到了要分开的路口,月月奶奶又问了一下月月:“你要去九九家吗?”

月月说:“不。”

九九一下子就愣住了,说:“你不是说好了要去我家吗?”

月月不说话。

奶奶在旁边问:“你去九九家吗?”

月月说:“不去,我不想去。”

九九说："可是说好的事情，不可以反悔！"

月月不说话。

月月奶奶说："要不，九九你到我们家去？"

九九说："不！是要去我们家的！"

月月奶奶对月月说："要不吃了饭再去？"

月月说："不，我不去。"

九九再也忍不住了，一跺脚，一扭头，什么话也不说，气冲冲地径自走了。

九九妈妈赶紧跟上去，不知该说什么。

九九说："她说好了，又不去！"

九九妈妈说："妈妈抱抱你，好不好？"

妈妈抱着九九，过了一会儿说："妈妈请你吃香肠，好不好？"

九九说："好吧。"

但是香肠卖完了。

九九说："那我一定要给月月打电话，她说好了，要来我们家的！"

回到家里后，妈妈进厨房，九九直奔电话机。

九九妈妈听到九九说："你说了要来我们家的……"

接着九九就哭了起来，妈妈断断续续地听到九九说："这不是控制！这是约定。"

妈妈过来时，九九已经挂断了电话。九九抱着抱枕，扭头向着阳台的玻璃门，伤心地哭着。

妈妈赶紧过去抱着她，说："说好了又不来，真让人难受。"

九九哭着说："她说，都来过我家12次了，其实她只来过11次。"

九九哭着说："她说这是控制，这根本就不是控制！"

九九说："她的朋友这么伤心，可是我听见她在电话那边特别高兴地对奶奶说：'你看，她为什么这么自私。'"

九九说："她这样对我，我也这样对她！她太自私了，太不好了。"

九九说："都是她家人把她控制得太多了！所以她才这样控制别人。"

九九说："她这样，让我很不舒服！"

边说边哭、边哭边说的所有的话都是九九的心理活动。情景的、记忆的、感觉到的意识……自己产生的零零碎碎的意识活动，都在哭中有什么说什么，显现什么。说完了，哭得也差不多了。

有一天，九九从幼儿园回来，九九妈妈问九九："今天中午你睡觉了吗？"

九九说："没有，下午我们种完小草，王老师说可以去玩了。但月月说，现在玩，对其他没种完小草的小朋友不公平，王老师就同意她不玩了。我要去玩的时候，月月又不让我玩，说这对其他小朋友是不公平的。但我认为没关系的，老师也认为没关系的，所以我就去玩了，她就不理我了。老师只同意了她一个人不玩！不过，后来她也去玩了，她说，也许我是对的。"

过了一会儿，九九跟妈妈一起做饭。做着做着，九九说："不去找月月玩，在家里跟你做饭也挺有趣的！"

九九开始能在情绪上离开月月了。

第二天早上上学，九九远远地就看到月月和奶奶在前面。九九立刻高兴地大声喊："月月！"然后跑着追了上去。月月回过头发现了九九，就立刻朝前跑去，她不想让九九追上。九九一下子停住了，她问妈妈："月月为什么跑？"妈妈不知该怎么应对，说："嗯，控制有很多种方式。"九九说："她这样对我，我也这样对她！"

妈妈急忙地说："她是她，你该怎么样还是怎么样。"妈妈又说："如果爸爸妈妈有你这样的朋友真的不知多高兴，因为你这么包容，充满了爱。我们太为你骄傲了！"

不知不觉，九九走到了月月前面。这回月月开始向九九跑去，似乎是想赶上九九。九九发现后立刻停下来等待她，好像已经将刚才自己说的话全部忘记了。她又开始跟着月月跑啊，一起笑啊，分享事情啊，一起进学校。

进了学校，九九热切地对月月说："月月，我们今天玩，好不好？"

这一天，九九看完《小熊维尼》，不快活地说："我和月月、心心、君君她们一起玩，从来都没有跳跳虎他们快乐！我问月月要不要到一楼去读书，月月一直走，一直不回答我，一直都走到三楼了，我的腿都累折了！"

月月的反应还在烦扰着九九，那件事情的景象还在她的心里存着，她还需要时间来转化、认识和升华。

半个小时后，上床的时候九九又说：“为什么跳跳虎他们可以那么快乐，我们就不行呢？”

这是一个教育学家问的问题，是社会的问题，是家长们该想的问题。

养育者和孩子的关系是孩子与所有人关系的开始

这是一场被完全呈现出的关系中的心理纠葛。九九和月月的往来，其中交织着各种心理活动，交织着孩子在家庭成长中的背景问题，交织着关系中的控制和力量等问题。和大人不同的是，儿童会将其完全呈现出来。儿童的身体感觉极度敏感，任何不友善心理的出现，都会引起身体的不舒服。儿童当下会知道：九九知道月月控制她的种种心态，也知道月月为什么这样；月月也知道九九的难受。月月是否知道自己的心理呢？彼此的心理活动都被明确地提示出来，从心理的状态逐渐被认识，从认识到清晰，之后发展到精神，这种交往才会真正被上升。落脚在自我上，这才是解决之道。

首先，月月有一段被阿姨控制的经历，然后是阿姨离开，控制的关系解除。那时阿姨替代了妈妈，阿姨和月月的关系模式成为月月的第一关系，这种心理模式已经奠定。被控制中的月月没有能力把这种心理上升到认知的状态。月月没有建立起与其他人（例如妈妈、爸爸）的关系，她不知道有其他关系的存在。之后她开始把这种关系转向爷爷奶奶，她用这样的关系模式和所有的人相处。阿姨控制月月，是为求得自己在家的方便和自由。月月自由了，阿姨就不自由、不舒服了。现在，月月也学会了控制别人，月月和别人的关系就有了一个雏形，这个雏形是月月同所有人关系的基础。这一切都是月月不知的，这是一种心理的长久积淀而形成的模式。

养育者和孩子的关系是孩子与所有人关系的开始。成年后，你与任何人、任何事的关系，基本上都是你和你童年的养育者之间的关系。

大人们拿月月和九九比，以说教月月。这样的做法造就了一个复杂和负向的心理环境，月月会感到是九九让她不舒服，在感觉上心理地位降低了。

权力斗争的模式无论是在孩子之间，还是成人之间，抑或团队之间几乎都一样。在关系中，高人一筹、占据优势、掌控局面、控制他人、获得利益，这就是权力斗争。我们在日常生活中，可以看到很多不让自己损失心理位势而让对方损失的情况。人们打口水仗，在嘴上占便宜、争胜负；人们给自己说理，说不出理也要争出三分理，或者使对方无理。

权力斗争是我们进化过程中还被隐藏在文明衣饰下的野蛮和暴力，就像未进化好的体毛和尾巴。现在我们开始爱孩子，让孩子创造自我，给他建立规则……这样就可以走出丛林规则，用爱、自由、规则、平等建立起人类的文明，走出动物世界的残余。

九九还没有找到解决的办法和明了的道理。

对于九九来说，在其他的情景下，她可以非常清晰地看清其他小朋友的心理状态，并清楚如何办。

九九家里来了两个新的小朋友，一个4岁5个月，一个3岁八九个月。父母让九九和她们一起玩。两个女孩时不时地会争夺东西，有时是一种吃的东西，有时是一个发卡、一本故事书。一会儿这边的爸爸说："那是妹妹的，不能拿。我们吃完饭就去买一个，好不好？"一会儿那边的妈妈说："你看姐姐多难受，就给她玩一会儿，好不好？"这边的孩子说："不！"那边的孩子说："不行！"

九九坐在那里，一直默默无语地注视着她们。

妈妈好奇地问："你想什么呢？"

九九说："简直是折磨死我了。"

九九妈妈不禁失笑。因为在九九的幼儿园，这是非常简单的一件事情，即别人的东西不能拿，而自己有权支配自己的东西，另外一个孩子也不会强求，这不需要大人介入来解决问题。对于九九来说，她已经非常清楚这两个孩子和她们父母的心态了。九九所具备的自律、遵守规则的品性已经完全将九九从这样基础的心态中清晰地剥离出来。

九九面临的问题要复杂和艰难很多。九九同月月之间的心理纠葛经历了一年多。为什么九九迟迟难以从这样的心理纠葛中走出来呢？这和九九的家庭背景有多大的关系？如果仔细观察就会发现，九九爸爸和九九的关系中有着同样的心理纠葛和权威意向。在家里，九九常要面对爸爸思辨式的评论和指责，爸爸总是用思辨的审讯模式指责九九。虽然九九妈妈和九九可以完全一致性地沟通、平等相处，但爸爸和九九是不平等的。

给孩子讲道理意味着你已经高于孩子了，你就是权威。这就造成了道理的压迫力量，使道理的讲述者优胜，平等就不在了。

可是，家庭中的讲道理现象为什么很多？因为优胜也给优胜者以舒适。所以，对于有道理可讲的人而言，讲道理是缓解他的心理的重要方法。

在九九的家里，家庭关系中占主导地位的是九九爸爸，九九所面临的和月月之间的问题，何尝不是九九和爸爸的问题，何尝不是九九妈妈所面临的问题，这还可能是九九家庭所存在的问题。这使九九一直本能地想超越。

这样的关系意味着，在月月的背后隐形地“站立”着九九爸爸，也隐形地“站立”着九九妈妈和九九的家庭所面临的问题。九九面对的当下的生活现象是月月，但在心理的情景上，她还同时面对着爸爸。这个心路历程就变得漫长起来。

开始一种平等、独立的成长

一年多以后，九九开始结交新的朋友。这次吸引她的还是一个具有控制力的小朋友，她的能力大于月月。这样被吸引，其动力在于九九的意识中想解决自己和爸爸的关系，这是她生命中无法逾越的心理障碍。

田田，7岁多，非常具有控制力，其权力斗争的能力远远超过了月月。田田经常领着小朋友们一起玩。

刚开始的一段时间里，九九和田田会互相到彼此家里玩。

没过多久，有一天，九九回家说没吃午餐，九九妈妈很吃惊。九九说："田田说了，如果要跟她玩，就不能吃午餐。"九九又说："因为田田不想吃午餐。"

第二天还是如此。九九妈妈告诉九九说："这样会伤害身体的。"可九九说："可是我同意跟她玩了，说过的话不能反悔。"

过了几天，九九说："田田每天都控制我，我简直心烦死了。"

九九又说："田田让我和她一起把月月挡在门外，我觉得这样不好。可是等月月进来了，她们立刻把我挡在门外，不让我进去。"这个情景在九九的内在重复出现，撞击着九九，她的苦恼是因为她转化不了，无法形成一个意识的活动。

九九妈妈很快就发现，田田也同样想控制九九妈妈和九九在一起的局面。田田经常会说："九九妈妈，九九这样不对，是不是？"九九刚要对妈妈表达自己的意见，田田立刻教导说："九九，哭是不解决问题的！"搞得九九焦虑地大哭。

有一个周末，九九妈妈和田田妈妈带着两个孩子一起出去玩，滑完冰后去餐馆吃饭。田田不想吃，想立刻去玩游戏机。九九妈妈说："我和你妈妈必须吃东西，这里人太多，你们在这里坐着等我们。"田田开始情绪不好，一会儿手里的小球掉了，大哭。

吃饭的时候，田田见九九夹了一个包子给田田妈妈，田田立刻喊："不能吃！吃了会变成魔鬼！"九九愣住了。

回家上地铁时，大家都已疲惫至极。田田说："九九你踢到我的腿了，你向我道歉！"九九难过地埋头在妈妈怀里哭了起来，连"对不起"也顾不上说了……

在地铁换乘处，中间有人下车，田田说："为什么大人不给小孩子让位子，我累死了！"一个大人马上就请她坐了。田田坐上座位后，就一直冲着站着的九九嬉笑。九九也想过去同坐，就哭着对妈妈说："妈妈，我也很累！"

九九妈妈跟九九的老师交谈，认为孩子总是在各种经历中成长的，这并不是坏事。她们商定，在九九想说"不"的时候，给她一些支持。

情况慢慢在发生变化。

先是九九回来对妈妈说："今天田田不让我们去吃饭，但我不想变得身体很差，就去吃了，后来她们也去吃了。”

放学在家的时候，九九开始拒绝田田，对妈妈说：“我不去！因为她太控制人了。”

又过了两个星期，九九对妈妈说：“我有新的朋友了，叫茵茵，因为她从来不控制人，周末她可不可以到我们家里来玩？”九九妈妈觉得好极了。

有一天，九九妈妈送九九上幼儿园时见到了茵茵。九九妈妈走过去与茵茵交谈：“你是茵茵吗？九九老说她最好的朋友是茵茵，可是我不认识，我很好奇，茵茵是什么样啊？今天见到你，真高兴！”茵茵一直看着九九妈妈，听着，并没说话。九九妈妈说：“再见。”茵茵安静地说：“再见！”

一天，九九妈妈到九九班里听课。九九教几个小朋友折纸鹤，茵茵走过来跟九九妈妈说话，她问九九妈妈自己折的向日葵漂不漂亮，说爸爸去过哪里，说那个本子是她的，有多么漂亮，她们说了很多，谈得愉快极了。这时，田田进到班里，观察到了九九妈妈和茵茵谈话的氛围很愉悦，就走过来。她先是把脸凑到九九妈妈和茵茵中间，然后就坐在九九妈妈的怀里，期望中断她们的谈话，但未能实现。田田便坚持让九九妈妈教她折纸鹤，九九妈妈说：“宝贝，我正在和茵茵说话，你去找九九教你。”过了一会儿，田田又回来了，说九九在教月月，不能教她。九九叫妈妈：“妈妈，你过来一下。”九九妈妈就走过去，九九小声说：“妈妈，你教田田折纸鹤好吗？你要不教她折，她就老缠着你。”然后看着妈妈，九九妈妈心领神会。噢，九九期望满足田田，期望妈妈不会老抱着田田。

九九和孩子们的故事还在发生着，九九对想要控制她的人的心理已经逐渐清晰，并抽身和脱离出来。她还是喜欢和月月、田田、茵茵等孩子一起玩，但被人控制已经不再困扰她，这种类型的小朋友也不再对她有关系上的吸引力，她接纳了这些。

最后我得知，九九妈妈碰到茵茵妈妈，茵茵妈妈说茵茵前后有好几个朋友，九九是最好的朋友。两个孩子既可以平等友好地相处，又可以各自独立地玩耍。有时，九九几天不和茵茵一起玩，但也很确定茵茵是她最好的朋友。这是一种平等、独立的关系。老师发现当田田控制不住九九时，开始一刻不停地追茵茵。九九发现田田想要控制她时，就离开田田，内心不生气，也不寂寞和孤单，等对方平等友好时就在一起玩。九九不仅走过了被控制的泥潭，也走过了孤单、无助和烦恼的心理状态，现在有了正常的朋友，她走向了独立。她不仅走过了关系的心路历程，还体验了和自己相处的独立感。

给孩子“爱和自由，规则与平等”的生活

九九现在 5 岁 10 个月大了，这个心路历程走了 1 年多。人世间重复出现的权力斗争即优胜的游戏，在九九这里告一段落了。她清晰而明白地选择了关系的平等和爱，她选择了新的朋友。在她上小学之前，她体验并解决了这种人类个体关系中最核心的问题。这个问题常常在大人的世界里游戏着、演绎着，困扰着人们，并制造着越来越多的生命的、情绪的、心理的创伤。

在月月和田田那儿，她们可能也和九九一样，把自己的心理显现给了自己的妈妈，也可能由于没有人倾听而使她们放弃了这样的哭诉，也可能她们的父母对心理的活动一无所知。她们在这种心理的纠葛模式中成长，这种模式同化了她们，使她们暂时无力认知。就如同成人一样，他们每天都在进行着权力斗争，不知道还有另外的生存方式。

但月月和田田是在“爱和自由，规则与平等”的幼儿园里生活，孩子放松之后感觉会敏感起来。失去朋友时，他们需要渐渐觉察、明了自己在控制他人的意识。当然，他们不知道控制人的做法是怎样来到自己的行动中的，这需要父母的觉察和改变。这种关系模式可能就像疾病传染一样，不知不觉中就被传染上了。争优胜虽然能暂时得到心理上的优势，但这个优势毕竟不是快乐的。控制别人就会被人反对甚至反控制，还会失去朋友。当他们逐渐发现这一点的时候，就会迷茫，就会痛苦，他们自己将由于这个感受而改变。

比比和依依就更进了一步，他们不仅能够马上知道对方的心理需求，并且很快就能用意识理清楚，同时能建立规则，帮助发展关系。这正是文明人的状态。

他们的朋友关系有4年的历史了，却没有被困扰在权力斗争的游戏中。在4年的往来中不断地加深和发展着彼此的关系，他们的关系达到了一种极度的和谐。常常，他们的眼神一碰触，就心领神会，无须多言。这是一种亲密关系，这种关系是成人亲密关系的雏形。

比比和依依都5岁，两个孩子常到彼此的家里玩。一天，在比比家里，两个孩子趴在地上摆弄着一堆仿真动物模型：狮子、狼、鸡、狗、老虎、猴子、斑马、大象……摆着摆着，比比说："我是辛巴，狮子王。"

依依说："我是辛巴，狮子王。"

比比说："我是狮子王！你当娜娜。"

依依说："不，我就要当狮子王。凭什么是你？"

比比说："我是男的，所以我是狮子王。"

依依哭了起来。两位妈妈忙跑过来询问，比比妈妈劝依依说："依依，你当娜娜合适。"依依生气地说："就因为我是女的吗？"

比比妈妈不禁哑然。问题解决不了，关系就搁浅了。

第二天，依依妈妈问依依："你和比比和好了吗？"

依依说："还没有。"

依依说："有时候，他想控制我，我一下就感觉到了，就从他的控制中跳了出来。"

依依又说："有时候我想控制他，他也很快就感觉到了，也从我的控制中摆脱出来。"

两个孩子3天没有来往。3天后，他们又玩在一起。

比比的妈妈问比比："你们的问题解决了吗？"

比比说："我们商量好，在她家，她当狮子王；在我家，我当狮子王。"

他们已经在关系中度过了心理的过程，他们的认知能力解决了这样的心理需求和纠纷，并且发现了关系进行下去的秘密：建立承诺，依靠规则，满足彼此的心理需要。这样，关系超越了心理的长河，走向了认知的彼岸。这就是关系进一步发展的途径，他们在5岁时就完全清楚了。他们走过了心理的此岸，走过了认知的彼岸。他们遵循了一个法则，不是了解了，而是遵循了。这个法则就是，对独立的人来说，权力斗争无法找到真正的朋友，尊重彼此的需要，亲密关系会更加深入，友谊会更加长久。

首批接受“爱和自由”教育的孩子，已经成长到青春期了。有一天，我问一个孩子：“你在学校里和大家相处得如何？”这个孩子说：“关系的秘密在于把握分寸感，我正在学习中。”这是精神性的回答。

我问：“比比如何？”

这孩子说：“他天然就知道如何和别人相处。”

之后我又问比比，比比说：“不是的，是他常提醒我，我逐渐学会了和人相处。”

这就是正常儿童的心理，一切完全彰显出来，直到流淌过去。一个自我就此被点点滴滴创造出来。

在漫长的文明史中，人类从未走出过权力斗争的泥潭，这就好比我们在进化的过程中，或者在人类文明发展的过程中，依然留下了一个尚未进化好的尾巴。权力斗争是我们人类想摆脱恐惧、危机意识、不安全感和渴望爱的心理需求，所以我们拥有权力斗争的心理，这是正常的。但是，权力斗争在家庭里不行，在爱人间不行，在朋友之间也不行，它会使人们产生不适感，甚至造成伤害，疏离人们的关系。

人类的历史一直是寻求自由、爱、平等、正义的历史。民主意识就是为了寻找这种作为人的标准的状态：独立、自主、博爱、平等、正义。独立者，必然寻求关系中的平等、公正和友善。

儿童成长的历程，是要穿越人类的历史历程，发展出新的人的文明。

这就是“爱和自由，规则与平等”的教育为儿童提供的“爱和自由，规则与平等”的生活环境，发展的历程需要儿童自己来完成。

于是，“爱和自由”就成了一种发展和进化中的文明的优胜。

第七节　心理成长的缺失，阻碍儿童认知的发展

“逻辑头脑”和心理障碍

有一天中午，我在办公室里休息，孩子们都午睡了。突然听到院子里有哭声，我忙跑出去，看到一个孩子骑在一辆红色的小汽车上哭。

见我出来，他便停止哭泣，注视着我。

我蹲下问：“发生了什么事，你为什么哭？”

孩子又哭了起来，边哭边说：“车的轮子会掉！”

我忙低头检查，发现轮子是好的。我说：“轮子没有掉呀，非常好。”

孩子说：“如果它掉了怎么办？”

逻辑推理中引入的假设有两种，肯定的和否定的。如果逻辑推理中有很多引入假设的机会，最后就会有很多种结果。

我说：“掉了爸爸会给你修好的（这是孩子自己从家里带来的车）。”

孩子说：“爸爸修不好怎么办？”

我说：“找修汽车的师傅修。”

孩子说：“也修不好怎么办？”

这孩子在推演中引进的都是否定的假设，所以将导致很沮丧的结果。

我说：“实在修不好了就买一辆新的。”

孩子说：“这个车是别人送的。买不到的。”

我指着车上的厂家标志说:“有生产厂家，可以到生产厂家去买！”

孩子说:“找不到厂家怎么办呢？”

一个精彩的逻辑推理，但是一条死路，一种逃遁，一种防御，一种对可能发生的事情的恐惧。我的内在开始升起绝望的情绪，难道孩子就是这样的绝望和焦虑吗？这种情绪帮助和提醒了我，我要把他从假设中拉到当下，从头脑中拉到现实。

我开始专注而缓慢地对他说:“现在，你低头看，轮子好好的，就长在车上，什么事情都没有发生。”

引入肯定的现实来代替否定的假设。

我伸手摸了摸轮子，然后给了他一个非常肯定的微笑，又无比感慨地说:“多结实的轮子啊，多结实的车啊。”

他若有所思地坐在车上待了一会儿，然后带着僵硬的神情，用脚划着走开了。

我知道我没能解决他的逻辑问题。是的，轮子真的坏了怎么办？逻辑解决不了这个问题，显然它就不应当是个逻辑问题。

这个孩子有着一个不属于他的童年的经历。他经历了许多严酷的事情，这些事情的发生仅仅基于父母想把他驯化成一个天才，他大量的心理活动被积压了下来。这种已经累积下来的心理，使他根本没有能力再回头去整理、去厘清，所以头脑就会自动地为这些东西寻找出路。

你一定会想，他的父母为什么会这样驯化他呢？所谓成才、培养天才仅仅是父母意识层面的语言，在这对父母的内心深处潜藏着深深的恐惧和不安全感。他们在无意识中想通过这个孩子来摆脱一直悬挂在他们头顶上的那把生存的利剑。这一切都在热切的培养天才的期望中进行着，但实际上潜意识才是真正的操纵者。

这个孩子被训练出一个逻辑的头脑，逻辑似乎是万能的，但逻辑里面的假设不是逻辑给的，那是心理给的。他的心理出了点问题，那就是否定性的思维和悲观的心态。头脑像是另外出了一个系统，这个系统不和现实与当下联结。他总是会设想出可能会出现的危机情景，并为自己设想出的恐惧而担忧。心理障碍了思维，思维反倒成了他的忧患之源，成为心理障碍。

在科学家那里，逻辑前面的和中间的假设是心理、精神给出的，意识、意念、意向、兴趣给出的，思想、联想给出的。这些比逻辑更重要。

对于有些儿童，这样的心理状态会延续，直到他成年，甚至成年很久以后。

没有环境压力而放松的儿童，他们在认知还没有到来时，心理的意识会洋溢在内在。当意识涌上来时，他们会马上把它说出来，听上去似乎毫无逻辑。他们想的，会说出来；说出来了，会做出来，慢慢地被认知理清楚。这是三位一体的真实和一致，这就是生活在“爱和自由”中的儿童。

儿童如果生活在管制、紧张和被动中，想的不敢说，做的又不是想要的，障碍就会出现。一个人想了、说了、做了，三位一体，就会特别有力量。如果三位分离开，分裂就存在了。

可能我们的障碍会永远存在于心理的层面，抗拒或是排斥一些东西，不让它们进来。如果这样，我们的潜意识就多了起来，内在就充满了挣扎、抗争和纠葛。就此，在人的内在世界，被分裂出3种需求：想的，说的，做的。它们各自有自己的需求，分道扬镳，自我就会向四面八方出击。这种状况使我们无法成为正常的人。

当孩子心理出现问题，它就会严重地阻碍儿童其他的发展。

“打童年补丁”

一凡，男孩，9岁。田田，女孩，8岁。秀秀，女孩，8岁。他们都上小学三年级。一凡和田田是好朋友，平时的往来总是温馨而默契。

上完美术课，大家都挤到水池边洗调色板。田田往里挤时，调色板被打翻，颜色糊到了衣服上。田田挤出来，沮丧地放下调色板，看着自己的衣服，再抬头时看见一凡走了过来。一凡关切地问“怎么了”。田田一句话都不说，开始推一凡。

推一下，一凡关切地问：“怎么了？”

再推一下，一凡还是笑着问：“怎么了？”

再推一下，一凡笑着问：“怎么了？”

再推一下，一凡笑着问：“怎么了？”

……

秀秀站在一旁笑呵呵地看着：田田推了一凡 17 次，而每一次一凡都笑着问“怎么了”。秀秀大惑不解，不知道他们之间到底发生了什么事情。

秀秀无法看出田田和一凡之间的关系，看不出田田的心理需求和一凡的心理活动，看不出他们彼此的心灵互动。只用眼睛和思维来看待这件事情，她无法明白究竟发生了什么。

田田推了一凡 17 下后，似乎一凡的微笑和理解调节了田田，田田的沮丧全部释放完了，两人高兴地走了。只有秀秀不解地站在原地，她不明白到底发生了什么。

秀秀实际上感觉到了这件事情的奇特，但只是感觉到了，她的心理还没法撞击出和她的年龄相应的意识的碎片。因为她的心理没有成长起来，所以没有能力走进别人的关系中，也无法接纳，认知就跟不上了。

秀秀不理解是有原因的。她从小被身为大学教授的外公带到了 6 岁，从出生开始，就被加速“教育”。知识如同宗教的神明一样，神圣不可侵犯，这被外公奉为成长的典籍。知识就是力量，知识就是一切。秀秀从出生到 6 岁，就由外公陪伴着开始了学习。认地图、认字、数数、背诗歌……秀秀从小记忆力超常，从一年级到三年级，功课基本门门 100 分。

三年级下半学期开始出问题了，因为非记忆学习开始增多，而记忆的学习方法在秀秀那儿成了定式，也由于学习和生活中的丰富与复杂性，秀秀逐渐失去了记忆能力的优势。秀秀在数学以及逻辑推理上已经开始感到吃力，对生活行为概念的推理也出现了困难。

在学屠格涅夫的《麻雀》一文时，老师针对以下内容提出问题。

小麻雀从树上掉了下来。猎狗慢慢地走近小麻雀，嗅了嗅，张开大嘴，露出锋利的牙齿。突然，一只老麻雀从一棵树上飞下来，像一块石头似的落在猎狗前面。它挖挲起全身的羽毛，绝望地尖叫着。老麻雀用自己的身躯掩护着小麻雀，想拯救自己的幼儿。可是因为紧张，它浑身发抖了，发出嘶哑的声音。它呆立着不动，准备着一场搏斗。在它看来，猎狗是个多么庞大的怪物啊！可是它不能安然地站在高高的没有危险的树枝上，一种强大的力量使它飞了下来。

作业是：请写出，让老麻雀飞下来的强大的力量是什么？

回答五花八门。

有的孩子说：母爱。

有的孩子说：本能。

有的孩子说：勇气。

有的孩子说：母性。

有的孩子说：天性。

……

秀秀回答：一种大的力量。

老师批改：什么大的力量？

她回答：大大的力量。

有一种生命内在的东西，有一种表象后面的法则，有一种关系背后的韵味和象征，有一种生命内在的风景……秀秀看不见，也感觉不出，秀秀的那部分没被允许发展和成长。这部分只能靠生命的心灵感觉来明了和悟到，秀秀办不到了。这就是心理的成长。

秀秀的外公期望秀秀跨越感觉、超越心理的过程，而直接从认知开始，这样“成长速度”就会特别快。成人为什么要这样做呢？这就叫急功近利。不幸的是，秀秀的外公是在无知中进行这一切的，他是基于一切对孩子好的出发点来做的。

老师在幼儿园常看到，四五岁（我们的学校招收从2岁半到12岁的孩子）的小朋友常趴在窗户上喊：“秀秀，出来，出来玩吧！”秀秀说：“别喊，下课了我找你去。”她喜欢和四五岁的孩子玩，她的心理停留在四五岁。

没有感觉和心理历程的成长，这种缺失导致了心理的滞后，而心理的滞后就会影响智力，智力不再那样快地成长了。

秀秀的游戏智力和生活乐趣滞后了。很幸运的是，她自然地在补课。这种有益又快乐的“打童年补丁”的生活是她自己的需要。问题是，成人和环境是否准许她这样。

有趣的是，有的孩子因为忽略了心理，只发展了智力，最后智力似乎是发展了，心理却出现了障碍。生命的状况同样变得残缺了，成为头脑的机器。而不觉察自己，同样也不会知道别人的心理，也无法觉察环境的变化，就像走进了一个思辨的迷宫一样。

完整不是完美。父母自己如果拥有完整成长的经历，便获得了成长为完整的人的经验。这种经验将使我们拥有判断能力。这种能力可以帮助我们，使我们的孩子的成长完整起来。

如果我们见到过完整的人，我们似乎也拥有了一份审视人的经验。即使没有，如果我们从头脑层面知道人有这么多的部分，我们也会期盼我们的孩子可以依靠自己的希望和创造成长为一个正常和完整的人。

第八节　心理、意识和思维

无论是成人还是儿童，接纳一定是由心来完成的。心是指心脏？还是大脑？还是一种精神和意识的概括？这是否与以往的大脑科学相背离？在医学科学中，大脑中枢神经系统才是我们意识与精神活动的来源。但许多成人在成长时普遍出现心痛的感觉，它和心脏病无关，这个现象我们要如何解释？

一个5岁的孩子，他将妈妈的一个贵重的东西拆掉了。妈妈痛斥他的所为，用很猛烈的语言痛斥。孩子哭了起来。再后来，孩子脸色苍白，接着他将手捂在胸口，痛苦地将上身弓了起来。

为什么他痛苦的部位在心脏的区域，心不接纳吗？为什么他不抱着头表达痛苦？

《康熙字典》引《荀子·解蔽篇》中说："心者，形之君也，而神明之主也。"这个解释，与中医解释一样。《黄帝内经》中《素问·灵兰秘典论》中说："心者，君主之官也，神明出焉。"这就出现了中医中的一个重要概念"心主神明"。人们便就"心""神"到底是什么展开了讨论。是"心主神明""脑主神明"，还是"心脑主神明"？这成为中医界一个主要的学术问题。

在科学的能力还未及，以及有可能不可及的领域，我们和古人具有相似的意识，来自感觉的意识。我对此的兴趣自然来自对成长的关注——儿童和成人的成长。心，便成为触动和让我敏感的地方。

对于儿童来说，任何难以承受的痛苦，他们都会用哭表达，但如果痛苦超出负荷，就变成一种对人尤其是对儿童的杀戮，那会直达他们的心里。

在成人心理成长和治疗的历程中，当人的转化开始后，大家都会有一个身体上的同感和共识：心里这个部位像被撕扯开了一样，心痛极了！这个过程完成之后，内在的空间就变得大了起来，智能就得到了提升。以前不能包容的，在这个变化之后便包容起来。常常听到成人说："治疗之后的最大变化就是，你里面的空间好像突然变大了。"

是认识的空间变大了吗？智能提升了，应该在脑部才对呀。

这个普遍的现象为什么会出现在心轮的部位？智能得到提升了，但为什么是心轮的部位有如此的疼痛感？心到底和我们有什么关系？

心、心智、心灵、心理，都是我们最熟悉的与心有关的词汇。似乎说明，心，拥有相当复杂的感知、觉察、意识和情感活动。

麦基卓（Jock Mckeen）和黄焕祥（Bennet Wong）在他们的著作《懂得健康——在自我探索中疗愈》中阐述了关于脑的部分的洞见。麦基卓曾经是解剖学讲师。他们说："我们也喜欢科学理论中偶尔出现的优雅洞见，我们相信这些对我们的健康与快乐有实际的帮助。"在此，我很高兴将他们发现的"科学理论中偶尔出现的优雅洞见"分享给大家，因为这对了解儿童的成长同样有实际的帮助。

他们认为，我们的脑，实际上是一个联合国。脑神经活动有6个区域：网状激发系统（reticular activating system）、间脑（diencephalon）、大脑皮质（cerebral cortex）、脑前额叶（prefrontal region）、小脑（cerebellum）与心脑（heart brain）。

爬行动物大脑——生存需要

哺乳动物大脑 ——情绪需要

大脑皮层——思考需要

前脑 ——哲学属灵需要

心脑——关系需要

小脑—— 综合需要

麦基卓、黄焕祥认为："不同的脑层面各自有其不同的功能，较原始的大脑与生存相关联，较高级的大脑则涉及成长和整合能力。成长与较为高级部分的大脑的演进和启发伴随，当脑的不同层面都被调动时，它们即开始明亮起来。"

他们这样描述心脑："这个脑通常不为神经科学家与医学专业所承认。然而，心脏的神经联系非常复杂，它通过神经和化学活动与中枢神经系统的其他中心连接。最近的研究显示，有一股力场（心环，the heart torus）从肉体向外延伸12英尺[①]到15英尺，可以用科学仪器测量，也能解释人类为何能在远距离之外感受到彼此的存在。"

他们阐述："心脑与力场可以成为我们与自己、他人、大自然和宇宙的连线。在沟通模式上，这是我们与自我及其他人维持联系的区域。很明显，心脑是通过神经与化学物质连接到我们的神经系统的。心脑可以与我们的身体及世界维持对话，不仅是通过神经与化学物质，也还可能通过共振。如果确实如此，那么共鸣可能是心脑的重要沟通方式。心环力场的惊人之处是在本质上有如全像原理（holographic）——若是如此，那么在这个力场的任何一点都包含了整个力场的所有资讯，每一个力场都与宇宙有和谐的共振。心脑与力场将会成为我们与我们的更深本质以及宇宙的联系。"他们还认为："心脑在防卫时会限制共鸣与同理心，让人感觉冷漠、孤立、有距离，有一颗冰冷的心。"

心理在人的生命中的作用，其重要性也可能是我们无法相信的。弗洛伊德在这方面作了重大贡献，他使我们走向了人的真实和内在。事实上，走向心理会让人走向人的更高的内在，走向人的真实。

这似乎从生理学上证明了我们的内在结构：（身体）反应、情绪、感觉、心理、思维、精神、心灵。

① 1英尺为30.48厘米。

我们的智能是由我们的大脑，由身体中的每一个细胞，由普通感觉、精神感觉、情绪、经验、精神、心灵所共同构建的，所以在发展的中高级阶段，认知具有统合性。

在理性的头脑中，快乐王子的故事有可能发生吗？理性说不可能——宝石不会被用来做眼睛、镶宝剑，金片不会用来装饰雕像。即便用了，也会被保护。即便被分发到了人们手里，也难以卖掉，因为如此大颗的宝石和金片都会被记载，都会有历史。快乐王子的城市里，富人骄奢淫逸，穷人饥寒交迫，官员浑浑噩噩。穷人的穷困不只是由于缺少几颗宝石或者一些金片，几粒宝石、几片金片也不见得能根本改善穷苦大众的生活。金属做的雕像和一只不会说话的小鸟，它们之间不会有心灵，不会有感情，不会有帮助大众的意识和行动。

所以，快乐王子不是理性的东西，它纯粹是一种心灵的产物，是心灵的颂歌。它的生命力就是其中闪现的精神：善良、美好和崇高。所以，它和心灵正旺盛的儿童共鸣；所以，即使在充满理性的人们那里，快乐王子和燕子也被注入生命和灵魂，栩栩如生；所以，它能打动心灵犹在的成人。它打动成人还因为成人童心未泯，还因为儿童的现场存在而发生的心灵感应。

第六章

儿童是自己认知的主人

儿童时期就是精神胚胎的发育期，是一系列能力发生、生成和成长的时期。我们能看到的首先是兴趣。长久的兴趣就是注意力，就是专注力。

第一节　从感觉上升到概念，就是智力

一个1岁多的孩子，站在浴盆里，他喜欢同时打开冷水、热水两个水龙头，然后把手交替地放在热水下、凉水下，不断抓握着，感受着水不同的温度。他已经可以准确感觉这两种温度的刺激，并能用感觉区分开来。

这种对水温的感觉是属于这个孩子的。沉浸在这种感觉中的孩子，注意力全部聚集在水流和温度中，这种感觉的满足感使孩子平静而愉悦。但它还需要一种升华，它应当升华至概念："冷水"与"热水"。这个升华的过程产生了，孩子才完成了认知的过程。所以，成人要做的只是观察孩子的感觉，感觉到了，再恰到好处地对孩子说："这是冷水，这是热水。"

给感觉命名

命名只能从感觉开始。就如同给情绪命名一样，给感觉命名同样重要。就像我们认识餐桌上的食物一样，清楚餐桌上摆放着什么，我们的需求就会越发清晰。命名使我们对生命内在的感觉清晰起来，并由此给了我们深入的机会。

皮亚杰常常会这么问："在这个过程中我们到底给了孩子什么呢？"如果说孩子是环境的自我探索者，那我们似乎就像一个安静的、自觉的观察者，我们要做的是观察我们的孩子，在合适的时机把感觉背后的概念名称告诉孩子，概念就清晰显现，进而使孩子把感觉提升到意识的前面。

因此，我们要尽可能地使孩子的感觉集中到他所需要的感觉上，而避免其他的刺激，这样有利于帮助孩子把感觉上升到概念。

一个概念的产生过程是：概念的发生—确定—命名—修正为公众的命名。

我们来仔细分析皮亚杰的例子，家长们可以有意识地用这个模式帮助孩子认知。

3 岁的贝贝每天都碰见邻居家的猫。在频繁与猫相见的过程中（感觉），根据她的观察，她能够对与猫类似的东西组织起一个心理类别或概念，尽管它们有差异。需要用这个类别时，她就可以回忆这个类别，让它们再度在头脑中出现，这是知觉。

一天，贝贝第一次遇到了一只“疑似猫”。贝贝想：“毛茸茸，长尾巴，会爬树。”她注意到了它和猫的相同之处，她好奇地走近它，它却跑掉了。她叫它“吉吉”。

当天下午，贝贝又吃惊地看到一只“疑似猫”用后腿站立着。经过短暂的困惑，当她招呼“吉吉”时，她的表情不再是困惑了。

“吉吉坐了起来？”

“吉吉趴着，露出细尾巴。”

“好玩的吉吉，坐着时有大尾巴。”

贝贝开始注意它和猫的不同点，她将它归入一个新的类别里。

有一天，贝贝又说到“好玩的吉吉”，旁边的母亲告诉她：“那是松鼠。”

这个名称符合她的概念系统。

皮亚杰问：“成人做了什么？”皮亚杰认为，母亲的“教”是偶然的。贝贝通过她个人的经验，同新的经验相互作用，然后根据现实的要求，建立了一个新的心理类别。

贝贝的妈妈教了什么？准确地说，是在孩子认知完成的最后，给出了一个和孩子内在已经形成的概念相配对的、公众共同的词汇。

在贝贝的意识中有新东西存在了，首先会反映在视界内，那是个片段、独立体，大小可手持，这是对它的表面认识，然后命名，接着纳入一个类别，深化到概念，最后这些东西被移出视界，但它们在儿童意识中仍然存在，这就是心理活动的转化过程。它们还会出现，或者由儿童找到。

认知的过程应该是这样：本能的兴趣—感觉（感官）—知觉—经验—知识（用心智加以组织整理，概念）—内在的有序的系统（概念群）—对未知事物的兴趣（新一轮的认知开始）—基于经验、以前的概念、以前形成的理智、判断及辨认的兴趣。

好奇“这是什么”，感觉了才能“进入内在”，然后是知觉。“啊，我见到过。”“我玩过。”上一次的经历会再现在头脑中，再次被体验，逐渐走向经验，得出一个概念，然后将概念整合成一个有序的系统。整合的过程，就像上面贝贝的例子。

蒙特梭利教育法采用了塞甘的三阶段式教学方法，这大概可以说是认知到概念阶段的最有效的方法。

第一阶段，把感觉和名称联系起来。对孩子已有感觉的实物命名，例如“这是热的”“这是红的”“这是西瓜”；第二阶段，认识相应名称的物品，即指称，对孩子说“哪个是热的”“请给我红的”“给我西瓜”；第三阶段，由孩子指出相应物品的名称，即“这是什么”。大量实验证明，命名—指称—名称这样的教学模式确实是认知阶段的一个清晰、准确而有效的方法。

儿童的认知途径

认知是从感觉开始，经过心理，到建立概念，到概念的应用——用简单的逻辑组织语言，这就是儿童的认知途径。

西西很喜欢中午在床上游戏，坐起，躺下，反反复复，动作幅度还很大。老师提醒他：“西西，小心撞到头。”西西听了，茫然地看着老师，显然他没有明白老师说的话。于是，老师不说话，坐在旁边陪着他。西西继续游戏。

西西不知道老师的话指称什么。

突然，西西在躺下去的时候碰了一下头。老师说：“你碰头了。”他哭着对老师说：“我碰到头了。”

老师问："碰头了，你现在有什么感觉呢？"

"疼。"他一直按着碰到的地方。

于是，老师一边揉着他的头一边说："下次请小心。"

此后的半个多月，西西每次躺下去的时候都小心翼翼，并且会对老师说："我轻轻地睡下去。"

西西通过自己的感受体会到了自己应该怎么去做，而不是我们教给他应该怎么做。这奠定了他一生的一种行为模式的基础，那就是有危险时要小心谨慎。孩子的发展依靠他们自己的感觉，成人只是帮助他们形成概念的表述，而联结概念、区别概念、发展思维，都是儿童自己完成的。

在婴幼儿那里，行为主义心理学明显是适用的。在我们看来，幼儿对物体有选择，而选择就有兴趣的含义。我们并不知道婴儿的兴趣在哪里，是因为我们不知道婴儿内在的驱动力的方向是什么。婴儿受精神胚胎的指引，本能地对事物产生兴趣。皮亚杰认为那是一种所谓刺激——反应和同化的过程。在我们视觉可见的众多的物质中，究竟哪一样吸引了孩子，或是婴儿被什么所吸引，这全凭我们对婴儿的观察来知道。

观察显示，表现幼儿内心的是情绪：喜悦、兴奋、满意、舒服、不适、难受、痛苦；表现幼儿内在需要的是行为：选择、抓取、观察、咬、抛开。可能刚开始婴儿只知道某个事物能吃还是不能吃，开始时物体只有这种意义。婴幼儿这时还是简单地、被动性地受物体的可食性吸引。

但是，物体很快就超出了食物的意义，成为他探索的对象。食物被抓捏，味道差的物体立刻被投掷。后来物体专门用来投掷，再后来物体用来垫坐，用来佩戴。物体可以和它关联的物体分离，这个分离通过幼儿的活动来实现。幼儿的主体性、主动性开始出现。

和知识的学习一样，这些在我们已经长大的人看来简单得近乎幼稚的东西，在我们看来是在动物智力水平的东西，却是后来让人惊叹的智力的起点，而且越简单的东西，其实就越基本、越重要。

这个时期的儿童和动物非常相像：用嘴来探知。和动物一样，婴儿没有语言，理性、精神的世界还是混沌的。婴儿受心理感觉的指引，感觉到面前有物体存在着，在视界内，后来从片段到独立体，首先注意到的物体其大小都能手持，然后是对它的表面认识。这是感觉阶段，也是感觉的不断练习和丰富、强化阶段。

感觉在童年时期是从根本上帮助孩子学习内在环境的，但儿童首先是借助它创造一个自己，还不是学习。我们要清楚：创造自我的价值与学习知识的价值，这两者有着根本的不同。

然后，感觉是用来学习的，用感觉学习才是学习。

然后是感觉物体存在的恒定性：这些东西即使被移出视界，也仍然存在，它们还会出现，或者由儿童找到。这个感觉使幼儿兴奋，开始“藏猫猫”。这是进入了知觉的产生和练习阶段。

“知识的学习”

童童今天穿了一身迷彩服，他在院子里感觉了很久，然后大声声明：“我是解放军！”他正处在身份确认的敏感期。

这是在言语阶段，有了最简单的逻辑，概念就被逻辑组织起来了。这个组织者，就是心智。

默默马上认真而严肃地纠正：“你想象自己是解放军。”

童童便愣在了那里。

童童此时对“是”和“想象”两个概念敏感。

“是”和“想象”有本质的不同，这实在是一个认知上的差别。

穿上迷彩服，可以“是”，可以“想象”，可以“装扮”，可以“表演”。

栩栩兴奋地呼叫老师：“老师，你看！”纯白的数字板上有序列地摆放着鲜红的珠子。老师说:“很好，非常好。”老师和栩栩共享了栩栩工作的结果，栩栩便又满足地继续他的探索。

他将数字板上的珠子重新归位进盒子里，开始了一次新的体验。他先取出1粒珠子放在第一排，并与上面的数字1配对，嘴里默念“1”；接着拿出一粒珠子放在第二排，停顿下来，观察了一下，发现与上面一样，然后又放1粒珠子在第二排，边观看上面的数字2，边默念“2”。

接着，他又依序取4粒、5粒……每停顿一下，发现与上面的珠子重复出现时，他兴奋地发出“噢”的声音，好像在说:“终于被我发现了！”

那是一个珠子构成的三角形，又是一个序列：等差序列。这个序列赋予那些数字意义，这是意义的发现；这个序列给那些数字新的关系，这是关系的发现。

就这样，栩栩一直从1摆放到9。每当发现下一个数字比上一个数字多1时，他就会表现出特别兴奋的样子，尤其是到7、8、9时，栩栩的兴奋度一直在不断地高涨。

“发现”使栩栩越来越愉悦和惊奇。

发现意义，发现关系，才叫“知识的学习”。

这种深层发现必须发生在沉浸和沉思中。

第二节　兴趣，是儿童认知的内驱力

儿童必然会对某样东西产生兴趣

一个5岁的小男孩每天都在幼儿园游逛。他处处惹事，好像他无处不在。在教室里，他不停地打扰其他的孩子。他无法把注意力集中在一个事物上超过5分钟。

大家都知道他的专注力被损坏了，耐心等待才是修复的方法。他的专注之门好像上了一把锁，耐心等待才能有机会打开。我们开始等待。就这样3个多月过去了，他虽然还是四处游荡，但他开始变得安静了许多。

有一天，他在教室里游荡，像以前一样注意力放不到一件事情上。他在订书机前停住了。像以往那样，他拿出订书机摆弄，按他以前的习惯，几分钟后他就会放弃。不过这次他打开订书机，摆弄了一会儿。

他打开订书机装订书针的滑道，突然订书针弹了出来，这个东西一下子把他全部的注意力紧紧抓住，并使他完全地投入其中。全部的兴趣的投入——他的探索就此开始，如同成人探索一种未见过的又感兴趣的科学仪器。

当他完成这一探索，满足地长吁一口气时，时间已经过去了1个多小时。其他孩子早已离开，但他对此一无所知。对于他来说，这种专注的经验是一个了不起的体验，他被订书机吸引而将专注力聚集在了订书机上，一个有趣的机械性的东西吸引了他。

对某物产生巨大的兴趣，并因兴趣而长久地投入其中，这具有极大的偶然性，所以儿童必须拥有自由，因为这样的状态是成人无法把握的。看上去似乎是某一事物长久地吸引了儿童，实际上是这种被事物长久吸引的过程使儿童的内在产生了一种深入自己认知深处的体验，如同儿童突然走进了一个蕴藏财宝的山洞，他只走进去了一半，但有一种未知的、预感的喜悦在他的内在悄悄地产生了，所以他会有一种重新再进去的期待。这是人天然的一种能力。这个事件一旦发生，儿童就会被自己内在的新的感受和体验激励着，会重复这一过程。

这样的事情会在第二天重复发生，注意力还会被其他东西吸引。通过这样反复的专注，儿童会进入事物的内在，深入事物的深处，开始触摸事物内在的法则。一个新的历程即将开始。

所以，订书机对于这个孩子来说有着举足轻重的作用。那像是一把钥匙，正好打开了一把秘密之锁。而我们成人并不知道究竟什么可以使他产生兴趣，让他启动专注之门，所以环境必须是自由的。

这种对某一事物的专注，看上去总是具有偶然性，成人不知道会在什么时间发生，孩子会被什么东西吸引，但在自由中它必然发生。因为成长是生命预定的密码，是终极目的，所以儿童必然会对某样东西产生兴趣。

成人应保护儿童不受打扰

成人要做的就是持续地保护这种专注力。一个优秀的教师，首先要做的就是，即时观察到这种专注力，并保护儿童不受打扰。不让打扰发生，意味着在打扰发生前就拦截住，不让打扰发生在这个专注的孩子身上。一旦孩子的专注力在某一天发生了，如果是在上幼儿园，那就告诉家长第二天不要迟到，以便保持这种专注力的持续性。自此，对儿童来说，创造的历程便迈开了一大步。

我们无从知道儿童哪一刻要做什么，成人无法规范儿童，如果你试图规范儿童，那就意味着损坏和压抑。我们只能为儿童提供一个我们认为的较理想的环境，透过观察儿童来发现。正常的儿童几乎是每时每刻都在投入地做事情。实际上，大量的家庭和教育机构几乎是习惯性地安排孩子，自由活动只是一天中的某个时间段。

我们所说的“兴趣”，是从外界观察儿童的角度所使用的词。如果我们到“兴趣”的背后去探视儿童，那么推动儿童“兴趣”的是什么呢？我们从生命的角度来看，婴儿诞生时是从一条流淌的生命之河中脱离出来的。这条河流实质是一条意识之河。在生命的河流中，一切未被分离开，浑然一体是婴儿的意识特征。婴儿的意识也未从意识的河流剥离出来（也就是“自我”还没有出现)。如果婴儿必须从生命的意识河流中脱离，成为一个单独的意识，他就需要借助某种东西，比如外部物质世界的某样东西。婴儿把脱离出来的意识聚焦在一个具体的物体上，就像把水装进瓶子中，由容器把水聚在了一起。我们从外面观察就称为“注意力”。

“注意力”是心理角度的一个词。这种在生命内部发生的突变，我们称为“觉察”。“觉察”是意识角度的一个词。儿童在浑然一体的世界中，觉察到了妈妈、奶瓶、手、帽子、打气筒、笤帚、簸箕……注意便被某物抓住了。

从外部观察，儿童似乎是被这些所吸引。起初，一定是从物质开始的，物质的特质可以将这种“注意”聚住，并尽可能长时间地让这种注意聚住在物质中，这样“兴趣”就产生了。儿童开始先借助于物体从浑然一体的意识之河分离出来，一面在爱的浑然一体中充盈，一面开始借助于物体分离出来。这需要练习，练习就是准许孩子不断使用自己的“兴趣”。这样，儿童就必须是自由的。如果这种兴趣或是觉察不被破坏，儿童就会超越物质的层面，上升、停留在某一感觉中、某样情绪中，然后是关系、事物的职能、事物背后的本质、本质与本质间的关系、万物的法则……成长就是这样开始的，这些必须在童年发展出来。

儿童跟着感觉走，跟着敏感走，跟着兴趣走，就是跟着自己的精神胚胎走。敏感是儿童成长的阶梯，儿童沿此走向完整。

即使成年后，敏感也很重要，它仍然是人发展的切入口。对成长的媒介敏感，就去做导师；对瓜果敏感，就去当水果专家；对语言文字敏感，就去做编辑；对新闻敏感，就去做记者；对物证敏感，就去做侦探；对美和善敏感，就去做艺术家……

我们应该可以从我们周围的孩子和成人中观察到，太多的人被限制在了物质的层面，可能一生都没有超脱出来。

没有自由，生命中脱离出的意识就无法在外在找到碰触点，进而被压抑；压抑又会导致兴趣无法实施；无法实施兴趣会导致人完全没有了兴趣；没有兴趣就无法走入事物之中，就没有感觉；没有感觉，就无法发现具体事物后面的本质……我们就永远被局限在物质的层面而无力自拔，当然自我就无法形成，生命就不再变化了。创造的乐趣没有了，我们就成为环境的被动者和附属，而无法为自己创造一个富裕的、和谐的生存环境。

兴趣是精神胚胎的导航

兴趣其实从婴儿刚生下来就开始了。任何一对父母都可以观察到：新生婴儿醒着的时候，当他看什么时，就好像完全把自己投入进去。一个孩子在出生后的 1 个月里，喜欢看书架里排列的书，那里的明暗呈现非常清晰。怀抱他的父亲便一动不动，不打扰他，他便全部投入地看，直到累得睡着。父母于是选择了一张明暗对比强烈的世界经典名画，画里流淌着母亲和婴儿之间的爱，将它贴在天花板上。没有教育的意义，只是为了满足孩子视觉的敏感和成人认为的审美。婴儿对面的墙壁上也挂了一幅世界名画。窗户总是被打开着，以射进明亮的光。这样让环境达到美感，又满足了婴儿视觉敏感期的需要。这就能满足孩子的兴趣，并且不打扰他。

养育孩子总可以使妈妈从生命的角度重新感觉生活，这是孩子带来的礼物之一。

兴趣是儿童在这个世界上迈出成长第一步的重要标志。所有母亲都可以发现，孩子出生后就开始对自己有兴趣的东西高度专注。这种天生的因内在的驱动而会被某一事物触动、刺激并产生兴趣的能力，是生命的特征，无须培养。发现这一点，对于儿童的成长尤为重要。这就意味着，只要儿童拥有自由，他就一定专注。拥有6年的专注，生命就拥有了自我创造的机会。

兴趣是精神胚胎的导航，是生命的引领，它使孩子趋向于某事和某物。这是开始，是婴儿真实迈出脚步的开始。儿童会把注意力牢固地系在某事物上，使自己的感觉、心智全部进入事物中，就像水装入容器之中一样。这种高度专注于一件事物中的感觉，就像佛教修行时出现的“一境”的境界。这样，儿童就容易发现事物内在或是事物后面的本质和法则。所以，教育工作者可以观察到：只要儿童在做自己有兴趣的事情，没有一个不专注；反向来说，如果一个孩子不专注，那一定是被强制了，兴趣被成人打搅了，甚至被压抑和打碎了。

所以，我们不得不再次强调“兴趣”的重要性。兴趣是儿童天然的专注力，如果儿童在0～6岁这6年的时间里，每一天都可以按自己的意愿做自己有兴趣的事情，在他做自己有兴趣的事情时，他必然专注。每天都专注在兴趣中，他的专注力就会延长，专注力的延长就在内在的生命中发展出对他一生至关重要的一种东西，就是“生命的意志”。所以，我们激励父母和幼儿教育机构保证儿童的兴趣不受阻挠。保证这一点，就必须保证自由意志的存在，保证环境是自由的，保证儿童的行为是自由的。

我们对那些对自由大惊小怪或者认为自由是洪水猛兽的人说，不必如此。自由是教育的首要因素。

当然，我们必须有规则。规则保证我们自由的要素不被破坏，它像一个关系中的界限，使儿童变得有力量和确定（我将在《自由中的规则》中详细阐述自由和规则的内容）。

兴趣是婴儿智能发展和一切关系的起始，也是专注力和意志产生的起始。没有兴趣，一切都不存在。所以，毁掉一个人，就从毁掉一个人的兴趣开始，那一定非常成功。因为这样很容易使一个人自己放弃自己的人生，而不是由别人让他放弃。如果你听到：“这个人对什么都不感兴趣！”那么这个人就是一个乏味的人。这可能是一个最严重的评价。

你对“人为什么没兴趣”有兴趣吗？这会让我们发现生命的秘密，让我们学会尊重生命本身的需求。

发现儿童的兴趣，就会促使一个人全面地成长，当然也包括认知的发展。仅仅是认知吗？我想还有更多。

这个角度是从事情本身来说的，不是从一个完整的人的角度来讲（我期望将一个完整的人的成长和成功的事情区分开来看）。

儿童时期就是精神胚胎的发育期，是一系列能力发生、生成和成长的时期。我们能看到的首先是兴趣。长久的兴趣就是注意力，就是专注力。

牛牛在长达几个月的时间中，喜欢用手抓起沙子，然后松手，将沙子倒进秋千的铁锁链的小孔。

小小在一个月的时间内，每天都在触摸蒙特梭利的感官教具——长棒，从最短的那一根开始，摸到最长的那一根。

西西在几个月内每天都摆弄一堆动物模型，有时老师和他说话，他都听不见。不得已，老师只能抬起工作毯，抬他离开。

注意是感觉和心理活动的开端，是精神的基础。注意在时间中，时间拉长了是专注，专注使精神集中于一点，然后一点连成一片。不是一个点的集合，而是一个现象、一件事、一组对象。于是，精确性发生了，最初的美感发生了。我们不知道还有什么在发动中，在生成中，在形成中。

心智在跃迁

即使一个有心理障碍的成人，或是一个根本没有形成自我的人，如果找到了对某一事情的兴趣，这都将是一个治疗的、好的开始。对成人来说，这是个重新寻找自己的机会。兴趣将人的意识放在某事物中，意识就相对稳定了，就可以使用感觉进一步地深入。假如能够同儿童经历的过程一样，深入下去，那不仅仅是一种治疗，也是一种成长。发现万物背后的秘密，发现自己生命的秘密，这种喜悦会激励我们走下去。这就是一个生命的重新再成长。

我一直认为，创造生命的学习过程从来也没有改变过，即使成长为成人了，也是这样的过程。这是储存在我们生命中的密码，这是人自我创造的途径。它与我们为了实现一个现实的利益而通过强化训练所训练出的技能截然不同。这是改变人自身，更确切地说，是自己创造自己。当然，成人成长的速度要比孩子慢很多。

无论是孩子还是成人，被头脑强化出的东西，都会成为我们应对外部世界的工具，但不会成为我们生命本身。对孩子来说，强化意味着创伤、障碍和附加物；对于成人来说，强化会造成僵化的模式和反应，结果还是一种创伤和生命的附加物。这一点儿童和成人是相同的。

我们可以想象，儿童有成为任何的可能，但我们无法想象成人将完全转化的模样。当我们遵循生命的法则，我们就会像孩子一样再次拥有创造自己的可能。这就是由兴趣的引领，回到感觉中，经历心理过程，上升到认知，然后走向精神，确知事物背后的本质和法则，建立自我。从这样的模式中学习，创造我们自己的生命，这种可能是存在的。因为我们一生都可以做的事情，就是创造“我是谁”！

荣荣对一本卡通书有兴趣，书名是《一家人去旅行》。故事内容是：一家人去旅行，但爸爸想爬山，妈妈想游泳，自己想划船，弟弟想坐小火车钻山洞。故事的结局是：他们想了一个好办法使每一个人都满意。

荣荣每天都让妈妈读这本卡通书，一读就是一个月。妈妈想：“为什么不换一本故事书？这多无聊。”这天晚上，又是读这本书，读完后，荣荣豁然开朗地说：“我知道什么是旅游了。”妈妈问：“什么是旅游？”荣荣说：“旅游就是在大自然中走动。”

成人觉得无聊的东西，却使儿童内心发生着我们不知道的一系列的变化。

荣荣说的“旅游就是在大自然中走动”，旅游、大自然、走动，都是抽象的概念，荣荣用其中两个抽象的概念定义了另一个概念。抽象包含着丰富的具象内容，荣荣不仅反复体验了它们，还自己从具象走进抽象，并在抽象中形成定义。“旅游”这个概念由于其定义在荣荣那里出生、产生含义而进入荣荣的世界，被昭示、认知、明确、清晰、完整。

这只是概念产生含义的第一步，“旅游”在后来的生活中会被不断修订，其含义将更接近生活，更接近人们的共同定义，更接近它的内在本质。

这只是概念产生含义的第一步，这个具体的概念产生，是一般的概念和更深入、更抽象的概念产生的可以自组织的模板。

荣荣说：“旅游就是在大自然中走动。”自此，荣荣不再要求读这本书了，重复读此书的过程完成了。

这里有 3 层含义：第一，兴趣是引导；第二，读书必须找到内在的感觉，包含心理过程，才可能发展到认知；第三，就是蒙特梭利说的，重复操作是儿童的智力体操。

兴趣，不仅可以将儿童的专注力牢固地聚在某一事物上，而且会驱使儿童不断重复和深入做同一件事情。就如同思维的光点，进入一个物质内在的隧道里。这种探索就如同爱财宝的人进入一个蕴藏金矿的山洞里，发现了黄金，会使人满怀喜悦，并被吸引着重复进去。每一次的进入或深或浅，但那专注的光点总是被兴趣聚在某一事件中，深入下去。专注力越久，感觉、知觉、认知越敏锐和深入，生命内在的变化就越迅速地产生着。最终，这种专注的延长终于引发了儿童生命内在的变化，儿童内在的一切都飞跃了，认知也飞跃了，意志力产生了。里面的变化在外在的彰显，就是儿童看上去安静、有序、自信、友爱。一个我们进不去的内在世界，被儿童扩展着，它看上去深不可测。

对儿童的兴趣和专注，我们必须了解它、珍惜它、保护它。

第三节　环境的真实，是儿童认知的条件

我们已经知道了认知的发展过程。

认知的深度是随着儿童年龄的增长逐渐扩展的。有一个螺旋状的认知过程，才可能接近本质。先从好像并不相关的某物开始，这是妈妈、爸爸、树、水，然后发现了彼此相连的关系，获得一个相关物，在关系的背后发现更深的秘密……最后突然顿悟了真理和法则。这个历程可能是一个缓慢的过程。

首先，环境必须是自由的、有爱的、有序的、真实的、自然的。

成人是环境的一部分，不仅是儿童的物质环境提供者，还是儿童的心理环境和精神环境。了解并成为这些环境，对于没有在其中生活过的成人是不容易的。

所以，我们需要为儿童提供的物质环境是有序的，文化环境是有序的，语言环境是有序的，心理环境是有序的，精神环境是有序的。大概前三者还容易做到，后面就困难了。要求成人做到，就是一种规则了。

让我们从“环境必须是真实的”来解释。

环境的布置是真实的，不是孩子假想的，而是孩子喜欢的夸张的动物画和色彩；教学的材料是真实的，花是真实的，不是图里的，面包也是真实的，不是用木头模仿的；没有假装的医生和过家家；老师的语言和态度是真实的，不哄骗和虚假；成人的观念和意识是真实的；呈现的文化是真实的……做到了这些，我们就没有把孩子当木偶，没有哄骗孩子。

一天，我听到走廊里突然响起“惊天动地”的哭声。也许每一个幼教工作者

对孩子的哭声都格外敏感，我冲出去，发现一个老师无措地站着，一个孩子看着，一个孩子大哭着。老师委屈地说："我没说什么呀？她不想和他玩。我只是告诉她，和别人做好朋友才是好孩子。她就哭了。"

我知道小女孩还说不清楚，就蹲下试着问她："你想和他做好朋友吗？"

小女孩止住哭，摇摇头。

我说："你感到老师强迫你了？"

小女孩释放地大哭起来。

我等待她哭了一会儿说："做好朋友，两个人都要愿意。你可以同意，也可以不同意。无论做出什么选择，你都很好。"

小女孩不哭了，想了想，没有说话，转身走了。

小男孩一直站在一边好奇地观看。我对小男孩说："你愿意选择其他小朋友玩吗？"

小男孩安静地说："好的。"说完也走了。

这个世界对于儿童来说非常简单，但同时非常本质：桌子就是桌子，不赋予其他意义；毛毛虫就是毛毛虫，不赋予其他意义；朋友就是朋友，也不赋予其他意义。它们都是原本的样子。

孩子对发生的所有的事情，就是事情本身，并不赋予其他意义。一切都如是，一切都是它本来的面目，这就是儿童对世界的认识。我是我原本的样子，他是他原本的样子，就是原本的，不用为它赋予其他意义。这就是人真正的生命状态，直接地就在本质。

而成人就不同了：桌子是红木的，价格不菲；毛毛虫是害虫，看上去有些恶心；你不和别人交朋友，你就不够好；你如果表现得不好，不表现出别人需求的样子，你就不够优秀……世界就此复杂起来，戏剧起来，本质被遮挡起来，同时麻烦起来、混乱起来。

我拉着老师的手说："今天，你必须和我做好朋友。和我做朋友，你就是一个好人！不和我做朋友，你就是一个坏人。”

老师开始不安起来。我微笑着，还是拉着她的手，不放开，等待她回味。之后，她笑了起来。我也笑了起来。

我说：“交朋友是个体的心理需要。你对她进行道德说教，那不是现实的真实。当然，长大后它就不适用了。”

儿童简单而本质，使我们向往。长大后，简单成为奢侈，因为我们不再简单。但我们情不自禁地用成人世界的观念教化儿童，让他们离开简单，走向复杂。

没有什么比这种简单更能表现出儿童的真实。

我们多数人从小就是在很多说教中长大：应当怎样，必须怎样，应当和必须去做什么。这种环境就是不真实的：一个被成人评判过的世界，不能被强加在孩子的身上。我们要准许儿童用自己的眼睛看这个原本的世界，得出的结果才可能接近真实。如同一个孩子告诉我：“我不能说，当我说出来的时候，事实就已经被扭曲了。”他使用了“扭曲”这个词，使我震惊。

首先，真实不仅仅表现在为儿童准备的环境和学习材料是真实的：鸭子不是木头的，鲜花不是塑料的，汽车不是纸的，西红柿不是图片上的。我们的环境中有一朵朵有生命流动的真实的鲜花，有真实的西红柿，有真实的汽车，有真实的动物。生命就是流动的、变化的。这些仅仅是基础，这些最物质的东西要真实是必要的，也是必需的。

其次，这些东西所处的环境也必须是真实的，那些环境中流动的观点和说法也必须是靠近真实的。到医院认识医生和病人，到土地上寻找农民，到工厂结识工人，看兵马俑认识历史……真实非常容易和人内在的生命碰撞上，也容易被儿童认可。因为躲在事物背后的本质是无形的，但在儿童那里，它比可触摸的事物更加需要真实。

没有这样自然、真实的环境，儿童的成长就只能发生在一个虚假的系统里，那其实是在浪费时光。现在在许多家庭和幼儿园里，孩子要认识的基础的物质形态的东西和流动着的观念与思维都有很多虚假。从那里迈向真实，还需要一个较长的历程。

真实的环境是儿童成长的基础。在这样的环境中，当儿童认可自己的意愿时，他就清楚了自己是如何想的；有了自由，儿童就可以马上做。这正是儿童的天性——想了，马上要做，一刻都不能等待。等待对儿童来说是痛苦的。

儿童常常善于捕捉真实。由于善于捕捉真实，儿童就善于遵循真实来行动；如果儿童行动了，真实就成为儿童自己。

第四节　意志力的产生和形成

当儿童实践了自己的意愿，内在就形成了力量。这既是意志形成的过程，又是实践意志的过程。实践了，才能发生在身上，然后在和他人疏离的空间和时间里统合出来一个独立的人，一个可以感觉到自己力量的人，一个触摸本质和法则的人，开始在这样的循环中被自己创造出来了。

儿童的意志力一旦产生，就开始选择对生命的成长有本质帮助的事物，而排斥其他无关的事情。兴趣将儿童引向了事物的内在，长久的专注将儿童引向事物和生命深处或者生命背后的自然法则，不断地选择对自己生命有本质帮助的事情，就好像儿童在高度专注中，和事物内在的或是背后的规律以及自己生命后面的顿悟不间断地谋面、会见、熟悉并相爱。一个与生命的联结发生了，兴趣度过了，选择成为儿童发展过程中最主要的核心。

选择是意志的起始。

外在世界是一个充满纷扰和吸引力的物质世界，如何在这个纷扰的世界中自然选择只对自己的生命成长有帮助的事物呢？

有一天晚上学校开会，我走进大厅，看到二年级的两个男孩在热火朝天地玩着，另一个男孩远远地坐着、看着。

我走过去关切地问：“为什么没有和他们一起玩？”

男孩抬起头定睛看着我，认真而一字一句地对我说：“我没有这种需要！”

我明白这眼神，这样的回答是不想让我再有下文而打扰他。

意志就是生命对事物法则的承诺，是对自己生命的承诺。人的生命，本来就来自自然法则，是自然法则、生命法则、事物法则，并高于这一切法则之上。人的生命蕴含着真善美的流动和转化的美妙。儿童诞生于此，靠近于此，将此人性化的过程也是法则设定的。一旦发现此秘密，人怎么可能学坏呢？发现此，就可以控制自己与此无关的行为，真正的道德就是这样产生的。

这正是精神的所在，当落脚在这一点时，自我就被自己创造出来。

知识和真理的差别在哪里？成长和被教育的差别在哪里？

一个孩子读初二。一天考试回来，他坐在餐桌上对妈妈说作文没有写。

妈妈大吃一惊，问："为什么？"

孩子说："作文的题目是《知识就是力量》，而我认为知识不是力量。"

妈妈问："知识不是力量，什么是力量？"

孩子说："对人来说，世界上只有两种力量，一种是权力的力量，另一种是内心的力量。"

餐桌上坐着4位成人和1个孩子。你可以想象，那是怎样的一番辩论，有多少教导的语言、反驳的语言……

从形而上的层面到现实的层面，"你可以写一篇《知识不是力量》的文章，也比你不写好。""它没说你必须同意啊。你可以做质疑的评论。"

从高雅的层面到世俗的，"好汉不吃眼前亏！""不写，你会被认为是你不会，或者不知道关于题目的任何信息。"

孩子没有再说话，吃完饭，放下碗，进了自己的房间。

妈妈感到不安，推开门看到孩子仰面躺在床上，满脸的悲怆。妈妈坐在孩子身边，握住孩子的手。孩子说："我知道你们都想改变我！"妈妈握紧孩子的手，为孩子直达本质的话语感到释然和难过。沉默一会儿后，妈妈说："考试成绩会影响你的自信吗？"孩子说："不会。"妈妈说："好，做你自己吧！"

出门的时候，妈妈笑着说："有一个人支持你的观点，他的名字叫斯科特·派克，他写了一本书，翻译出的书名是《少有人走的路》。他和你说得一模一样。"

这个孩子这样做必须承受巨大的外在压力，但他还是要这样做，愿意这样承受。有什么理由这样呢？他完全可以妥协，就像布鲁诺可以通过妥协而不会被烧死在罗马的鲜花广场一样，但是他们都没有，这是一样的。实际上，他们的生命对真实性、对事物法则有一个内在的承诺，这等于是对自己生命的承诺。

我相信，接受教育不仅仅是为了获取知识，为了改变生存的际遇，更重要的是为了获得真理。

你们可以给他们以爱，却不可以给他们以思想，

因为他们有自己的思想。

你们可以荫庇他们的身体，却不能荫庇他们的灵魂，

因为他们的灵魂，是住在“明日”的宅中，那是你们在梦中也不能想见的。

你们可以努力去模仿他们，却不能使他们来像你们，

因为生命是不倒行的，也不与“昨日”一同停留。

——纪伯伦

我常常在想，人类历史上那些超前于时代的伟人，他们是如何在危险、艰难和强大的势力阻挡中走过来的？我在儿童那里得到了答案：当你的生命和真理在一起时，你就容不得虚假。你的生命，你自己因为和真善美的融合，而了悟在自己的生命中，你便充满了喜悦之情，这种情怀和对真理的了解会使人拥有宏大的内在力量。这就是意志，这就是对自己的承诺。意志可以在7岁时形成，也可以在12岁以前形成……当然可以在生命的任何年龄形成。差别只是在难易上。

自由的第一个核心含义，就是自由意志。儿童可以按照自己的愿望做事、行动，儿童是自己的主人。原本儿童出生时就如此，但环境的制约使儿童脱离了生命成长之道。教育就是，让儿童在自由中逐渐恢复到天然的对事物产生兴趣的倾向。这就是教育的开始。

第五节　认知，在真实的生活中发展

认知是在真实的生活中成长起来的

者者（3 岁 5 个月）入园时年龄最小，所以从来没有在班里当哥哥的机会。有一天，他家里养的大鱼生下了小鱼。者者对妈妈说："我是小鱼的哥哥，对吗？"妈妈说："对。"

一天，瑞瑞（4 岁）和者者比个头儿，两个孩子一样高。瑞瑞对妈妈说的时候，眼睛看着者者："无论者者长多大，我都是他的哥哥。就是他变老了，我也是他的哥哥。"

者者想了一会儿，没有像平时那样愤怒，他说："我是我们家小鱼的哥哥。"

者者的意思是"我们是平等的"。者者认为人和鱼本质上是一样的（本质思维），所以他能给鱼当哥哥。

但瑞瑞立刻说："难道你是鱼？"者者径自走了。

瑞瑞的思维升级了——概念的分类思维。只有人和人之间才称兄道弟，只有鱼和鱼之间才谈姊论妹。

这种含有智能的逻辑，在儿童生活中已经自发地进行，并被儿童经历着、练习着，并将会继续深入下去。只是不要停留在权力斗争的层面，只是必须是自由的，关系才有机会流动下去、发展下去，发展出关系中的规则。

我相信这种情形是自由意识的结果，不是教的产物。

在生活中练习，儿童就等于全然地使用了认知发展的整个过程，和在课堂上的学习有着本质的不同。实际上，12 岁以前，我们都应该把孩子的学习变成一种生活，这样儿童就自发地拥有了兴趣，通过感觉、心理，直接到达认知，我们就不会犯急功近利的错误。

我们可以跳过过程直达认知吗？也可能可以，但必须成长到了青春期——大概 14 岁。

认知是在真实的生活中成长起来的，而不是被教导出来的。

者者在办公室玩，瑞瑞带着晶晶进来玩。者者非常高兴，把妈妈买的糖分享给了晶晶。这种情绪感染和食物的分享，很快就影响了晶晶，使晶晶转而和者者在氛围上成为一伙。

瑞瑞马上就敏感地意识到了这一点，他迅速毋庸置疑地建议："我们玩游戏吧！我是爸爸，你做孩子。"他拉着晶晶说。这一分配，原来关系的氛围立刻就变了，瑞瑞和晶晶成为一家人，者者被分离出去。

者者马上说："我做妈妈。"

瑞瑞说："你做叔叔，她妈妈去世了。"瑞瑞不想让者者和晶晶的关系靠近。

晶晶生气地说："我妈妈没有去世。"

瑞瑞很肯定地说："你妈妈就是去世了。"

晶晶愤怒地说："我妈妈没有去世！"

瑞瑞平静地说："这只是个游戏。"

晶晶就沉默了。

者者想了一会儿说："如果她爸爸上工地了呢？"这样说（者者自己的爸爸常上工地），者者就可以把瑞瑞支走，毋庸置疑地和晶晶在一起了。

瑞瑞马上明白了此意，他什么也没说，拉着晶晶说："走，跟爸爸走！"

者者只好悻悻地跟在他们的后面……

这是最早期的儿童人际关系智能的练习，这种发生在生活中的事情，常常是以权力斗争的模式展开的，这是一种智力游戏。所有的人际关系都是从这种斗争入场的，就像开幕式，所以它也是儿童智能练习的最好方式。我们也可以说，这是关系的初始。但如果关系不发展起来，不上升，就会遗留成成人世界的人际关系。实际上，成人世界的权力斗争只是一种比较初级的原始的关系而已。

随着儿童认知的逐步发展，认知完成了这一过程，就会上升到精神。精神是正向的，是自由的，是法则的，是真善美的。

儿童不仅在关系中发现秘密，儿童还能透过观察深入思考，发现事物背后的真相。这也是儿童智能发展的一个结果。

“爱和自由”是儿童的根基

牛牛 4 岁多时，从普通幼儿园转学来到“爱和自由”幼儿园。4 个多月的时间里，他每天都坐在院子里，基本上不从事什么活动。我们观察到，他常常是坐在秋千上，若有所思地看着远处，或是抓一把沙子，从秋千铁环的孔中，让沙子流淌下去。

中午的时候，大家都进卧室休息了，他却从不进卧室睡觉。当然没有人强迫他必须进卧室，他可以自己做主。他对中午进卧室睡觉有恐惧。他也从不进教室，他对进教室也有恐惧。当然，这也由他自己做主。他从不亲近老师，他对老师也有恐惧。当然，这也由他做主。他选择在外面，一个人待着，这也由他做主。

老师还是一如既往地表达着爱。

牛牛偶尔和小朋友来往，有时尝试着和老师有一点点往来，也由他做主。有的时候他会站在校长办公室门前，观看其他孩子进进出出，校长微笑地邀请他，他摇头。当然，这也由他做主。直到他坐在校长办公室的沙发上，一句话都不说，只是观察，校长用微笑和他打招呼……这也由他做主。

这样的状态持续了 4 个月，他只是看着，就好像他只长了双眼睛。

这使牛牛妈妈产生了巨大的恐惧，好像是彻底地绝望了。

这一天，牛牛妈妈到学校向校长诉说她的不安和害怕。她质疑，这是什么教育，什么也不学，完全的自由，她的孩子未来怎么办？自由现在变成了洪水猛兽。

很多成人认为，人只要一自由就什么都不干了！现在，一切已经被证实了，并且铁证如山！牛牛确实什么都不干了！所以，牛牛的妈妈认为，如果学校再这样不强制孩子进教室工作，那么这将是难以接受的灾难。不学习，不坐在教室里学习，对父母意味着什么呢？她反复表达着这种恐惧与忧虑。牛牛妈妈哭了起来。

牛牛进到办公室找妈妈时正遇到此情景，他就跳起来想捂住妈妈的嘴，但是他够不着妈妈的嘴。妈妈此时已经顾不得照顾他了，一边哭诉一边推他……牛牛意识到自己没法制止妈妈，就离开了办公室。

第二天一早，牛牛走进校长办公室，问校长："王老师，我妈妈昨天都和你说了什么？"

王老师说："假如你一部分时间进教室工作，一部分时间选择你喜欢做的事情，我想，这样就既满足了自己，也满足了你妈妈的愿望。"

牛牛思考了一会儿，又说："王老师，你知道我妈妈为什么变成了那样？"王老师惊讶地看着他说："哪样？"这是明知故问，此刻他们彼此心照不宣。

见王老师用疑惑的眼神看着自己，牛牛说："是我姥姥把她搞成这样的！她现在还想让我成为她那样！但是，现在她已经做不到了。"说完，牛牛转身走了，留下目瞪口呆的王老师。

王老师回过神来后来找我，我看到她的时候，她好像恋爱中的人一样神采飞扬，充满爱意地说："所有人都认为这个孩子在这几个月里什么也不干，无所事事，是一种退化和空白。实际上，这个孩子 4 个月来一直在观察、感觉、思考，他对比了两种不同形态的生存环境、文化和人，得出了他自己的答案，并且做出了一个选择。"

前所未有的自由和关爱给了孩子巨大的冲击。孩子看到了另一种世界，另一种生活方式。孩子从奇怪到适应，到放松，到进入自然状态。

等到孩子的心灵真正放松之后，他心里就会安静，头脑就会清晰，思考就会不期而至。这不仅仅是一种认识的来临，而且还从认知上升到了一种精神。牛牛不仅把两种不同的生活环境、教育模式、文化和人做了对比，他还思考清楚了，他还自然地同自己联结在了一起，他发现了蕴含在“不同”背后的秘密。这些最终都会落实在牛牛自己的身上，牛牛的生命从此开始转变。

我们知道，书本知识并不是儿童要学习的全部，有时甚至不是大部分，有时甚至不是主体。书本知识首先需要一个装载它的心情和有意装载它的大脑。这些知识在装载中必须由求知的心情和活动的大脑激活，否则就算是装进去了，那是死的，也没有用。

我们也知道，环境的差异容易启动儿童的思考功能。把思考这件事情从成人提前到童年，这才是最根本的早慧。“爱和自由”不仅是儿童的根基，也是成人的理想，而且它最重要的作用就是把抑郁变成快乐，把快乐导向精神。

一位妈妈这样对她的孩子说：“玩、玩，看你长大了干什么去，去要饭吧！”孩子和妈妈毕竟是在不同的世界里，“长大以后”对孩子来说遥不可及，他想象不出来。孩子对妈妈说：“我能感悟生活就是一种知识，我就能生活得很好！”

他们就是这样各说各的，在未来问题上，他们不可能不各说各的。

样样总是被阿姨、叔叔问：“你在那个幼儿园学到了什么？”刚开始样样不知道“学到了什么”是什么意思，懵懵懂懂。阿姨问：“学唱什么歌了吗？会背诗和数数吗？”日子久了，样样逐渐明白了这样提问的含义。

有一天，一位阿姨又问时，样样认真想了，然后回答：“我学会了调节我的情绪，还学会了和小朋友在一起玩。”妈妈和阿姨都愣住了。

事实上，由于我们习惯以现有文化的既定模式来思考，我们无法同这种在自由中成长的孩子形成一种真正的共识和互动，这就是为什么我们没有能力再去真正地了解他们。所以，在“爱和自由”这所学校里，我们需要使每一位老师、管理人员、工作人员，乃至于保安门卫，都要从意识的深处认同这样一个想法：孩子生命的成长和创造每时每刻都在发生，是他自己成长的，是不限空间、不限时间的，是不限于某一个领域的。儿童从出生的那一分钟起，学习就开始了，开始了一个自我创造的历程（除非他偏离了生命成长之路）。这样一个观念真实地进入人的身体后，逐渐内化成行为的细节，而不仅仅是一个想法（许多人想的和做的总是分离的），老师才能成为一个不限制孩子的人，成为不再使用我们自己的成长经验的人。

从自由开始做起，从自由开始改变。就这样开始。只要开始就好，开始了，我们才有机会做到。当我们触及我们内在的真实时，和孩子一样，我们成人的成长也开始了。一旦和孩子一起成长，我们也就有了希望。这是做和孩子有关的工作的最好回报。

成年以后再寻找自己，因为你有了很多附加的多余内容，所以你先要做人生的减法，减掉那些被他人添加在你生命中的东西。内在逐渐空了，精神胚胎就显现出来，成长就又开始了。当然，做减法的过程充满了痛苦。

成长，这已被我们当成一个原则，现在已经成为我们培养园长和教师的必修课。否则，我们会不由自主地产生一种要管制孩子的心态，因为这些是我们过去的成长经历，是已经习得的，是社会文化，是已经渗入我们血液中的东西。它会悄无声息、不知不觉渗透进我们正在建立的东西之中。我们会一看到孩子在教室外面就难受，就控制不住地要去说："进教室去学习！"如果是这样的一个状态，那就会破坏这个学校的文明和学校自然的景象。

所以，马斯洛[①]才说："一切罪恶，都是因为人对人的控制而造成的。"

发现逻辑，必须使用逻辑，这才叫学习

九九说："爸爸，我已经会下面条了！"

"噢，真为你高兴！告诉爸爸你是怎么下面条的？"假设九九爸爸是这样

① 亚伯拉罕・马斯洛（1908—1970），美国社会心理学家。

说的。

九九爸爸没有这样说。他可能是怕九九妈妈溺爱九九，就用了我们文化中最习惯、最常用的否定式。“文化”很厉害，它潜伏在我们的身体中，伺机而动，那种说法已经静悄悄地埋伏在我们的嘴角，总在我们不防备时脱口而出。

九九爸爸说：“什么叫会下面条，你会吃面条，就说会下面条了？”然后说：“你会把水放到炉子上去吗？”

九九这个年龄的孩子还没有能力把装满水的锅放到炉灶上。

九九妈妈说：“九九已经会操作从水开到面条熟的整个过程了。”

但九九爸爸故意不让妈妈说话，九九爸爸说：“那也不叫会下面条……”

九九着急地说：“妈妈，你别插嘴了！”

九九爸爸一直不停地说，九九也就只能听。但九九很快安静了下来，开始思考。

九九为什么思考呢？因为九九发现了爸爸的逻辑漏洞。

“你会把水放到炉子上去吗”，这里没有“下面条”的动作。“下面条”是指“全部动作”，还是仅仅指“下面条”这一个动作，还是一个抽象的能力的概括，爸爸是怎样理解的呢？

直到爸爸说：“你会吃面条，就说会下面条。那我会吃鸡蛋，难道我会下鸡蛋吗？”

这一下反驳的机会到了，因为这又是一个逻辑的漏洞！九九冷静地说：“你又不是母鸡。要不，你下一个给我们看看？”

“下面条”和“下鸡蛋”的两个“下”，本来就是两个意思！

九九又抓住了另一个漏洞：下面条是人的事情，下鸡蛋是鸡的事情。吃鸡蛋的主体怎么突然从人变成了鸡呢？

爸爸没停：“那我会吃鸡蛋，难道我会下鸡蛋吗？”

爸爸的意思是说：会吃和会下是两码事。会吃鸡蛋，不会下鸡蛋，所以呢，会吃面条，也就不一定会下面条。

九九依然冷静地说：“那你下一个给我们看看呀！”

人下鸡蛋，这句话本身就够让孩子开心了。

九九的意思是说：人既吃面条又下面条。鸡呢，既吃鸡蛋又下鸡蛋。所以爸爸自认会下鸡蛋。

显然九九还不明白，爸爸的反问句是否定的意思。

九九妈妈开始大笑起来。这真叫言多必失呀。一时大家都大笑起来。

孩子开始进入语言了。虽然她“涉语未深”，虽然语言本身博大精深，虽然语言里深藏诡谲，九九还是表现了驾驭语言的能力和巨大潜力，意思、用法、逻辑、歧义，都不在话下。

每天早晨上班，九九妈妈总是说：“快点，迟到了，打的卡是红的，要挨骂的！”这天，九九妈妈带着九九过马路的人行道。绿灯时间很短，走到中间的安全岛时，绿灯变成了黄灯。九九就站住拉了一下妈妈，示意妈妈停下。九九妈妈左右看了一下，抓紧时间拉着九九跑了过去。

过马路之后，九九说：“妈妈，刚才我拉住你，想让你停下，但你没有停下。你是想挨骂呢？还是想死？如果你挨骂了，你还有人生！如果你死了，你就没有人生了。”

孩子对交通规则的意义理解深刻，那就是生死攸关，交通规则就是人生的保障。

孩子对红绿灯的遵守有着可爱的愉悦心情。那就像一个游戏的规则，游戏之所以被孩子们喜爱，就在于其规则的规定和遵守。但是，成人就不一样了，成人更考虑实用性和现实中的变通。

孩子就是这样在发生的每一个具体的事件中建构和创造着自己的人生。

哪个孩子更聪明

每一年，幼儿园都有一次例行的卫生部门的身体检查，顺带会有一个智能测验。这一天又开始测验了。孩子们一个一个走进医务室，接受检测。

我进去时医生问我：“你们是福利幼儿园吗？”

我回答:“不是呀!”

医生这么问是什么意思?

医生说:“这么多孩子智力都有问题。我们的测验内容很简单的,其他幼儿园的小朋友都没有问题。”

我明白了,医生认为这是一所智障儿童的幼儿园。

我实在好奇,拿来那张智能检测表。那是一张画有不同生活物品的平面图,有桌子、凳子、笤帚、冰箱……有一条鱼,这条鱼被摆放在了纸的上面,看上去是被放在了空中。

当医生问孩子:“这是什么?”孩子就困惑地看着,不解地凝视着医生。医生不断地提示和启发:“想想,你们家的餐桌上、盘子里有没有这个东西?”在各种启发和诱导中,孩子们的说法各不相同,有的说:“鸟。”有的说:“飞鱼。”有的干脆如何启发也不开口。

那些孩子难道不认识那是一条鱼吗?不是。孩子们的动物知识丰富到我们不能想象的地步。孩子疑惑的是,在生活中,鱼在水中游,鸟在天上飞。即使是吃的鱼,也是放在盘子里的。这是自然界和生活中的图像。一条抽象的鱼使他们不解。一条抽象的鱼只是为了问“它是什么”这种问题的吗?他们不是被用图片教出来的。

医生和老师知道,这是智力测验。孩子们不明白这里的玄关,他们没有智商评价的需求。

我明白,医生给孩子们合格,是基于爱的照顾。医生不明白孩子这样回答的根源是什么。

用一个社会最敏感的话题来说:哪个孩子更聪明?

聪明是一种即刻的反应,是对问题的即刻的解答,还是一种分析后的回应,思考后的答案?

但我们明白,哪个孩子对内在秩序敏感,哪个孩子就会在思考中。

发现儿童的认知,会解除成人的愚蠢,会解除教育中的愚昧,也会改变我们的教育文化，会发现思维的秘密。

有一年，测验结束后，一个3岁多的小男孩问我："我的智商高吗？"

我肯定地回答："非常高！"

你一定认为这是一个善意的回答，一个积极的心理暗示。不，他的确得了高分。

4年以后，这个孩子已经7岁。有一天，他和我相处时问我："孙老师，你确定我小的时候测验过智商？"

我说："确定！"

孩子说："我的智商很高？"

我既惊讶又疑惑，说："我确定你的智商很高！"

小男孩疑惑地说："你确定小时候确实给我们测验过，而且是真的？"

我说："确定！"我不明白他要问什么。

小男孩说："可是……"他开始疑惑了。

然后他说："可是，我发现智力像人的个头儿一样，是逐渐成长起来的呀。会不会那个测验是假的？"

瞬间，我像触电了一样，起了一身的鸡皮疙瘩。我无言以对。这么多年以后，这个问题竟然再次被提起。那个测验是假的？那个测验只是表明：有事情作为工作存在着。工作不在于工作内容的意义，它的意义在于他方，甚至"智商"的存在性都成为问题。所谓"智商"，它也有可能在一开始就只是一种为了跻身经济活动的虚构。

看来生理和医学领域想简单延伸到心理和智力领域远不像想象的那样简单。

智慧没有年龄的界限

发现事情背后的本质，发现孕育在成长中的法则，也被我们在日常生活中称为"智慧"。智慧根本没有年龄的界限，成人只是更能表述而已。

有一天快下班的时候，两个8岁的男孩龙龙和洋洋（二年级的学生）到办公室找到我说："孙老师，你愿意不愿意和我们从事一次贸易活动？"

我立刻就被"贸易"这个词所吸引，忙说："愿意！"

洋洋说："我们到教室去谈，可以吗？"

看着他们认真的样子，我认真地说："当然可以！"

到了教室，我被安排在教室一张大桌子的对面，大家都正经地坐下。两个孩子小心翼翼地捧出一个圆形的铁盒，铁盒上有各种水果的精美图案。我一看，原来是平时常见的一种装白色的酸酸的糖的铁盒子。他们把铁盒放在桌上说："一宗钻石生意。"

一听这话，我就激动起来。我心想，多正规的商业谈判语言（实际上我从未有过这样的经验，完全是无知），我为他们骄傲。我好奇他们的语言，完全被吸引了。什么钻石呢？

龙龙说："你想好了吗？"

"我当然想好了，"我说，"没问题。"

洋洋拿出一张白色的纸巾，在我面前铺好。龙龙小心打开糖盒，拿出了一粒"钻石"，慢慢放在我面前的纸巾上。柔软的白纸衬托着"钻石"。

他说："看看成色如何？"

那是一小块碎的树胶，被白纸一衬，有些发黄。我说："一般，不够纯粹，也太小。"

龙龙说："是的，这是一块小克拉的钻石，纯度不够好，所以我们只要50元。"

我大叫一声："什么？50元？最多5元。"

洋洋平静而确定地说："这是南非的钻石！不是一般的石头，10元。"

我毫不犹豫地说："5元！"

龙龙说："你肯定？"

我坚定不移地说："我肯定。"

他们顿生喜悦，对视了一下，异口同声地说："成交！"

太快了——这想法在我的头脑中一掠而过。

然后，他们就把第二块钻石放在白色纸巾上，推到我面前，又开始了第二轮谈判……

每一次推过来的钻石都大了一点，当然是“克拉”数的增加。最后是一大块，“成色”也是最纯的……全部钻石买下，一共50元。

可是，在最后一刻，我还是觉得不对劲儿，就说：“不行，再加10幅画。”

他们对视了一眼，洋洋说：“你觉得自己想好了吗？”

我坚定地说：“是的！”心想：“10幅画，要画好一阵子。让他们画了画也算是有意义。”我安慰着自己。

龙龙说：“你确实想清楚了？是自愿的？”好像他们并不想欺骗我，再次让我慎重考虑。

我说：“对，必须加10幅画！”

我的话一落地，他们立刻转身从身后课桌的抽屉里拿出了10幅画，递给我。我来不及思量，悻悻地接过画，把钱给了他们。

接过钱，他们就诡秘地对视着，洋洋对龙龙说：“果然如我们所料，上当了！”

那一刻我才知道，一切都被他们设计好了，好像我每一步要说什么他们都预料到了。就像诸葛亮的锦囊妙计一样，就像特异功能预知未来一样。他们是真的设计你，而你开始时是假装的，你根本分辨不清，他们以假作真，以假乱真，以假变真，我不是他们的对手。他们就是这样使他们设计的谈判成功。

如果你不打孩子，不骂孩子，不控制孩子，你克服成人的自大，和孩子平等相处，看看那会发生什么。

老师们这样说：“不打不骂，不做权威。斗智斗勇，我们不是孩子们的对手。”

第六节　认知被局限在头脑的系统中

在我们的文化中，儿童的认知被成人和社会的教育过分夸大了。认知的作用被理解为生命的全部。过去就有“学好数理化，走遍天下都不怕”的说法，这就是一种把认知美化的表现。

首先，认知被局限在了头脑的系统中，一般和儿童的生活、身体的感觉、心理不关联，也和儿童自己的生命不关联，完全是一个从生活独立出来的书本的系统；其次，它是被教出来的，主要靠记忆，不依靠儿童自发的感觉和体验；最后，在生活中，成人和儿童的接触，大多数是成人在说教，成人天然认为自己比儿童高明。而大多数成人是在用分裂的头脑“系统教育”儿童。成人甚至根本不知道儿童的情况，就想当然地认为儿童怎么了，这种做法本身具有强制性。有时生活比教育活动本身更容易破坏儿童。

不要将儿童作为工具来驯化

明明8岁，有一天，老师无意间对明明说：“天才的品质是70%的努力和30%的天赋。你需要努力。”

明明问：“老师，只要我们努力，我们就可以成为天才？”

老师说：“如果你是天才，不努力，也无法成为天才。”

明明问：“那么，我努力了，我可以成为天才吗？”

老师说：“我不敢肯定，但至少你要努力。”

明明说：“你的意思是，我可能是个天才，也可能不是个天才，所以必须努力；如果我不是天才，努力了，也不管用。”

老师开始焦虑起来，经验告诉他，明明又要像往常一样，陷入一个逻辑的陷阱中去了。老师明白结束谈话是明智的，否则明明会像以往那样，在这个迷宫中把他逼疯，也把明明自己逼疯，所以老师说："我无法判断你是不是天才。我们不谈了，好吗？"

明明不理会，继续说："你的意思是说，你无法判断我是不是天才。这样的话，我就必须努力了，因为我不知道自己是不是天才。"

像无数次的走迷宫一样，老师开始压住自己的焦虑说："应该是吧。这句话的意思不用这样解释。我们不谈了。"

明明已经势不可当，他说："如果你无法判断我是天才，那么你也无法判断任何人是天才。那么，有没有人可以判断天才呢？"

老师不希望再这样说下去了，忙说："你看……"

明明根本不需要老师的回答，继续说："如果根本没有人可以判断的话，是不是所有的人都必须努力？"

老师开始难以忍受，说："我们现在不谈这个问题了！"

明明像一列无人驾驶的列车一样，根本停不下来。明明继续说："如果天才是无法判断的，那么只能靠努力来发现天才了！"

老师知道，自己已经阻止不了明明的"逻辑"了，因为逻辑的特点就是走到底。同以往一样，他已经无能为力了，再说自己也难以把持了，老师便不再说话。

明明继续说："如果你没有努力，那么你就根本没有成为天才的机会。"

老师在情绪上开始绝望了。

明明说："那么，当你不是天才时，即使努力了，并且加倍努力，努力了一辈子，你也无法成为天才。"

明明说："所以，你想告诉我，天才并不是重要的，核心的内容是努力才对。"

老师压抑着想要爆发的疯狂，说："我不是这个意思！"

但他还是被搅了进来。实际上，老师说什么已经无关紧要了。

明明继续说："你不是这个意思？你的意思是不是说，天才就是先天的？"明明已经不需要老师说什么了，他说："我们假设你的意思是……"

明明是一个从小就被知识驯化出来的孩子。在他小的时候，无论他发生了什么事情，不管是情绪需要被倾听，还是感觉需要被尊重，心理需要被关注和理解……父母都视而不见，他们只是用理性知识来填补，用知识把他一直武装到牙齿，使他能手持逻辑的武器，刀枪不入。当他进入思维和逻辑系统时，他就变得不可遏制、战无不胜。至于他人、环境、自己，一概不管，他只在逻辑中。

逻辑会让人清楚很多事情，因为逻辑有着理顺事物关系的功用。但儿童的生命内容不全是逻辑，儿童的成长也不全是逻辑的成长，面对世界的方式，也不全是逻辑。在儿童那里，逻辑必须和儿童的生命融合，融合了，逻辑就是对真相的喜悦追求的能力。但明明的成长是被理性与逻辑陪伴长大的，他已经无法抽身出来了。

逻辑是人使用的工具，但不是人本身。如果逻辑变成了人，那这个人就成了逻辑的牺牲品。我们可以说，逻辑是法庭和法律课堂上的宝贝、几何数学的宝贝、实验室里的宝贝、讲演的宝贝……对于儿童的成长来说，逻辑是儿童成长过程中认知发展出的一种能力，但仅仅是一种认知的能力。它应该由儿童掌握，并被儿童使用，但它不能成为儿童本身。

明明4岁时，一天，他站在阳台上，突然被停靠在社区小路边上的一辆红色的车所吸引。红色，是他当时最喜欢的颜色，他喜欢让妈妈买红色的鞋、衣服。看到下面停靠的那辆红车，他的感觉一下就集中到了那种奇特的红色上。感觉红色的激情，使明明的情绪开始变得愉悦和兴奋起来。这实际上是一种愉悦的精神感觉，在明明的内心涌动着。爸爸正好到阳台上来，明明冲口而出："爸爸，看，红色的车。"

爸爸说："那辆白色车的后面，黑色车的前面，中间的那辆车吗？"

逻辑的黑马已经出笼，急于向孩子灌输知识的机会被捕捉到了。爸爸是多么想把尽可能多的知识送给孩子！

爸爸的话一下子把明明的感觉从愉悦的精神感觉拉到了认知的层面。明明开始不安起来，说："是的。"

爸爸说："那是什么牌子的？哪个厂家生产的？哪个国家的技术？"

明明的新奇和愉快的情绪完全消失了，他说："那是一辆美国福特牌车。"

爸爸说："前面的那辆呢？"

明明说："法国的雪铁龙。"

爸爸说："后面的那一辆呢？"

明明说："大众牌，中国制造，德国技术。"

爸爸夸赞道："真聪明！没有什么车是我们明明不知道的。"

这样的赞赏平衡了明明的不愉快，明明也有些自豪起来。

爸爸又问："德国、法国在哪个洲？"

明明又开始焦虑起来，但他忍耐着说："在欧洲。"

明明爸爸丝毫不知明明情绪的变化和内心的焦虑，认知的力量盖过了情绪的力量和情绪的天然传递力。他继续问："美国在哪个洲？"

明明说："美洲。"明明期望赶快结束，但明明的爸爸从来都无法感觉到明明的心理需求和情绪变化。

爸爸继续说："不够准确。"

明明僵硬而紧张，他的头脑像电脑一样不停地搜索和运转着。

爸爸说："再想想！"

明明说："在美大洲。"

爸爸说："再想想！"

明明紧锁眉头，一会儿释然地说："南美洲。"

明明已经通过思考，或是通过逻辑思维得到了答案，或是记忆了知识，或是练习了大脑的搜索力，但父亲还是感觉不到孩子的压力和焦虑。

爸爸说："你这样不行。这是个简单的问题，只是个记忆力的培养和训练。到了小学、初中，数学、物理、化学、高等数学、微积分、逻辑推理，难度大了起来，那时候怎么办？”

明明焦虑地说：“爸爸，我可以玩了吗？”

爸爸说：“就知道玩，玩有什么出路？玩能考上好学校吗？能当科学家吗？你这个年龄，刚刚起步，一切都是好时候。爸爸像你这么大的时候，哪有你今天的条件……”

明明强行控制着自己的焦虑问：“爸爸，我可以玩了吗？”

爸爸说：“不行。我们现在先看世界地图，看看美国究竟在哪个洲，准确的命名是什么，看完了再玩。”

妈妈在一旁激励说：“我们家明明最聪明了，好好跟爸爸学！将来成为科学家。”

爸爸期盼明明是科学家，也可能他自己有一个成为科学家的梦想，现在没有机会了。

这样的期待，多多少少已经转化为好多爸爸妈妈的焦虑了。

该如何成长为科学家呢？

明明内在真实的、心理的需求持续地被忽略着，最后他自己也逐渐忽略了自己，不再知道自己究竟需要什么。他开始进入一个永不停息的系统中，在这个系统中，他发现了些许的乐趣，减轻了那种不可遏制的焦虑和坚持不住的崩溃感。他平衡住了自己，不让自己爆炸。

这就是将人作为工具来驯化。这样的成人普遍存在，不是偶然的几个人，而是普遍存在着，差别只是程度轻重而已。我们需要完整的成长。

这是一种对认知的强迫。最后，这种被人强迫的状态，内化到了明明的生命中，他开始逐渐强迫自己。他无法觉察他人，也不能觉察环境，也不知道自己内在的感觉与心理需求，这个世界只有道理和思维了。他被思维拉进了一个迷宫一样的死胡同，好像可以永远走下去……这是过激强化智力而导致的心理缺失，如同缺失心理的成长而导致智力的障碍一样严重。

这样的智力就真的超前了吗？这样就可以培养出科学家了吗？这几乎是

个天大的玩笑。但这个玩笑，却成为千百万个孩子的生活。

实际上，在我们的周围，这样长大的成人比比皆是。

这样的成人也对自己的内在世界毫无觉知，平时和孩子在一起所说所做都基于说教，进而造成了孩子的问题。这已经变成了一种代代相传的模式。

家长不能只会说“头脑的语言”

我们都知道，在儿童的正常发展中，认知的逻辑练习和逻辑游戏总是在生活中进行的。生活中的逻辑是可以让人愉快的东西。

逻辑推理的游戏很吸引人，会给人快乐和惊喜。但最早逻辑推理还没有真正被掌握的时候，会出现迷惑和迷局。

孩子是在什么样的状态中发展逻辑、提升认知的呢？我们常常发现，孩子在真正有需求的时候，父母却不曾发现，而不能提供帮助；当孩子不需要理性解决问题时，父母却用强大的理性支配孩子。这真的可以用阴差阳错来形容。

豆豆拿了本故事书，来到妈妈办公室找妈妈讲故事。妈妈拿过书开始读，读到第三页，豆豆抗议道：“你没有读‘仍然’，从头读。”

妈妈就重新读，读到第六页，豆豆着急地抗议：“要慢慢讲，你又漏读了‘但是’，还要重来。”

妈妈压着火，开始读第三遍。快要结束的时候，豆豆发现妈妈又把“摔到”念成了“砸到”。他焦虑地大哭：“又错了，还要重来！”

生命里对词语的感觉，必须通过妈妈准确的阅读才能表现出来，这是儿童内在语言发展的一个过程。儿童的内在正对话语的逻辑敏感，对话语的细微之处敏感，这明显是语言敏感期的特征。妈妈在这个核心点上不清晰。

妈妈强压怒火，开始讲道理：“你知道我是在工作！你这样严重打扰了我，请你马上离开！”说完，妈妈马上觉察到这种情绪不好，就压着内心的恼火，努力温和地说："你知道的，妈妈必须先完成工作，才能下班。如果你继续打扰我，我就写不完，就不能陪你一起回家，你肯定会哭的。你还是选择离开吧，这样我才能赶快写完，然后才能陪你一起回家，才能陪你溜冰，讲好多故事，抱你……"

豆豆非常愤怒，皱着眉头大叫："闭嘴——哼！"抓起桌上的一张白纸，一撕为二，使劲扔在地上，冲出办公室。

3 分钟后，他打了其他小朋友。

孩子热爱故事，热爱语言中美妙的转折词、动词，感受每个语词之间精微的差别。这些全部是流动体，反复地阅读能在儿童的心中建立起我们无法知道的精神结构。如果第二次诵读和第一次不一致，儿童就焦虑起来，因为建设过程不能顺利完成。这个建设总是不能完成，焦虑会变为愤怒。

和孩子在一起，大部分父母依靠头脑（讲道理）来解决问题。由于头脑中的道理一时成了主导，他们不再觉察到自己的情绪、感受、心理，还有认知，他们也不再知道孩子的情绪、感觉、心理和头脑。由于不知道这些，他们不知道可以把自己的心理和感觉告诉孩子，让孩子理解，和孩子产生感觉联结。这时，家长往往只会说出头脑的语言。孩子就一直被压抑，压抑造成对抗，最后孩子自己也不懂自己了，只是知道自己不好。时间久了，孩子长大后难免也成为这样的成人。

"头脑的沟通是语言，心灵的沟通是感受，灵魂的沟通是沉默。"这是印度的古儒吉大师所说的话，不可谓不是真理。

这让我想起埃克苏佩里写的《小王子》第十二章里的内容：

小王子所访问的下一个星球上住着一个酒鬼。访问时间非常短，可是它却使小王子非常忧伤。

"你在干什么？"小王子问酒鬼，这个酒鬼默默地坐在那里，面前有一堆酒瓶子，有的装着酒，有的是空的。

"我喝酒。"他阴沉忧郁地回答道。

“你为什么喝酒？”小王子问道。

“为了忘却。”酒鬼回答。

小王子已经有些可怜酒鬼了，他问道：“忘却什么呢？”

酒鬼垂下脑袋坦白道：“为了忘却我的羞愧。”

“你羞愧什么呢？”小王子很想救助他。

“我羞愧我喝酒。”酒鬼说完以后就再也不开口了。

小王子迷惑不解地离开了。

在旅途中，小王子自言自语地说道：“这些大人确实真叫怪。”

第七节　认知和儿童内在生命的成长

为什么说人类在生命的内在环境中还未走出我们的童年？

出生时，婴儿生命的特质是和外面的世界浑然一体，他并不知道他和他之外的世界是分离的。他用嘴唤醒手，借助手把一物与另一物分离开。在长达一年甚至更多的时间里，婴儿每天都在通过自己的身体，体验着每一个具体的“物体”，体验着这个物质世界的特质，体验着时间和空间，逐渐认识周围的环境，然后组织、整理、归类……一步步将这个世界探索得清清楚楚。

所以，每个可以自理的成人，无论走到哪里，对基本的物质环境都会认识、使用、命名，生活在其中。如果他遇到没有见过的东西，他就会好奇、探索和想象……最重要的是，人类现在普遍享受着已经创造出来的物质文明，多数人已经把自己从基本的物质的局限中解放出来。这完全有可能是人类在地球上生存得过于艰难而集中发展的结果（毕竟人类满足食物的历史还太短）。

个人的成长历程似乎蕴含了整个人类的成长历程。我们可以发现一个幼儿是如何从对这个世界的一无所知，成长到 15 岁去参加奥林匹克物理竞赛的。但对于人类自己内在的认知，却没有太大的飞跃。这个应该开始于弗洛伊德发现人的潜意识和自我的结构。相对于人类的物质生活，人类开始回归自己的内在。然而，人类探索内在的历程像孩子的成长一样，可能还未到青春期。

如果我们了解了我们内在的环境，我们完全可以像我们选房时选择环境一样，把我们的内在建造得绿树成荫、万紫千红、秋水荡漾，让它完全和永远地滋养我们，让情绪像好吃的巧克力一样，让感觉像滑软的丝绸贴近我们，让认知像哈佛毕业的一流管家一样料理得妥妥当当，让精神像鸟一样自由地飞翔。

内在就像一个家。每个人都能理解“家”的含义，尤其是当你流浪已久时，你一定知道“家”的感觉和意义。如果你就是你自己，你就回家了。当你是你内在环境的一部分时，你没有家；当你对你内在的环境一无所知，完全被外在环境所掌控时，你就是一个全然的流浪者。一个流浪者不知爱自己，就是无爱；不知用内在环境酝酿情绪和感觉滋养自己，就是无趣；不知用头脑看清里面的环境和外面的环境，就是无智慧；不知升华和享受精神，就是无自由。

家里有一个主人就是真正的自己。如果是这样，你将是多么安然。儿童就创造着这样的自己。

你自知吗？当你自知了，你就开始舞蹈、玩耍和游戏了，快乐就来了。你就不用天天在外面寻找家、寻找爱、寻找乐趣、寻找自由了。

第七章

儿童是自己精神的主人

精神生活是人类共同的嗜好，人类的核心正源于此，而儿童对精神生活尤为敏感。只是成人并没有预备这样的精神环境。我们的生活中缺少精神生活，这阻断了儿童的精神生活对自己内在精神的呼应。

第一节 儿童是天生的“精神贵族”

一个名叫托蒂的意大利小男孩有一只十分奇怪的眼睛。说“十分奇怪”，是因为眼科大夫多次会诊得出的结论都相同：从生理上看，这是一只完全正常的眼睛，但它是失明的。一只完全正常的眼睛何以失明了呢？

原来，当小托蒂呱呱坠地时，这只眼睛因轻度感染被绷带缠了两个星期。正是这种对常人来说几乎没有副作用的治疗，对刚刚出生、大脑正处于发育关键期的婴儿托蒂造成了极大的伤害。由于长时间无法通过这只眼睛接收任何外界信息，原先该为这只眼工作的大脑神经组织也随之衰退了。

小托蒂的遭遇并非偶然。后来研究人员在动物身上做了很多类似的试验，结果都一样——生命的器官严格执行着“用进废退”的原则。

儿童天生就是“精神贵族”，但如果出生后的环境是个世俗环境，他的“精神贵族”的风格和风范就会被取消。这和一出生就因轻度感染被绷带蒙住眼睛半个月的小托蒂一样，眼睛被察觉不用，它的视觉功能就被取消了。

在“爱和自由”中，儿童“精神贵族”的本相得以保留，在同样的环境、在十几年的生活中固定下来。然后，他既可以“入乡随俗”，融入传统生活样式中，还可以再回到“精神贵族”的生活中去。

第二节　儿童天然向往并敏感于精神

这是迪士尼卡通片《小鹿斑比》第二集中的一个片段：

小鹿芬丽："好精彩的故事呀！"

小鹿阿诺："哦，真的吗？"

小鹿芬丽："听起来很不可思议。"

小鹿斑比："对，太不可思议了。"

小鹿阿诺："你是说我在说谎？"

小鹿斑比："不是，没有。"

小鹿阿诺："你是想跟我打架？"

小鹿斑比："不是，没有。"

小兔桑普："打倒他呀，斑比。"

小鹿阿诺："哟，斑比，这是女生的名字吧？来呀，出招儿，我们来一场小小的友谊赛。怎么样啊？"

阿诺妈妈："阿诺。"

小鹿阿诺："来了，妈妈。"

小鹿芬丽："对，也许你应该走了。"

小鹿阿诺："我只是跟他闹着玩的，没什么。对不对呀，斑比？"

阿诺妈妈："阿诺——"

小鹿阿诺："我来啦。妈妈，我要跟你说多少次，我在交新朋友的时候，不要吵我。"

阿诺妈妈："抱歉，儿子。"

小兔桑普："你这个妈妈的乖儿子，快点回家去找你的妈妈吧。"
桑普妈妈："桑普。"
小兔桑普："来啦，妈妈。再见，斑比。"
桑普妈妈："告诉我，土拨鼠看见什么了？"
臭鼬："再见，斑比。"

这部分描写了每一种动物是如何捕捉其他动物的心理活动的，并通过心理状态的描写展示角色的特点，内容真实而显得妙趣横生。

小鹿芬丽："要不要我们送你回家？"
小鹿斑比："不，不用。我爸会来接我。"
小鹿芬丽："很高兴再见到你，斑比。"

小鹿斑比的妈妈不幸在一次猎杀中被打死（《小鹿斑比》第一集的内容）。现在，朋友们都走了，斑比孤单地卧在雪地里睡着了，逐渐进入梦境……他远远地看见了妈妈，于是向妈妈奔跑过来，母子相拥……

斑比妈妈："斑比——"
斑比："妈妈—— 我好想念你啊！"
斑比妈妈："嘘，乖，一切都会没事，放心。"
斑比："你为什么一定要走？"
斑比妈妈："森林里万物都有它的时节，一物灭亡，另一物生长。也许不是它原来的那个生物，但依旧是美好的新生命啊。"
斑比："可是我觉得好孤单。"
斑比妈妈："可是我一直在你身边啊，即使你看不见我，我就在这儿，我在这儿。"

这是一个充满爱和精神的回答，斑比妈妈在用自然法则安慰孩子："森林里万物都有它的时节，一物灭亡，另一物生长。也许不是它原来的那个生物，但依旧是美好的新生命啊。”小鹿斑比的妈妈为什么没有对自己的孩子直接说事情本身，没有说具象的事情？实际上应该问作者为什么没有这样做。作者让她深入事物的背后，深入生命现象的后面，在那个后面她找到了万物存在的法则。小鹿斑比的妈妈用诗一样的语言告诉了孩子。这就是精神。

你一定会想，儿童为什么喜欢看动画片，儿童为什么在看动画片的时候会如此投入和如此有愉悦感。这是因为好的动画片几乎是很多孩子唯一的精神生活的来源。只不过动画片所展示的精神层面各不相同，因此儿童吸收得也不同。

由于在我们文化和生活的周围，许多成人并没有成长到可以拥有精神生活的程度，这导致儿童生存的环境中没有精神生活。儿童从哪里获得精神生活呢？这个来源只能是动画片、音乐、绘画和书籍，但是最后的精神活动应该是人与人之间的精神互动。

勃纳德·利维古德[①]说：“精神总是要求实现生命的目的，它总是指向终结。在心灵中，这个目的作为一种召唤被体验到，作为一个生活计划被酝酿，或作为一种生活之路被期待。”

我把精神生活理解为儿童对真善美的了悟。

真善美就在我们的生活中。活生生的生活，我们的一句话、一种心态、一个举动、墙面的装饰……永远呈现的都是这些内容。我们的话语是直指真相还是谎言或废话，我们的心态是猥琐的还是健康的，儿童对此的敏感度高于成人。这些正是他们赖以成长的文化环境，如果不清明，那么文化就造就了人。

童童每天早晨到幼儿园，都必须从幼儿园大厅右边的楼梯上楼，尽管左边的楼梯离他的班级近，但是如果妈妈想要从左边上楼，童童就坚决反对。右边的楼梯上挂着现代派画家的画，有梵高、塞尚、高更……转过楼梯，二楼的走廊里挂着文艺复兴时期的画。童童需要每天从右边上楼，每天认真观看每一张画，一直

① 勃纳德·利维古德，荷兰心理学家和社会教育家。

看到教室里。童童最喜欢的一幅画，挂在班里，叫《宇宙元素》。有一次，老师告诉我，童童看了14分钟，然后就像美餐了一顿，愉悦地离开了。他从来没有告诉成人，他看到了什么。他用感觉，感觉着精神。这个活动持续了好几个月。

名画总是孩子们的最爱，就像那些著名的音乐一样。那里表达的，是精神；那里对话的，是精神。

精神生活是人类共同的嗜好，人类的核心正源于此，而儿童对精神生活尤为敏感。只是成人并没有预备这样的精神环境。我们的生活中缺少精神生活，这阻断了儿童的精神生活对自己内在精神的呼应。

孩子可能本来就对精神生活有着天然的精神感觉，有着天然的熟知和亲切，有着本能的嗅觉，如同植物和动物的本性。所以，我们聊天的意识和语言在什么层面、在什么精神层级，就显得格外重要了。

依依8岁，在一次音乐课上，老师给孩子欣赏的音乐是《梁祝》。依依回家后对妈妈说："妈妈，我要听盛中国拉的《梁祝》。"妈妈听完以后，忙给孩子找。交给孩子以后，孩子便坐在沙发上听了起来。听着听着，依依便躺在了沙发上。等到乐曲接近尾声的时候，妈妈走过去看女儿，发现女儿泪流满面。妈妈感到震惊，她问我："我女儿为什么哭，她真的能听明白吗？"许多成人不知道，音乐是所有现象背后的真善美，儿童是最容易听懂的。

有些孩子在认知还未成长起来时，精神的需求就开始了

早晨10点多，老师带着4岁多的朋朋和其他两个小朋友来到园长办公室，说："园长，这几个孩子今天要在你的办公室里工作，请你照顾一下。"

孩子被送到园长办公室来工作，一般都是因为发生了什么事情。

老师走后，金老师问孩子们："你们做什么了？"孩子们开心地说："我们把院子里的植物拔掉了，弄坏了环境。"

金老师好奇他们的开心，问："为什么要拔植物？"

孩子们奇怪地看着园长回答："我们要做饭呀。"

这哪里能说得通，金老师只好说："是这样？看来你们是要在这里工作了。"

几个孩子在办公室里找出一些纸，画了一会儿画，又在办公桌底下钻来钻去。教学园长哈老师看到孩子们有些无聊，就对他们说："我给你们读书吧，你们愿意听吗？"

"愿意。"

孩子们从桌子底下跳出来，哈老师从他的书架上一排成人的书籍中选择了纪伯伦的诗集《先知》，这是纪伯伦步入世界文坛之后的顶峰之作。他知道这本诗集并不适合儿童，但在那一排书里，也只有这本靠近孩子了。他忽然想知道它会给儿童带来什么，孩子们的反应会是什么。

第一首是《论孩子》，读完了一首又读了《论爱》："爱不占有，也不被占有，因为爱在爱中满足了。"然后是《论哀乐》《论法律》《论自由》（这些篇章的顺序是按当天真实发生的顺序记录的）。一会儿，其他的两个孩子陆续离开了，只有朋朋还是直直地盯着哈老师，一动不动。

听听这样的诗句：

当你欢乐的时候，深深地内顾你的心中，你就知道只不过是那曾使你悲哀的，又在使你欢乐。

当你悲哀的时候，再内顾你的心中，你就看出实在是那曾使你喜悦的，又在使你哭泣。

纪伯伦是不是让人回到自己生命的内在，以揭示人的生命和情绪的无常和本质呢？纪伯伦是一位心灵充满智慧的伟大艺术家。心灵在我看来并未有神秘之处，她就是生命的核心。把物质搁置起来，留下生命本身就可以找到她。儿童天然就是这样。

也许你问："朋朋能听懂这些诗歌吗？"我也有这样的疑问。

纪伯伦的每一首诗都不短，读完每一首诗所需要的时间也不算短，这个孩子究竟沉浸在什么里？领悟或是获得了什么？

一直读到了吃午饭时间，哈老师对朋朋说："你该吃午饭了。"朋朋这才离开。

刚吃完午饭，朋朋又急忙跑来找哈老师给他继续读诗。这一次哈老师给朋朋读了《论理性与热情》《论痛苦》《论友谊》《论谈话》《论善恶》《论祈祷》《论逸乐》《论美》这 8 首诗。当哈老师因工作被打断后，朋朋又转过来找金老师。

"金老师，你给我读诗好吗？"

"可以。"

金老师把朋朋抱在怀里，再一次给朋朋读起了纪伯伦的诗。金老师充满了好奇，这种获得精神和心灵滋养的时间实在是太长了，老师都感到疲劳了。金老师探究地问："朋朋，你能听懂吗？"

朋朋说："听不懂。"

金老师说："听不懂，还读吗？"

朋朋确定地回答："读！"

听不懂却要听，在听什么？而且时间实在是太久了。在如此之久的时间里，朋朋究竟在专注地领略什么？没有疑问，那就是感觉听懂了，心灵可以听懂了。

这一轮，金老师读的是：《论爱》《论孩子》《论自由》《论谈话》《论友谊》《论美》（诗歌的名字是按实际阅读的顺序记录的）。朋朋静静地、专注地听着……

让我们和朋朋一起分享一下这精神上的美餐——《论美》，让我们分享一下我们很多人都可能不甚理解的诗。

于是一个诗人说：请给我们谈美。

他回答：

你们到哪里追求美，除了她自己做了你的道路，引导着你之外，你如何能找着她呢？

除了她做了你的言语的编造者之外，你如何能谈论她呢？

冤抑的、受伤的人说："美是仁爱的，和柔的，

“如同一位年轻的母亲，在她自己的光辉中

“半含着羞涩，在我们中间行走。”

美能找到吗？那是在你心中引导你的东西。

美能用语言描述吗？不，如果美能被语言描述，那就不是美了。所以有人说，美是另一种语言，不能说的。但人们耐不住要说。人们想让那些语句产生一种感觉，其高度和美的感觉相当。

热情的人说：“不，美是一种全能的可畏的东西。暴风似的，摇撼了上天下地。”

疲乏的、忧苦的人说：“美是温柔的微语，在我们心灵中说话。她的声音传达到我们的寂静中，如同微晕的光，在阴影的恐惧中颤抖。”

烦躁的人却说：“我们听见她在万山中叫号，与她的呼声俱来的，有兽蹄之声、振翼之音与狮子之吼。”

在夜里守城的人说：“美要与晓暾从东方一齐升起。”

在日中的时候，工人和旅客说：“我们曾看见她凭倚在落日的窗户上俯视大地。”

……

朋朋听完这些诗，满足而平静地走了。金老师对哈老师说，这一天，她最认真地读了诗（给朋朋读过的诗都被核实过），也是她有史以来读得最多的一次。

当天放学，金老师找到了朋朋妈妈，希望她为朋朋买一本纪伯伦的诗集《先知》。朋朋妈妈惊讶自己的孩子喜欢这样一位伟大诗人的诗。朋朋喜欢这些诗，但不知道纪伯伦。

几天后，朋朋又到办公室，看到桌子上纪伯伦的诗集《先知》，对金老师说：“我家里也有这本书了。老师，我还想让你给我读诗。”

“好的，老师给你读。”

朋朋听老师答应了，赶快搬了一把椅子放到金老师的跟前，然后转身跑出去，又叫了两个小朋友一起过来听。

朋朋的椅子离老师最近。金老师读着诗，停顿的间歇，她抬头和孩子们对视，孩子们的目光宁静、透彻，似聚焦般穿透了她。金老师分享时说："我不知道那目光是什么，就像穿过我，看到了一个更深远的地方。"

在冬日，阻雪的人说："她要和春天一起来临，跳跃于山峰之上。"

在夏日的炎热里，刈者说："我们曾看见她同秋叶一同跳舞，我们也看见她的发中有一堆白雪。"

这些都是你们关于美的谈说，

实际上，你却不是谈她，只是谈着你那未曾满足的需要。

美不是一种需要，只是一种欢乐。

她不是干渴的口，也不是伸出的空虚的手，

却是发焰的心，陶醉的灵魂。

她不是那你能看见的形象，能听到的歌声，

却是你虽闭目时也能看见的形象，虽掩耳时也能听见的歌声……

如果纪伯伦阐述的是美，有一样可以证实他的诗句是真实的，那就是儿童的内心。从生命中刚刚走出来的儿童，和生命依然融为一体的儿童，正是他诗歌的镜子。在生活中，当你看到婴儿时，你可以吻他的屁股、吻他的脚丫……你忍不住就这样做了。你的内心究竟发生了什么？这就是你生活中的诗歌。只不过诗人把内在心灵的触动写了下来，你却让这种心灵的喜悦流走了，留在了你已经消失的生活岁月中。

只有儿童能完全生活在精神世界、心灵世界中。他们先满足些许的物品的需要，那也是精神发展的工具的需要，随后他们对物质世界和世俗世界就不再看见，或者不再感兴趣。

大多数成人都会为物质世界、世俗世界所烦扰。他们需求于物质世界，依赖物质世界，研究物质世界，享受物质世界，争取物质世界，分割物质世界，设计物质世界，改造物质世界，献身于物质世界。他们和世俗世界紧密相连，和他们成为朋友，和他们争战，最后不情愿地成为世俗世界的组成部分。久而久之，成人就会过于低估儿童的欣赏能力和理解能力，而过分高估自己的水平。

女王："吵什么，全是窝囊废！我还活得好好的，又没断气，你们都给我哭什么？"

青蛙："金刚葫芦娃来啦，金刚葫芦娃来啦！"

鳄鱼："跑什么！乱什么！"

女王："金刚葫芦娃就是有天大的本领，也打不过来。我已经用迷雾挡住了那蛮小子。他在那里有得瞎折腾。"

壁虎："对，这是女王的脱壳之计，我亲眼看见大王被葫芦娃打得落花流水……不，是葫芦娃把大王打得落花流水……我该死，我该死，反正大王本领最大了。"

这就是一个作者显现出的来自物质世界的声音：粗俗、慌张、枯燥、混沌和绝望。如果被物质世界锁住，人就无法成长为一个真正意义上的人，创造的可能就不存在了。

这也是直接的生存层面。当然这是断章片语，但类似的生活场景到处存在。如果我们长久地让儿童在这样的伪精神氛围中生存，儿童的精神生活没办法得到正常的回应，精神就沦陷了。

如果我们听到粗俗的话语感到不舒服，那就是你有辨别了；如果我们听到枯燥的话语感到很难过，那就是你有向往了；如果我们听到无聊的话语感到想逃避，那就是你有选择了；如果我们听到难听的话语感到挥之不去，那就是你有需求了。有一个好办法，就是你再听、再看一段喜欢的，把那份不喜欢的感觉冲掉。

孩子继续听（纪伯伦《论美》）。

她不是犁痕下树皮中的液汁，也不是结系在兽爪间的禽鸟，
她是一座永远开花的花园，一群永远飞翔的天使。
阿法利斯的民众呵，在生命揭露圣洁的面容的时候的美，就是生命。

但你就是生命，你也是面纱。
美是永生揽镜自照。
但你就是永生，你也是镜子。

如果生命的创造是一个自然的过程，是一个正常的流动，儿童自己内在的生命就自然地流动到了精神。在儿童成长的过程中，自我创造的过程就完成了一个周期。

有些孩子在认知还未成长起来时，精神的需求就开始了。孩子要求读童话，因为童话里充满着事物背后的秘密，这些秘密就是精神的内涵。

《小王子》里这样写：

狐狸说："喏，这就是我的秘密。很简单，只有用心才能看得清实质性的东西，用眼睛是看不见的。"

"实质性的东西，用眼睛是看不见的。"小王子重复着这句话，以便能把它记在心间。

"正因为你为你的玫瑰花费了时间，这才使你的玫瑰变得如此重要。"

"正因为你为你的玫瑰花费了时间……"小王子又重复着，他要使自己记住这些。

"人们已经忘记了这个道理，"狐狸说，"可是，你不应该忘记它。你现在要对你驯服过的一切负责到底。你要对你的玫瑰负责……"

"我要对我的玫瑰负责……"小王子又重复着……

如果说让科学家的心飞翔的是那些最美的科学语言，那么让儿童的心飞翔的是能和科学语言相媲美的那些优秀童话。

孩子们天然是童话。在孩子们那里，童话和现实并不被区分。童话就是孩子内在世界的风景。

第三节　走出精神，创造自我

如果儿童在身体、情绪、感觉、心理、认知的层面（我们相信直达精神的生命现象）不被阻碍，如果这些部分都可以正常地流动，或是升华，儿童内在的机制就一定会到达精神。因为只有到达这一站，人才自由，不被限制。只有到达精神，才能创造出自我。这就是人第二次的诞生，一个真正意义上的人，一个自由的人，一个不再被基础的、物质的东西所限的人。

下面这个例子即描述，通过日常的生活，经过生命的每一个过程的流动，而逐渐发现事件背后的秘密。

乾乾带着一堆玩具车到幼儿园。

小小说："你可不可以给我一辆车？"

乾乾说："可以，但你也要送我一样东西。"

小小说："我有一个变形金刚送你，在幼儿园里，你自己去找吧。"

于是，乾乾就把车送给了小小，自己去找变形金刚，找了一天都没找到。放学的时候，他着急地叫爸爸妈妈帮助找，看起来有些焦虑。妈妈问："是什么样的变形金刚？"

乾乾说："反正是一个变形金刚，我也不知道是什么，你就要帮我找！"

父母开始分头帮乾乾找变形金刚。爸爸回到乾乾身边后，乾乾平静而失望地对爸爸说："小小可能是骗我的，根本没有变形金刚。"

爸爸说："爸爸可以帮你做些什么吗？"

乾乾说："不需要。"

爸爸说："你决定以后怎么做呢？"

乾乾说:“我可以不被他骗。”

乾乾妈妈找了一圈回来对乾乾说:“老师都下班了，教室的门都关了，我只能在外面找。明天你可以在教室里面找，在寝室里找一找。”妈妈回忆他经常喜欢把玩具放在床上玩，心里琢磨着在寝室的可能性比较大，这样说服他回了家。

回到家，乾乾呆呆地坐在沙发上……是不是发生的事情就在乾乾的心里，像照片一样呈现着？乾乾沉浸在自己的心理活动之中。乾乾必须经历这样一个过程，直到可以完全捕捉这件事情在自己内在引起的各种心理活动。他必须回忆这件事情前前后后的过程。最后，他自言自语地说:“这个变形金刚根本就不存在，谁叫我相信他呢？”这是他整合出的一个结果，是认知的结果，但这个结果猛烈地撞击了他，他感到痛苦极了，说完他就哭了。他必须透过哭来释放自己的心理上被骗的感觉。事情想清楚了，但事情如何被自己转化而全然接纳，这就需要经历心理的过程。没有被全然接纳，就是心理的历程还没有完成。

由于交换不是瞬间进行的，或者说马上完成的，信用问题就出现了。

信用或诚信，是以交换为基础的商业社会里的基本规则。这个规则如此基本，以致它成为做人的标准，成为人的品格。

妈妈什么也没说，就陪着他。他哭了一会儿，很快就让自己的情绪流淌了过去。然后，他还是默默地坐在沙发上，感觉着自己的内在。他的情绪、他的感觉、他的心理、他的认知，交互作用着，彼此支持着。

第二天，他去找小小。“幼儿园里根本没有变形金刚！”小小承认了，告诉乾乾:“明天我从家里带来一个给你。”

乾乾每天都问，小小每天都承诺第二天带来，然后他们每天又在一起玩。就这样等了三天，小小都没有带变形金刚给乾乾。

第四天，乾乾生气地指责小小:“你为什么骗我？你明天到底给我拿来还是不拿来？”另一个小朋友也说小小，显然类似的事情也在他身上发生过。

乾乾每天回家都会对爸爸妈妈说："小小今天又骗我了！"说的过程实际上是一个释放、调整自己心理的过程，逐渐上升到认知的过程。

第五天一大早，一进幼儿园，乾乾就跑上楼冲到小小的书包前，打开小小的书包，发现没有变形金刚。情绪开始在乾乾的心中酝酿。然后，他推开教室的门，班里正在进行主题活动，乾乾大声地问："余老师，小小在哪里？"余老师说："不知道！"

他转身跑到楼梯口，愤怒而且大声喊着："骗子！骗子！骗子！"跟在身后的妈妈，看着乾乾喊完之后情绪流淌了过去，于是她转身走了，由乾乾自己处理。

这之后的某天晚上，乾乾终于拿到了小小送的变形金刚，在家里专注快乐地玩。

爸爸好奇地问："你已经送给小小很多个玩具了，是吗？"

乾乾说："不是送，是交换！可他每次都骗我！"

爸爸说："那你送了那么多个给他，只换回了一个？"

乾乾停顿了一会儿，平静地说："因为他家里只有一个。"

从第一天起，妈妈就开始在下午接孩子时观察乾乾（平时妈妈会习惯性地带一些食物来接孩子），看他有没有跟小小玩，带去的食物有没有和小小分享，结果发现他和小小一起玩，一起分享食物。

从事情的开始到结束，有一个多星期了，这情景一直持续着。乾乾妈妈很好奇，她问乾乾："你和小小的事情解决了吗？"乾乾很平静而确定地说："我愿意和他一起玩，但他不是我的朋友。"

乾乾妈妈感慨道："我真是很惊讶，很佩服！如果这些事情发生在我身上，我真的没有他处理得好。他既清楚事情，又会处理自己的情绪。我特别佩服他说的'我愿意和他一起玩，但他不是我的朋友'。"

乾乾透过这段经历，认识到自己被骗了。发现被骗使乾乾在心理上难以承受，情绪帮助了他，让他把这种难受流淌出去。在乾乾充分感觉了所有的事情，感觉了事情对自己的冲击后，所有的心理活动都在自己的内在酝酿、转化，然后从自己的心理上尝试着给他的玩伴划了一个类别。他区分了玩伴和朋友，实际上是整合出了自己结交朋友的部分原则。

仅仅如此吗？他还了解了自己和别人的不同，他接纳了自己和他人。接纳意味着全然地了解，这个意思是说他并不喜欢小小对他的欺骗，但他接纳小小和他一起玩，做他的玩伴。这是接纳之后的一种完全的畅通感，这就是事件背后的秘密，这就是精神。“我愿意和他一起玩，但他不是我的朋友。”这是一个完全的精神化的语言，这实际上是基于对自己和他人的了解而获得的对人性的了解和探索。这是精神落定之后，对自我的一个创造。

这个发展过程对乾乾意味着什么呢？

类似这样的一次次的完整的成长历程，自我就被一点一滴地、慢慢地、逐渐地确定了下来，孩子内在的力量就逐渐强大了起来。不仅儿童，所有人都是如此。人自我的确定，就是需要经历一次次的完整的成长过程。

完整指的是要经历一个周期，这个周期是连续的，是由儿童自己完成的，而不是被别人教出来的。乾乾的妈妈只在一旁爱孩子，倾听孩子，她给了孩子成长的空间和时间，这也意味着她保护了孩子完整成长的过程。

有一次，乾乾和一个玩伴在沙池里玩沙子。阳阳——乾乾平时的伙伴，来到沙池旁，看到乾乾和别人在玩，就说：“乾乾，你是我的朋友吗？”

乾乾说：“是的。”阳阳指着沙池里和乾乾一起玩的玩伴说：“如果你是我的朋友，你就不要跟他玩。”乾乾听完后，头都没有抬，继续玩沙，平静地说：“现在我不是你的朋友了。”阳阳没趣地走了。

乾乾能够这样回答，是基于自己已经形成的东西。他会在原有的自我上面不断地增加新的内涵，而对外在世界的认识也一步步深入、清晰和明确起来。我要再一次说，认识内在世界和认识外在世界一定是同步的。

琪琪 4 岁多时，幼儿园来了个 1 岁半的小女孩宝宝，宝宝成为很多孩子喜欢的对象。一段时间之后，琪琪脸上常挂着彩回家，妈妈问他发生了什么事情，他都不肯说。妈妈去幼儿园问老师，老师说那是宝宝挠的，还说琪琪对宝宝情有独钟。

琪琪总是喜欢用手温柔地轻轻抚摸宝宝的脸，并轻声唤她："宝宝，宝宝。"每当这时，宝宝便毫不客气地伸手抓他的脸，而琪琪既不还手也不恼火，还是一如既往地对宝宝好。

没过多久，琪琪的苦恼更多了。他喜欢跟在宝宝后面为她服务，吃完饭喜欢拉着宝宝的手回教室，宝宝的教室在二楼。而这时候的宝宝正处在走和攀爬的敏感期，所以爬楼梯是她最大的喜好。可想而知，她是坚决不会让琪琪拉的。

有一次，琪琪想拉宝宝上楼，遭到宝宝拒绝后痛苦万分地躺在地上大哭，琪琪的妈妈实在不忍心看儿子受折磨，就冲过去抱起孩子，安慰他。等琪琪不哭时，她教给儿子："把好吃的给宝宝，她就能让你拉她的手上楼！"在一旁观看的然然（5岁多一点）很同情地对琪琪妈妈说："不顶用，好吃的一吃完，宝宝就不让他拉了！"情绪刚有些好转的琪琪，听完然然的话又哇哇大哭起来。琪琪妈妈一时想不出良策，又教儿子："要不把你的车送宝宝？"

受到了鼓励，琪琪举着他心爱的车追宝宝去了。然然不以为然地看了琪琪妈妈一眼，转身走了。

半年后的一天，老师给孩子们发杧果干。宝宝站在琪琪身后快速吃完手里的那份，然后把手伸出去说："琪琪，琪琪。"琪琪面无表情地往前走，头也不回。琪琪妈妈赶紧冲过去，一把把儿子拉到旁边，悄声说："机会来了，快把杧果干给宝宝。妈妈再给你买。"琪琪抬起头，憨憨地认真说："我已经不爱她了。"琪琪妈妈惊异地问："为什么？"儿子说："因为她不爱我！"琪琪妈妈好半天没回过劲儿来。事态已经发生了变化，她还不知道，琪琪已经自己解决了问题。

晚上回家时，琪琪坐在妈妈的车后座问妈妈："妈妈，如果我爱她，她不爱我，我们能结婚吗？"

妈妈克制住自己想教导他的习惯说："你说呢？"

琪琪说："不能。"

妈妈说："对。"

琪琪又问："妈妈，如果她爱我，我不爱她，我们能结婚吗？"

妈妈又问："你说呢？"

琪琪说："不能。"

沉默了一会儿，琪琪说："应该这样，必须我爱她，她也爱我，这样我们才能结婚。"

妈妈长长舒了一口气。

这是一个孩子的婚姻敏感期的例子。你能想象婚姻的敏感期到来时，孩子们需要面对多少痛苦的情绪，需要面对多少心理的过程，需要解决多少问题，需要建立多少正确的概念，需要经历多少情感上的折磨和痛苦。这一切经历最后落脚在了一个事件背后根本的原则上：婚姻是建立在彼此相爱的基础上。这是婚姻关系的核心。

当然，这样的敏感期的故事在琪琪以后的生活中还在不断发生着，关于婚姻的概念，关于朋友的关系，还在被逐渐地延伸和扩展着。

琪琪 8 岁的时候，甜甜 8 岁半，坐在琪琪的后面。他们之间建立了非常好的友谊，彼此很默契。琪琪喜欢把自己的橡皮用小刀一块儿一块儿地削掉，所以上课时总没有橡皮。当他每次写错字要擦的时候，甜甜总是悄悄地把橡皮放在他的桌角处。

这种和谐和温馨的关系持续了几个月。几个月之后，琪琪的妈妈发现琪琪和甜甜的温馨往来不见了。妈妈问琪琪："甜甜和你是朋友，现在不和你好了吗？"琪琪平静地看着妈妈说："她和壮壮好了。"琪琪妈妈惊讶于琪琪的安然，问："为什么？"琪琪说："因为壮壮和我一样好。"

现在的琪琪已经不被这样的事情所困扰。我们并不知道这个心路历程是怎样走过的，但是我们知道这类事件在琪琪逐渐强大的自我面前，已经不再有撞击他的力量了。他的自我的一部分被这一过程建构了起来。

人，天生就对事物背后的本质有着本能的兴趣和好奇，继而对事物内在的法则的把握，有着一种发现之后的激情、兴奋和喜悦，并会产生再度发现的内在驱动力。一旦走上这条道路，无论是儿童还是成人并没有什么不同。不同的是，儿童如果不被破坏，天然就如此，因为他们源于此。这就是精神之道。

一位妈妈对我说："同事告诉我，现在社会上的骗子多，最近又发生了一些女孩受骗的事情。我回家告诉女儿，千万别受骗。女儿平静地问我：'如果我对他没有需求，他如何骗我？'一句话说完走了。我傻了，心想，这是什么意思？一会儿，我才想明白女儿的话。"

她是何时发现和如何发现这类事情发生的根本原因的？那背后还有什么秘密？

这个孩子 13 岁，在"爱和自由，规则与平等"的教育中长大，发现的能力是自然的。这就是秘密。

她已经形成了生命的自主性（不是自信）。自信不是依靠比别人强而自信，那叫战斗性。自己发现的真理，会在自己的生命里内化并牢固确定下来，这叫自信。

在自我开始形成的时候，意识就把需求与否的选择权交给了自我的理性、思想与精神，交给了自信。下面是小学六年级孩子的思想和精神，他们同在一个班里。

王北辰：生命是由时间创造的。

郭开元：尊重是不把别人看得比自己高。

张思瑶：嘲笑是拿自己的优点去衡量他人的缺点。

张思瑶：信念是无论胜败，坚持就行。

李珂：道德是展示自己文明的方式。

杨元：时间就像人类的食物，当食物吃完了，生命就结束了。

李志强：童年的经历对一个人的未来有影响，因为一个人的童年会决定一个人的一生。

第四节　与儿童共享精神生活

从1岁多开始，每个孩子都会对音乐、色彩、绘画有极高的敏感度。这个敏感度全然在于用生命感觉，那就让我们的精神生活从1岁多开始。

我们先看一天的生活。想想你自己，早晨起床后，是先拉开窗帘，还是先上洗手间？这是有很大差别的。拉开窗帘的时候，光就会进来，你沐浴着光去处理身体的需要；先上洗手间，在昏暗中你一定会昏昏沉沉。看看早晨起来你第一句话说了什么，是“赶快起床，迟到了”，还是“我爱你，新的一天开始了”。这些生活中的细节每天都在发生，它会给你的一天定一个基调。如果我们用“我爱你，新的一天开始了”来定我们这一天的基调，也许生活就真的慢慢地改变了。因为这样说跟那样说都是说，看你选择什么来创造你的生活。

现在，让我们来看看，早晨起来，我们是开始一段精神生活，还是先做家务。这是有本质不同的。这可能在漫长的童年形成孩子一生的习惯，所以音乐教育和音乐享受要在早晨开始。

早晨，让孩子在音乐中醒来，然后坐在沙发上，欣赏10～20分钟。妈妈忙着家务，听着音乐，孩子会非常安静，这段时间可以在愉快中度过，然后带着这种愉快再去做其他的事情。这就好像一天是一首交响乐，早晨的序曲要尽可能美一些。

早晨起来可以播放不同的音乐，如莫扎特的音乐作品、维塔斯的演唱会《我母亲的歌》（这是维塔斯演唱会中最好的）、帕瓦罗蒂的演唱会、安德烈·波切利的各种演唱会、雅尼的演奏会、《幻想曲2000》、《幻想曲》、夏洛蒂·丘奇的演唱会、天使之翼合唱团的演唱会、恩雅的音乐等。

播放时，你可以观察孩子喜欢什么。有时候孩子会换着看，有时候孩子会持续看一盘，可以把光盘放在那里，由孩子自己选。这样的光盘一看就是好几年，几年之后，音乐就成为孩子生命的一部分。

学会为孩子选择世界上最好的经典的音乐和演唱者，边看边听，对感觉和情绪是最有帮助的。有时候孩子会站起来，边舞动边看。我们还可以为小女孩选择世界上最美妙的芭蕾舞剧和现代舞。我们可能无法亲自看到某个人演出，但是科技帮助我们用另外一种方式享受世界一流的东西。起点就在这里，它不能低下来，因为我们的孩子就是这样子的，我们要为他们选择最好的。

我们不能把孩子交给电视机，我们的目的是让孩子享受精神生活。

我们先定一个框架。

时间	活动	内容
早晨起床后 10 ~ 20 分钟	看演唱会视频、听音乐光盘	如莫扎特的音乐作品、维塔斯的演唱会《我母亲的歌》、帕瓦罗蒂的演唱会、安德烈·波切利的各种演唱会、雅尼的演奏会、《幻想曲 2000》、《幻想曲》、夏洛蒂·丘奇的演唱会、天使之翼合唱团的演唱会、恩雅的音乐等
中午午餐时	听音乐	轻缓的音乐，如钢琴、小提琴、大提琴独奏曲
晚上睡前	阅读经典图书	经典绘本

这个一日安排大概能让孩子在一天中的不同阶段享受高质量的精神生活。

一大早起来，让音乐唤醒儿童。音乐最好是音画同步，美妙的画面伴随着美妙的音乐。如果早晨起来让孩子坐在那里，看上 10 ~ 20 分钟，你会发现儿童全然沉浸在音乐的情景中，全然感受音乐的美妙和情绪。这一天的情绪状态就在一种精神中开始了。

中午的时候，也许在外面活动了一上午，累了，到了吃饭的时候，需要慰藉和安静，我们就可以听肖邦的钢琴曲、小提琴曲和大提琴曲。这些音乐缓慢地起来，又缓慢地落下，让孩子的内心获得安慰。

到了下午的某一个时间，或许儿童需要 10 ~ 20 分钟，看看《鼹鼠的故事》或者迪士尼的经典动画片，这叫过精神生活。因为在现实生活中我们没有这样的条件，这些经典动画片会和孩子一起，让孩子享受美妙的情景、美妙的对话、美妙的画面和美妙的音乐。

晚上睡觉前，躺在床上，打开台灯，在光聚在一起的温馨的睡眠环境中，妈妈打开一本书，开始读最简单的故事。“鸟宝宝回到了鸟巢里，妈妈守着她，要睡觉了；兔子回到了窝里，妈妈抱着他，宝宝要睡觉了……”这样的小书，给孩子带来满足的爱和温馨。睡前阅读的书要选择适合孩子年龄的。

这就是一天的精神生活。

我们可以选择在墙面的某个部位挂一幅世界名画。当我们的孩子大一些的时候，我们可以买一本有关世界名画的书，或者在网上打开页面和孩子一起选择。在选择的过程中，我们就把所有世界名画看了一遍。孩子有时候会选择卢梭的画，它看上去纯真而自然；有时候会选择雷诺阿的，它看上去温馨而美好；有时候孩子会选择梵高的，它看上去充满了生机和活力；有时候会选择乔治亚·奥基弗的，她的画看上去那么充满生命的感觉……和孩子一起看的过程，就是共度精神生活。也许我们用一个月选择，接着用一个月选画框，接着用一个月选择往哪里挂，看上去哪里更美、更适合，这就是精神生活的一部分。它来自生活，不来自课堂，也不来自书本。

我们跟孩子一起选择灯和灯光，选择哪盏台灯放在哪里，光将投射在哪里，房间里放几盏台灯，黄光的感受是什么，哪盏光的上面放一幅什么样的画，给孩子的感受是什么，当夜晚到来的时候，整个屋里呈现在眼前的光是什么样子的，是否温馨，是否有美感，是否有层次。

窗帘是什么样子的，基调和屋子里的基调是否一致？镜子摆放在哪里，镜子里会反射出什么？一幅画、一束花、一个装饰物或者蓝天和绿色的植物，这些都是和孩子共度精神生活。

精神生活就是从这个时候开始的：带着孩子随着音乐在屋子里旋转，用书中的话和孩子在偶然的时候进行有趣的对话，和孩子坐在那里一起听音乐、一起看动画片、一起喝着最喜欢的饮料，两眼对视，深入地看着对方，这都是精神生活。

你过了吗?

可以从现在开始，它就是生活，是生活的一部分，每天都在发生着。

第五节　如何为儿童创造精神成长的环境

精神生活几乎是儿童天然的本能

只要环境合适，儿童就可以创造出自我。创造历程会自然地流动到精神，自我创造的过程就完成了一个周期。如果这是预定好的，就等于说人是精神的产物，人就会对精神有天然的向往和嗅觉。

有一年，幼儿园失窃，门窗被撬。社区的保安说，当晚有两个中学生在幼儿园周围滞留，怀疑是那两个中学生所为。检查失窃物品时发现，丢失的只是楼梯扶手的墙壁上挂着的一排世界名画，全是现代派画家的画。没想到偷盗者对精神产品感兴趣，大家突然有了一种慰藉感。后来幼儿园又买了新的同样的画，并用了同样的画框挂上。一个多月后，这些画再次被盗，幼儿园里还是没有丢失任何财物。

为什么这些东西对孩子的吸引如此之大？这说明一种现象，就是儿童对精神生活的渴望被长久地忽略着。我们把很多粗制滥造的画挂在墙上，听很多吵闹的“音乐”（噪声），用很多平庸和暴力的动画片替代着儿童内在的精神需求。我们用一些贫乏的东西替代着、偷换着儿童内在的精神需求，消耗着儿童生命的驱动力。不是因为儿童没有选择能力，而是因为儿童没有选择的权利。如果你可以为儿童提供更多的可选择的内容，选择更好、更有精神内涵的生活，精神生活几乎是儿童天然的本能。无须什么智力在先，生命本身即可做到。但对于很多成人和有些儿童，摆脱既成的内心环境，可能需要用很大的力量。

我家住在6楼，小熊家住在3楼。小熊八九岁了，看上去脸色不是很好，身体不够挺拔，而且有些胆怯。不知从什么时候开始，小熊和我的孩子成为好朋友了。有一天，他来我家玩。打完招呼后，他就站在那里观察我家里的环境。我没有打扰他。等我忙完事情，走到客厅的时候，发现他站在一幅画的正对面，高度专注地凝视着。那情景一眼就能看出，他把自己忘掉了。

那是一幅 60 厘米 × 80 厘米的油画，画面上，一位少女高度专注地看着膝盖上摊开的一本书。少女饱满而丰腴，由于高度专注，脸上透出一种精神之美。她身着古希腊式的白色长裙，左手托着右臂肘，右手拿着一根开着白色小花的树枝，放松地垂在下巴下。她坐在有质感的白色大理石的长凳上。在她的身边，大理石的长凳上，放着一个红色的水果。背景是夏天浓郁的植物，植物开着白色的小花。这幅画没有挂在墙上，挂在了暖气片上，在视觉上和孩子的视线是平行的。

我小心翼翼地没敢打扰他，而是一直站在旁边观察他。他看了将近十几分钟后，大概感到累了，便不由自主地坐在了身后的茶几上，继续看。我能明显地看出，这个动作是无意识的。

他打动了我，我认为这个孩子的行为反映的是所有孩子普遍的精神需求。像无数孩子一样，这个孩子的父母和老师并没有为他提供相应的精神环境，来发展孩子生命中最重要的一部分。

这次之后，小熊特别喜欢到我家来。每一次，他都要看看墙面上所有的画。他话不多，但每一次他的眼睛都被高度地使用着，好像他总也看不够。

为孩子提供良好的精神环境

在“爱和自由”的教育中，教育的基点是关心孩子的生命成长，关心孩子内心的所有，当然也包括关心孩子的精神。那么，如何把孩子生命中最美好的东西固定下来呢？这就需要学校为孩子提供一个良好的精神环境，其中之一就是小学的规则：每个月，每个孩子都将获得一个奖项。由全体老师认同，奖项的内容都是孩子生命中具体发生的表现真善美的事情。不选拔，不评选，每个孩子都有。

这让我想起前面鸭子“小强”的事情，比比因此得到了一张奖状。奖项的内容如下：

爱心奖

比比，一只无人依靠的小鸭子被你收留，你为它取了一个亲切的名字“小强”，给它喂食，给它喝水，并带它出去散步，无依无靠的小强在你的照顾下快乐地生活。

特将“爱心奖”颁发给你，让我们共同感受生命在获得爱时给我们带来的愉悦！

下面我选择几个发给孩子们的奖项，隐去真名，以飨读者。

勇敢奖

强强，有很多种行为都可以被称为“勇敢”，而当那位愤怒的老者大发雷霆时，你替大家说的那一句“对不起”，从另一角度诠释了“勇敢”的含义。人可以勇敢地面对危险或困难，却不一定可以勇敢地面对自己的错误。谢谢你用你的行为激励了我们。

我们把这份“勇敢奖”颁发给你，因为你当之无愧。

情感细腻奖

甜甜，你是一个非常细腻、善良的小姑娘。你能用心去感受每个爱你的人，也能用最含蓄和最纯真的情感去与别人相处和交流。在这一过程中，最令人难忘的是你为老师、同学制作的小手工。我想在此告诉你的是，我们都很爱你！

如果孩子们的内在品质始终受到关注，始终被大家发现和认可，6 年中的每个月都被发现，孩子的精神就会被彰显出来，整体的素质就会提升，站在你面前的孩子就是一个健全的人。

我们基本上可以从一个人的身体状态来判断人的成长。有的人看上去更趋向于物质倾向，有的人看上去更趋向于动物倾向，有的人看上去更趋向于理性倾向，有的人看上去更趋向于精神、爱的倾向。我们也可以看到一个完整的人的状态，一个强大的拥有自我的人，当然这是我们期望的理想状态。

人由于成长而存在于不同的意识层面，这才是真正地把人区分开的一个标志，而不是金钱的多少、地位的高低。这就是成长的结果。

我们同样可以看到一个物质的环境如何精神化。道理是同样的，一面完全是空白的墙和贴上一幅画的墙，可能就会不同；贴上一幅什么样的画，又有所不同；贴在什么样的位置，墙面和画的空间比例是否和谐，又有所不同……这时候，物质就在讲述着精神的故事，精神就包含在了审美中。儿童会在环境中把环境“吃”进去，并以气质的状态呈现出来。

我们前面讲到，精神的获得是透过人创造的精神产品，那是因为音乐、绘画、文学、哲学、诗歌……是纯粹的精神，我们可以过纯粹的精神生活。但是，我们生活中的一切都是我们创造的，房屋、衣着、环境（除了纯粹的自然环境外），如同窗帘的颜色、墙面的颜色、门框的颜色、家具的颜色……几乎都变成了一种意识。而这种意识或高或低，只是以不同的层面存在着。儿童无法选择地存在于这种意识的环抱中，尽可能地选择、吸取对自己的内在精神有帮助的一面。所以，为儿童提供一个更好的人文环境就变得重要了。

审美不仅是在专门的艺术殿堂里，艺术殿堂的审美是精神的表达，生活中的审美是内心不可缺少的，它屡屡发生着。在生活中的所有物品都被加载各种层次的艺术形象。在儿童的世界里，艺术品和普通的物品是一体的，不被区分的，不论是玩具、吃的东西，还是包装品。

精神建构的核心方面自然就是音乐、绘画、书籍，还有一个更为重要的是影视作品。

读书如此重要，在学校里我们把它安排在早晨的课前。精心挑选世界经典读物，那些国际著名大师的经典作品。清晨，孩子们围在老师身旁，静听老师读故事，是学校最美的场面，也是这个世界最优美的场景。这时，我们总盼望能有清晨的阳光。

为了保证孩子的精神生活，小学每天早晨也是阅读经典书籍，一读就是6年，精神在持续的环境中滋养和成长。

有时，儿童兴致来临，会在下午特别要求老师读书。

五年级的桓桓这样写道：

看一个人读些什么书，以及他同什么人交往，就可知道他的为人。因为有人以人为伴，也有人以书为伴。无论是书友还是朋友，我们都应该以最好的为伴。

我很喜欢书，但我更喜欢没图的书，因为只有这样我才能想象创造，有时它可以让我融入这个故事中去。我认为书是人们不可缺少的东西，所以我们要爱护书，把书保存好，让书永远做我们的好伙伴。

在临睡前读书，让孩子在读书中睡去，是每个孩子童年最好的回忆。孩子会投入全部精力去听妈妈或者爸爸读书，或者讲故事。

在我们的学校里，给家长发的一张阅读书目的下面，写着这样两行字："你或许拥有无限的财富，一箱箱的珠宝和一柜柜的黄金，但你永远不会比我富有——我拥有一位读书给我听的妈妈。"

因此，如果你能持续地在睡前给孩子讲故事，你就是当之无愧的优秀的爸爸或妈妈了。

语言给我们带来快乐，也会带来烦恼和压抑，那就是它反过来控制我们的时候。

我必须阐述一下影视资源的使用。

从根本上来说，除了图书之外，有一个更好的东西，那就是经典影片，尤其是迪士尼经典动画片、《鼹鼠的故事》、宫崎骏动画片……这些片子不仅有美丽的画面、动人的语言、流动的故事、经典的音乐、美好的精神……而且对孩子而言，它在视觉和听觉上更加直观。儿童在12岁以前都喜欢看动画片，这些片子直接给了孩子精神的滋养，弥补了在家庭生活里无精神生活的缺憾。只是一定要选择非常好的适合儿童的片子来看，这需要父母严格把关。任何暴力的、不宜儿童看的就拿走，孩子会在哭声中接纳。

在儿童的早期，这些精神产品都是为了建构精神结构，这是直接注入孩子生命中的东西，最后会变成孩子的品质，所以经典至关重要。孩子把这些经典“吃”进去，就转化成自己的精神架构。

如果开始的时候为儿童提供的就是经典的动画片，一旦精神被建构起来，儿童对糟粕就会拒绝了。有的孩子刚开始还不习惯，如果有爸爸妈妈陪着看，一起感受，一起分享，一起互动，很快孩子就会喜欢看了。

不知道成人是否发现，好的动画片全部都是关于心灵的片子。

12 岁以后，青春期到来，孩子自己会对那些经典大片极有兴趣。这是他们为自己寻找的精神对话，他们已经无须成人为他们提供了。他们不仅可以为自己提供精神食粮，而且还成为成人精神的对话者和分享者。

一次，我和两个男孩一起吃饭，一个是上小学五年级的男孩，一个是上初中二年级的少年。男孩要了冰激凌，少年要了咖啡。闲谈中少年说，他最近爱看经典大片；男孩说“我最爱看《101 忠狗》”，然后大讲狗狗的故事，快乐地边讲边笑……少年托着下巴无奈地听着。

两个孩子，由于年龄的不同，喜爱就不同，一个在说时脑中重现着故事的情景，他对生命的善和机智有兴趣；一个已经可以进入全然的语言谈精神了。

少年说：“你一定要把经典片和好莱坞大片区分开，不是所有的大片都是经典片，经典就是经典，那是不能比的。”他给我描述了他喜欢的各类片子给他带来的心灵上的碰触。他对我说他最喜欢的是《训练日》，因为那一天那个人真正长大了。一天的时间里那个人成熟了，世界全不一样了。我只能想象这些可能和这个小男孩逐渐成熟的内在有着联系。

3 年之后，那位对狗狗有兴趣的男孩也成长为少年了，开始看类似《训练日》的东西，开始谈精神，开始让你感觉到他的精神世界的宏大了。

孩子们的思想和精神

小学一年级

彭豪：信用是遵守规则。

宋悦生：欣赏一个人的很多优点，尊重他，以欣赏的态度听别人说话。

高行健：如果不做自己的主人，别人就成了你的主人。

李恩培：不是自己的主人就没有权利和自由。

谢雨青：朋友是非常爱我、关心我，哪怕是我犯了错误，仍然关心、爱我的人。

吴咏泽：朋友就是宽容你的人。

张元坤：自信就是自己信任自己。合作是至少两个人在一起做事情。

宋悦生：排斥就是不尊重别人和对别人不礼貌。

小学二年级

王安：隐私就是不能让别人发现或看见的东西。

王与燕：如果没有学会自我管理，会伤害别人，也会伤害自己；如果学会了自我管理，那大家就会很友好。

小学三年级

张温馨：信心可以鼓励你做完每一件事情并且做得很好。

张建强：人可以犯错误，因为错误是我们生活中必须面对的。

杨子煜：犯错误不重要，重要的是在错误中学会了什么该做、什么不该做。

赵凌凯：目标的制定和实现会让自己有成熟感和更加自信。

秦墨林：做人不能骄傲自大，每个人都有长处和短处。

小学四年级

聂宇轩：赈灾的意义是能救助生命。

薛斯良：爱是爱心、照顾，为他付出，不求回报。

第六节 在“爱和自由”中，儿童精神的成长

我一直想给“精神”一个界定。我时刻在说它，在感觉它，它是什么？

精神是隐含在表象背后的本质，本质后面的真善美。它是具有一定深度的艺术的和文字的语言，对这些艺术和语言的情绪和感觉，以及它们的凝聚、浓缩、融合、综合和内在化。

人们的精神之间有很大的差别。不同人的精神存在于不同的层面和空间，有的差别极小，有的可以说是天壤之别。电脑有语言，但我们没有对那些语言的情绪和感觉。狗和马有情绪和感觉，但是没有有深度的语言，它们只有简易的语言。

儿童不具备对自己的精神生活进行可逆性检视的能力，儿童只是精神生活本身，这正是儿童的生命特点。

九九（5岁）突然认识了许多字。一天，她读《青蛙弗洛格的成长故事》，九九读到“学会热爱生活”时，妈妈问她：“你知道什么叫热爱生活吗？”九九说：“就是热爱世界上的每一个生命！”

临睡前妈妈和九九躺在床上聊天，九九说：“妈妈，你现在跟我讲讲生命发展的事情吧。”妈妈说：“是讲你自己从哪儿来的呢？还是所有的生命，植物的、动物的，所有生命发展的事情？”九九说：“所有的。”

九九说：“说最近的吧。”

妈妈说：“所有的生命都来自他们的妈妈，妈妈身体里的一个细胞……”

九九的需求不仅仅是认知上的，此刻是精神上的。

毛毛6岁8个月。

晚饭后，毛毛和妈妈出去买第二天的早点。走到小花园，毛毛突然问妈妈："妈妈，你说，自由对于一个人是不是很重要？"

尽管毛毛妈妈不知道毛毛为何要问这个问题，但妈妈依然觉得孩子问这个问题很重要，就说："当然重要了。有一个伟大的匈牙利诗人裴多菲为此还写过一首著名的诗——'生命诚可贵，爱情价更高。若为自由故，二者皆可抛'。"

毛毛问妈妈："妈妈，这首诗说的是什么意思？"毛毛妈妈简单地为毛毛解释了一下，没想到她的脸色大变，非常认真地说："妈妈，你竟然说这是一个伟大的诗人写的，我看是胡说。"

妈妈惊讶地问："为什么？"

毛毛生气地说："一个人连生命都没有了，还要自由干什么？"

妈妈愕然了，半天没说话。

对于一个6岁的孩子来说，由于生命弱小，所以使生命生存下来是这个年龄的精神主题。在毛毛的世界里，活下来是最最重要的。这就是平时孩子恐惧并容易屈从于成人的原因。儿童的弱小所产生的本能的结果，就是为生存而喜悦、而恐惧。

***

但对于另一个孩子就不同了。奕奕10岁，在"爱和自由"的学校上四年级，他这样写自由和生命的关系：

自由和生命

当我们必须在生命与自由两者之间选择时，我们会选择哪一个呢？

天鹅路易斯选择了自由，金翅雀选择了自由，它们认为自由比生命更重要。

如果你拥有生命，失去了自由，不能做你想做的事情，那拥有生命还有什么意义呢？

如果拥有了自由，失去了生命，那如何去做你喜欢的事情呢？

有的人选择了自由，有的人选择了生命。无论选择哪一个，都是可以理解的。

我想，这个问题等我长大以后，就能够更深入地理解了。

可我相信有一种坚持是伴我永恒的——

如果我是金翅雀，我也会选择自由；

如果不能在天空中飞翔，就要在天堂里飞翔。

奕奕在理解自由和生命的关系时就更加深入，他的自我已经奠定起来，他知道了自由与生命更深处的意义。他同时还知道，对此的理解将随着他自己的成长而有所不同和更加深入。

***

一位妈妈用短信把她和女儿聊天的过程发给了我，她为女儿骄傲。这个女孩 14 岁。

我和我女儿谈人际关系，我说："妈妈很想和你谈一下关系，你是怎样看待关系这个问题的？"

女儿说："妈妈，我和你的关系是一种爱的关系，我们关系的基础是建立在爱上面的，可能我是来自你生命一部分的缘故吧。"

女儿说："你和爸爸的关系呢，你们是出于好奇对方才走到一起的，你们的关系的基础是建立在好奇对方上面。以后的生活中你们慢慢建立起了感情。"

女儿说："你和单位同事的关系是商务关系。"

女儿说："不过我觉得你如果和所有人都把关系建立在爱中，你在关系中就不会累了。"

***

一位妈妈看了一部连续剧，感慨里面的人物，就对孩子说："人性为什么这么恶呢？" 11 岁的孩子说："妈妈，你把人好的一面归入了神性，把人不好的一面归入了人性，其实它们都是人性的一部分。"妈妈不知道孩子的世界到底有什么，孩子的生命之海究竟有多么深。

我要给大家分享一封妈妈的来信：

今天在回来的路上，车上发生了一段对话，我非常非常意外，想和您、和大家一起分享。

从青岛回来的路上，我和妹妹谈论起爱的问题。我说，我对妹妹的爱是宠爱和呵护，这是不是爱？爱是什么？这时候10岁的儿子就在边上开始用他的语言和手势给我们解释爱是什么："爱不是看得见、摸得到、闻得到的什么东西，爱是一种小感觉，在心脏的位置。"然后，他用手摸了摸胸口，补充说："还有肺的位置，你把手放在心和肺的位置上，微微闭上眼睛，感觉心跳就是在爱。"

我对儿子说："你感觉一下告诉妈妈。"

儿子把手放在心口，闭上眼睛，一会儿之后，睁开眼说："感觉到了，我身体里边有一个我，还有一个我，一个我体会另一个我，然后另一个我再体会另一个我，接着三个一起体会另三个我，就有六个，这六个我再一起体会另六个我，就有十二个我，十二个我再体会另十二个我，就有二十个我（这里他算错了），一共好多我都很爱我，我也很爱很多我。"

我开始极度惊讶，就按他说的做，可是我自己做不到，慢慢地我想让他说出更多的东西来。

我问："那很多我长什么样子？"

答："每个都和我长得一样。"

我问："那你能感觉到爱妈妈吗？"

答："能。"

我问："怎么样的感觉？"

答："把手放到心口，感觉就爱了。"

再问："怎么感觉妈妈爱不爱你？"

儿子微闭上眼睛，然后睁开说："我能感觉这里和妈妈的心那里联结（这词不是我教的）起来。"

我又问："你能感觉今天妈妈上课那里有别人爱你吗？"

答："可以，每一个人都爱我。全世界的每个人都爱我。"

我问："每个人的爱会不一样吗？"

答："不会，都一样。"

又答："很多人都爱我，不过有的容易联结到，有的不太容易联结到。妞妞（指他几个月大的妹妹）最容易联结了。小孩最容易联结了。"

我彻底拜服了，在寻找自我的路上，我要拜儿子为师！

过一会儿，我和儿子一起唱歌，妞妞也在听，两个孩子乐得不得了。我感觉他们之间真的有一个联结得很紧密的场，像两个撒欢儿的精灵，肉体化下到人世间来，自得其乐。我完全不用为他们的关系担心，更不用帮他们处理，孩子自己会搞定，比我清楚着呢。而我，也是个精灵呀，只是长大了而已，哈哈。

随着孩子年龄的长大，许多孩子在交谈时，总是把谈话落脚在精神上。爱就是关注生命的成长。纪伯伦这样说：

爱除自身外无施与，除自身外无接受。
爱不占有，也不被占有，
因为爱在爱中满足了。
……
不要想你能引导爱的路程，因为若是她觉得你配，她就导引你。
爱没有别的愿望，只要成全自己。
……

12 岁，这个过程已经完成，精神成为孩子随时可以交谈和分享的内容。这自然是针对那些成长完整的孩子说的。和这样的孩子交谈，没有太多的废话，直达本质。这使人充满了欣慰，人是精神的。

***

下面的内容是一个 13 岁孩子和妈妈的精神对话。

青青 1 岁 9 个月时进入"爱与自由"幼儿园。12 年前，这个教育还未被普遍接纳，当时幼儿园的孩子很少，加上青青妈妈对这个教育的痴迷，所以青青未到年龄就进了幼儿园。自此，上完了幼儿园上小学，然后离开了这所学校，进入其他学校上初中。这一年，青青 13 岁。

这一天，青青洗完澡，正在梳头……一个精神历程就开始了。

青青和妈妈说话的过程，妈妈用手机录了下来，全文只在顺序上做了些许的前后调整。由于是说话，所以删除了重复的句子和个别的字词。

青青："身体是人的'房子'。医院是因为人的'房子'受伤了而预备的。"

妈妈："是生理的身体。"

青青："然后呢，精神病院是你的房子完好无损，不需要修补，但你的精神需要修补。"

青青："那监狱是什么人待的地方？"

妈妈："监狱里的人是他们违反了社会上的规则。这么说吧，监狱里的人是精神层面上还能够自理，但是他们是精神上的这一块儿借助他们生理上的这一块儿去伤害别人。"

青青："用'房子'攻击'房子'。"

青青："妈妈，为什么很多人，这一刻可以控制好自己的精神，下一刻就突然无法控制了？"

妈妈："这种人可能在他从小成长的过程中，受到过严重的伤害。比如说，受到惊吓、恐惧，经历了大的变故，父母压制了他的某个部分……只是人的肉眼看不到，但他自己的内心可以感受到。"

青青："我刚才在想另外一件事情，你不觉得很神奇吗？不管人还是动物，只是每个人的躯体不一样，房子不一样，有简陋版的，有普通版的，有豪华版的。人的房子属于很豪华的，动物的房子属于很普通的。"

妈妈："我觉得狮子的房子才是豪华的，有皮啊、毛啊的，而人只有皮。"

青青："像虫子那样的房子就属于简陋版的。"

妈妈："哦，你把人的房子定为豪华版的，而狮子、老虎这些动物的定为简陋版的？"

青青："不是，昆虫是简陋版的，而哺乳动物的应该算是豪华版之下的普通版。"

妈妈："人怎么能算是豪华版呢？"

青青:“人算豪华版是因为人有头脑，而且特别发达。人可以创造，只要你想到的事情，只要你花时间、想办法去做，你就可以办到，因为人有创造的能力。”

妈妈：^_^

青青:“我觉得每一个灵魂都一样，只是待的地方不一样。我在想，世界上每一个动物，身体里面都有一个灵魂，只是它们的灵魂所待的地方不一样。就好像现在社会上有穷人、平民、富人……”

妈妈:“那你认为动物的灵魂和人的灵魂能比较吗？如果你要说灵魂都一样的话，那我觉得，人的灵魂能笑，而动物的灵魂不能笑。”

青青:“人为什么能笑呢？是因为他的这个房子有这个功能。”

妈妈:“谁说的？”

青青:“像狗，它如果高兴了，只会摇尾巴。”

妈妈:“动物那个房子，它也有脸，有五官这些……”

青青:“但是它没有那种表达快乐的功能。”

妈妈:“你是说它的面部没有那个功能？是说，它要笑的话，摇尾巴就是笑了，是吧？那我想问你，人类常有的一种感受，你认为动物有没有？”

青青:“什么感受？”

妈妈:“比如说，恐惧，人和动物都有的，是吧？”

青青:“嗯。”

妈妈:“那你说，幸福感，你有幸福感吧？”

青青:“嗯，有的。”

妈妈:“那你就知道幸福感是怎么回事了。那你认为一匹马它有幸福感吗？”

青青:“可能马也在问人同样的问题呢！”

妈妈:“哦，马也在问人有没有幸福感啊？”

青青:“对啊，可能马也在想同样的问题呢！只是我们没法和马交流，不知道它到底有没有幸福感。人为什么有幸福感呢？是因为我们可以相互交流，可以相互知道对方的内心。但是，人没法和动物交流，因为语言不一样，所以不知道动物有没有幸福感。”

妈妈："那在你的感觉中，你认为动物的灵魂、人的灵魂，都是一样的？"

青青："它们都在生存，以不同的方式，过着不同的生活。"

妈妈："我不知道。我们只是在探讨。"

青青："人在这个世界上繁衍了后代，而所有的动物，在这个世界上，都会完成的一件事情，就是繁衍后代。这是所有的生命，来到这个世界上，要完成的最重要的一件事情。"

妈妈："你怎么知道呢？"

青青："这不一定是最重要的，但是绝对要做的一件事情，除了人类。"

妈妈："你为什么用'绝对'这个词呢？"

青青："因为为了繁衍下一代呀。"

妈妈："有没有不繁衍的？"

青青："人类不就有不繁衍的嘛！所以说除了人类嘛！对于所有的动物，它们都很想繁衍，可是大自然给它们设立的规则是，如果你没有办法活下去，你就没有办法繁衍后代。动物界不像人类社会这样，互相之间订立一个和平协议，不侵犯或者索取你的性命，能表达互相之间的感觉，同一个种类的人，会互相帮助；而在动物界呢，比如说小鹿、小羊、小马、小老鼠，在它们刚出生还没有抵抗力的时候，有可能会被别的动物给吃了，这样它们就没有繁衍后代的能力了。这个世界上，所有的灵魂都一样，差别不过是你所在的'房子'不一样，你也不能奢求更高的。"

妈妈："这是你发现的？"

青青："嗯。就好像那些捡破烂的人，他们住在简陋的搭起来的房子里，没法住进更好的房子，是因为他们没有能力，他们只能依照他们的基础来做他们能做的事情。动物也一样，灵魂也一样，你所在的'房子'不一样，所以它们只能依靠它们已经有的东西，来完成一些事情。它们只能待在它们的房子里面，过它们的日子。"

妈妈："你发现这些以后又发现了什么，对于你自己的灵魂这一块儿？"

青青："我发现我来到这个世界上，学习是为了什么——只是为了进化灵魂！"

妈妈："啊？你想把你的灵魂进化成什么样子？进化成一匹马？"

青青："不，我要进化得很高！其实，你学习并不是为了你的'房子'在学习。"

妈妈："哦？"

青青："是为你自己。"

妈妈："你认为你来到这个世界上是为了进化灵魂？"

青青："不是，不能说是为了进化灵魂，因为现在对于人来说，灵魂只是一个词，对于灵魂到底是什么东西，人都不知道。没人知道灵魂是什么。"

妈妈："你知道吗？"

青青："我觉得灵魂就是'房子'里管理你的……现在我如果让你描述灵魂究竟是什么，你肯定不知道。你只是对灵魂这个词有一个概念，但你对于这个词代表的东西是什么，没有一个具体的体验和认识。"

妈妈："那么，你觉得你知道吗？"

青青："我只知道，灵魂应该就是现在在主导我的思想、我的行为、我的语言、我的所有的东西的，现在我做的所有的事情都是灵魂希望我做的。现在我们做的事情，可能是因为脑细胞在活动，但是这个脑细胞，肯定还有东西在控制它，你身体里最高的，就像一个国家的管理者一样。灵魂就站在最高处，就像一个金字塔形，然后层层分级，越分越多了。当我们在一个小城市的时候，有一个市长在管理这个地方，可是我们并不知道是谁在管理市长，也不知道是谁在管理管理市长的人，更上层的更不知道，只有最高的管理者知道。我觉得灵魂就是最高的管理者吧，应该是那种关系吧。"

妈妈："你觉得最上面那个管理者就是灵魂？"

青青："对，是的。只是，它到底是怎么指引人的，没有人知道。它是怎么操控生命的，没有人知道。把人解剖了也找不到，因为灵魂只住在生命里，它已经跑了。"

妈妈："所以解剖了也找不到。"

青青："对啊！因为你的灵魂抛弃了这所'房子'，因为这所'房子'塌了，所以它去找一个新的'房子'。旧的，该拆了。"

妈妈："你说到这里我就在想，确实挺有意思，你说灵魂的这个'房子'塌了，它就再另外找一个‘房子’。灵魂在忙什么呢？跑到这个‘房子’待待，跑到那个‘房子’待待，它在忙什么呢？”

青青：“我也不知道。我只知道，人们分低级动物、高级动物，其实他们分的只是‘房子’，只是‘房子’的低级、高级而已。”

妈妈：“你是不是觉得，有的灵魂很好，而有的灵魂就不舒服，有的灵魂就很苦难。这些方面你怎么看？”

青青：“每个灵魂经历的不一样吧。”

妈妈：“那有什么办法没有？因为总没有哪个灵魂不希望美好吧？没有人愿意去过不好的生活吧？”

青青：“每一个灵魂都是独一无二的，它们不可能重复。比方，我们两个见面吧，我见的并不是你这个人，而是我们的灵魂在见面。我觉得是我们两个的灵魂在见面，并不是我们两个的肉体在见面、‘房子’在见面。然后呢，因为每一个灵魂都不一样，不同的灵魂碰到一起会发生不同的事情。就好像颜色，白色和不同的颜色放在一起会是不同的样子，对吧？然后，它们互相结合产生的东西，都是它们互相吸收彼此产生出来的。有坏的，有好的，有好看的，有不好看的。人们在一起就是不同的灵魂在一起了，互相见面了。每一个灵魂都是独一无二的，都有自己的东西，而它们碰到的不同的人、不同的事情，也会改变灵魂的一些东西。不能说是完全改变，只能说是把你的一些东西拿过来和我的结合在一起了，我就变成这个样子了。就好像调颜色，你把白色和别的颜色混在一起了，可能是个太脏的颜色，也可能是个很漂亮的颜色，就看你吸收什么，看你想结合的部分是好的还是坏的。”

妈妈：“谈到这个话题，你觉得你的灵魂想吸收什么呢？”

青青：“我的灵魂当然想吸收美好的。”

妈妈：“你能区分出来吗？”

青青：“这个就要看自己的感觉了，你得先了解你自己。就好像调颜色一样，我得先了解这个颜色配什么颜色最漂亮，这个色配那个色有可能是脏色。首先我要了解自己的颜色，再为自己的颜色选择可以配出来的颜色。我觉得呢，首先要能了解自己。每个人都需要知道自己身上具备什么和不具备什么，然后再根据自己具备的，去寻找能够让它更出色的东西；而对于自己不具备的东西，让自己去具备；不好的东西，你把它滋润一下，让它变得好起来。”

妈妈：“滋润一下？”

青青：“也是当作颜色说嘛。一个脏色，你拿去也可能调出很漂亮的颜色来。你只要找对色就行。真的挺有趣的，分高低，其实分的也许只是你所处的空间吧。”

妈妈：“灵魂，有的灵魂是美好的、智慧的、聪慧的，有的灵魂很悲伤，也很具有破坏性？”

青青：“那是因为它们所见过的东西、所吸收的东西不一样。”

妈妈：“那，那些灵魂怎么办呢？它们毕竟也存在了，到处都存在。”

青青：“它们为什么会那样，是因为它们都不了解自己，它们对自己都不了解。这么说吧，没有自我，不懂得自己，盲目地从别人那里索要、索取一些东西，然后放到自己身上，就全都变乱了。”

妈妈：“妈妈刚才听到你说自我，你是怎么理解自我的？”

青青：“自己就是自我，我觉得自我就是比自己本身更加本质的一些东西。自我就是你自己的、别人身上根本没有的东西。”

妈妈：“哦，别人没有的，而你自己具有的东西就是自我。”

青青：“嗯。”

妈妈：“你的这个表达就是说，要了解自己哦。”

青青：“我觉得要了解自己，然后找对了，你就会变得更好；但如果你找错了，为什么很多人都变得很坏呢，就是因为他们不了解自己。”

妈妈：“才会那样哦。”

青青：“嗯。当你不了解自己，然后又从别人那里随便地索取一些什么的话，可能会变好，也可能会变得很差，就看你的运气了。”

妈妈：“呵呵，就看运气了。”

青青：“嗯，你不能随便拿过来看看，好看了就好看，不好看就算了。”

妈妈：“你今天怎么忽然想到灵魂的这件事情？是不是你正在思考这件事情？”

青青："没有。是洗完澡，照镜子的时候，把头发扎起来了。然后，我忽然想到，我为什么要扎头发呢？我为什么这么在乎我的样子？为什么我要花这么多工夫打扮我的这个肉体、我的'房子'？我的'房子'已经是这个样子了，不管怎么打扮，它都是这个样子，我不能对它奢求什么。突然就想到，这个'房子'到底是怎么回事啊？我为什么会有这样一个'房子'呢？我想到这个，想、想、想、想、想，然后不对了，这就扯到灵魂了。这个灵魂是怎么回事呢？然后就想问问你。"

妈妈："你问的这个问题正是现在妈妈在这里做的一件事情。我们在做的，是你拿不出来，但是能够用生命感觉到的事情。在幼儿园里面我们要面对孩子，你比如说，'尊重这个孩子'是拿不出来的，但是你能感觉到……"

青青："其实，妈妈，你知道不，为什么你们总是说孩子是最美好的？可能就是因为，当一个灵魂进入一个新'房子'，从零开始，它是绝对的、纯粹的、干净的……嗯，拿颜色来说吧，就是这个时候它是绝对漂亮的。"

妈妈："就是完美的。"

青青："你为什么要说关注孩子，就是因为他们一切都从零开始，一切都是最美好的。随着他们慢慢、慢慢地长大，他们接触的东西不一样，碰到不同的颜色，配到自己身上就会不一样，慢慢、慢慢地，他们身上的颜色可能就不像以前那么漂亮了。有丑的，也有漂亮的，就是这样了。有些孩子，你们现在说他们发展得好，就是因为他们身上的颜色还是很漂亮的。"

妈妈："美好的。"

青青："有些孩子可能从零开始的时候就慢慢走向负数了，接触的可以加分的东西太少了，他也就只好那么走下去了。"

妈妈："这也是这个世界上人们一直在探索的一个问题，你是怎么知道的？"

青青："我觉得我上辈子是一匹马。"

妈妈："上辈子是匹马？是吗？"

青青："嗯。因为我现在极爱马。我都不知道为什么我会爱马爱得这么执着。一般人喜欢什么都只是一年、几个月、几个星期的事情，而我喜欢马都已经快10年了。"

妈妈:“你上辈子可能是一匹特别美好的马，是那些马里面灵魂最美的那匹。”

青青:“我上辈子肯定是匹马，否则我不会这么喜欢马。”

妈妈:“为什么是这样呢?”

青青:“我现在幻想哦，好像通关一样，要有一张通关卡。就好像我积到一定分数了，时间也到了，我的分数积够了，我就可以拿着这张通关卡往上走了。”

妈妈:“人就变成神仙了?”

青青:“对，我就拿着这张通关卡往上走。如果积分标准没有到，你就要下去，从下面一层再来过。”

妈妈:“呵呵，你再回去当马去?”

青青:“准确说吧，我觉得进化不仅仅是灵魂的。人有钱了，有地位了，就会有好的住处。而灵魂也一样，地位高了，就会有好的‘房子’。每个人的灵魂都一样，但可能每个灵魂的境界不一样。就好像你同样是人，但赚的钱不一样，住的地方不一样。而灵魂就好像分数不一样，你那个分数可能只能当一只老鼠，只能拿一只老鼠当‘房子’住;而人呢，可能灵魂的分数够高了，就住进了一个人的躯体当‘房子’。而神仙呢，就是赚大笔钱的人，买得起神仙级的‘房子’了。”

妈妈:“那你下次拿你的灵魂买一个什么样的房子?”

青青:“我下次当然想当神仙。”

妈妈:“呵呵，因为你已经不知道比神仙更好的是什么了哦!那你要拿什么资本来买呢?人民币?”

青青:“当然是拿我赚的分数喽。”

妈妈:“分数?你是玩什么打的分数啊?”

青青:“我是自身打的分。”

妈妈:“自身打的?”

青青:“嗯。当我不会因为任何的事情陷进去时，当我能够很清楚地明白这件事情的源头时，那我就算能够给自己加一分;但我如果因为这件事情完全地陷进去了，被它完全地缠绕、困扰了，就因为它，浪费了我很多加分的机会的话，我就自己扣分。”

妈妈：“哦，你是用这个标准来打分啊？好！真好！”

青青：“妈妈，我觉得人的这种感觉，就像幻想一样，也许，让我写的话，我可以写出来的。”

妈妈：“妈妈想让你写出来的，真的，今晚的交流给了妈妈很多启发。”

青青：“嗯，启发是，人是要积分的，积分不够了你就要当哺乳动物，哺乳动物你要再当不好就要当两栖动物，再不行可能就要做虫子。然后哺乳动物还要分呢，分‘大房子’‘中房子’‘小房子’，就好像富人里面，还要分亿万富翁、千万富翁、百万富翁……”

这是13岁孩子在日常生活中所从事的精神活动，她在探索自己生命的世界。我知道青青没有宗教背景，仅仅是基于对自己生命的好奇。

对于青青来说，这并不是她常常要思考的问题，而是一次偶然的和妈妈的对话。所以我很难分辨这是思考的产物，还是对自己生命体验的感慨和了悟。我们无从知道。但是这个孩子关心这些，是基于她想知道表象后面的本质。

人们同样也会用这种思想方法来感觉或者假定灵魂。那么，灵魂只是一种设定的辅助的概念的存在？或者如果它不是实体就应当否定？我们为什么好像必须使用这个概念呢？那是指什么呢？

第八章

精神胚胎的引领

只有把精神胚胎作为起始和基础，并由它引领，人才有可能创造出自我，成为完整的人。人依靠内在的指引，就不会偏离成长之道。

第一节　精神胚胎

精神胚胎可不可以引导我们去求解儿童成长的秘密？

当然可以，因为精神个体、自我是由精神胚胎引导发育起来的。

什么是精神胚胎

“精神胚胎”的概念来自玛利亚·蒙特梭利的教育理论。蒙特梭利说：“人类具有一种双重胚胎的生活。一个是在出生以前，与动物相同；另一个是在出生以后，只有人才有。漫长的人类童年使人与动物完全区分开来。”她认为这个在人类出生时就具有的精神胚胎，必须在出生后 0 ～ 6 岁来形成和展开。

胚胎的本意是指一个能生长成为某个复杂成体，但还没有任何直观显示的简单生命体。那是一个具有确定生长未来、生长趋向与生长密码的生命体。精神也像生理一样。婴儿作为一个精神体在成长的一开始就已经决定了，精神胚胎决定了它将是或者说将成长为一个精神个体。

植物的胚胎生长出植物，大豆种子生长出大豆；哺乳动物胚胎生长出哺乳动物；人的胚胎只生长出人。精神胚胎创造出不同状态的精神体，一个精神胚胎将创造出一个独一无二的精神个体。

我们开车行驶在大路上，旁边绿油油的千顷波涛、万顷波浪都是麦子，几千万株，来自同样的胚胎：麦种。隔着一条道路是我们常来的植物公园，一万种植物混合生息，各自生长，邻里相伴，那是各种各样植物胚胎的结晶。

身体胚胎的成长相对比较简单，只需按照胚胎中的密码成长为成体。一粒豆子的种子只需按豆子的密码长成，一只兔子的胚胎只需按兔子的密码长成。

对于人，生理胚胎的环境差别是比较小的，那环境就是母亲的子宫，通过调整子宫和母体的营养分配，胚胎生长所需的温度和营养等可以始终处于理想状态。所以，在子宫中影响胎儿的，主要是胎儿的基因和母亲的情绪。

但精神胚胎的环境千差万别，那比生理胚胎的环境差异要大得多。人类的生理胚胎必定生长为婴儿，婴儿之间的生理差异不比两种狗之间的生理差异大。但精神胚胎就不同了，成长以后的差别可能非常大，可能超过爬行动物和哺乳动物的差别，超过鸟类和海洋动物的差别。这是因为精神环境的差别巨大。

精神胚胎的成长和环境有关。精神胚胎指向成长敏感点，它受到当时外在条件的影响。每一个人都有不同的经历、经验和生活史。转瞬即逝的眼见耳听、根本没注意的观念和思想，路过看到的风俗，都是精神变化的信息源。感觉能力、言语能力、逻辑能力、抽象能力、记忆能力、注意能力与身体相关，因而在形式上是共同的，是精神胚胎可以确定的，但强度和作用、现场回应力又受经验影响。精神的差别之大堪比动物界的差别，从弱到强，从简单到丰富、到复杂，形形色色，千差万别。人类包含了所有生命成长因素，并超越了它们。

精神胚胎人性化

只有把精神胚胎作为起始和基础，并由它引领，人才有可能创造出自我，成为完整的人。人依靠内在的指引，就不会偏离成长之道。蒙特梭利说：“人教育人，整个人类的水准都会下降。”

儿童不停生长的身体、情绪、感觉、心理、认知和已经成长了的精神是精神胚胎成长的内部环境。小托蒂的眼睛一段时间没有启用就被大脑放弃了，大脑很多功能如果不启用也会被心理放弃。内在的各部分发展不好也直接影响精神胚胎的破译，它们都是精神胚胎成长的内部环境要件。内在的要件越完整，使用越充分，精神胚胎就实体化得越好、越完备。

儿童开始没有自我，但他有精神胚胎，他靠精神胚胎的指引成长。这时候，所谓“做自己的主人”，就是由精神胚胎做主。

在精神胚胎的引导下，外在环境引发了儿童内在环境的发展。儿童经过身体的发展、情绪的发展、感觉的发展、心理的发展、认知的发展，最后精神到来。儿童一直创造着自我，建设着自我，形成着自我。这是一个基本的完整的人的状态。

精神胚胎就是精神的本体。所有的法则都蕴含在事物的深处、关系的深处和背后，这个法则就是精神。

儿童会走入事物中，走入关系中，历经一个内在的过程，走进并发现和触摸这些法则和精神，触摸到的一瞬间，就和内在的精神胚胎相遇了，这个精神就成为自我的“食粮”，精神胚胎就实体化了，精神胚胎就人性化了，精神胚胎就落地了，自我就成长了。自我是精神胚胎在成长中的转化。

自我形成后，在自我的引导下，实现自我，完成自我，完善自我，穿越自我，与道合一。这是成长的完整。

精神胚胎人性化或是实体化，精神胚胎指引儿童成长，不仅表现在儿童成长的法规和内驱力外显的行为上，也同时表现在儿童在一件事情的周期完成后而获得的一个精神的落脚点上，这就是对一切事物背后本质的真善美的了悟。基于这一点，儿童的生命内在总有一种要求实现自己生命目的的动力。这种动力会促使儿童发现外在的世界，也会发现自己的内在世界，彼此交替和联结，并投射到儿童成长的体验和需求中，最终落实在儿童实现形成自我的目的上。

如果儿童不在身体、情绪、感觉、心理、认知的层面出现障碍而导致成长被耽搁，如果这些部分都可以正常地流动或升华，儿童内在的机制就一定会到达精神。因为只有到达精神，才能到达对真善美的了悟，人才自由；只有到达精神，才能创造自我。这就是人的第二次诞生，一个由于精神而真正自由的人。

儿童成长的过程，就是将精神胚胎人性化的过程。

理想的精神在理想环境下成长

精神胚胎的成长结果极其复杂。长成的精神状态依时代不同而不同，随着时代的发展，差别时间越来越短。过去曾以千年计，后来以百年计，后来以几十年计，后来50年、30年。所谓“代沟”，当是25年左右，现在有说10年之代沟，又有说以5年计，甚至有人说高中生和初中生都有代沟。精神胚胎自身极可能也是生命进化的产物，是人类意识或是精神持续进化的结果。

很多精神胚胎中途停止成长，因为它的环境是不确定的、不稳定的。我们的生理胚胎很少中途停止发育，因为它的环境是确定的、稳定的甚或理想的，所以它能成长为一个生理上完整的人。人类的生理胚胎生长时曾有类似鱼的阶段，那时如果生长停止就终结为鱼了；还有类似兔的状态，也可能停止为兔。在这个意义上，很多动物的身体就像是人类身体成长中的阶段或片段。

但是，很多精神胚胎都中途停止生长。不是少数，是很多。内在的部分残缺，他们达不到精神的完整，从而无法实现完整的人的目标。

完整的人的完整成长，就是不停顿、不终止地成长，直到完整。这个过程是一生的，甚至不止一生。人是未完成的，又是可以完成的。当他成长到精神接近完整的时候，相对于中途停止的人们他就是完成了；但他若不满足自己，若不愿意继续成长，那他就还没有完成；如果他愿意继续有一个大的改变，或者愿意有一个根本的改变，甚或愿意换一个完全不同的自己，那他就是完成了的没有完成，或者说没有完成的完成。

显然，理想的精神是在理想环境下成长起来的精神。这个理想环境应当维持到底。但在现实中，我们不可能做到这一点，我们能做到的只是接近理想的精神，实际上也就是让精神胚胎的成长环境尽量接近理想的环境。

接近理想的精神状态只是现实精神的一部分。

在儿童的生命系统中，最珍贵的部分就是精神胚胎。这个词真是太形象了，它似乎有一个专职的工作：引导儿童成长，不断创造自我。儿童的成长完全依赖于它，它是觉察、不断成长、创造自己的根本来源。如果人一生与它相伴，他的成长将完全可能是永无止境的，那将是多么惊人的事！

当自我形成、精神胚胎完成自己的任务以后，就把引导的任务交给了自我。一个健全的自我，仍然可以引导这个人继续成长，精神胚胎就成为完全的生命能量的来源、智慧的来源、创造的来源、觉察的来源、爱的来源、慈悲的来源，以及与更大能量联结的来源……

梭罗说过：“虽然我不相信，没有种子的地方会有植物破土而出，但是我相信，每颗种子里面都有强烈的信念。若能让我相信你有一颗种子，我就期待奇迹的横空出世。”

每一个孩子都有可能是这样创造的奇迹！只要他按照精神胚胎成长的方向正常成长。蒙特梭利说：“如果一个人曾经是完全的儿童，他就能成为一个均衡发展的成人。”

当然，人可以被外在的人强制指引而成长，与精神胚胎断裂开而成长为一个受外力支配的人，我们称为“小我”。

第二节　无与伦比的觉察

觉察是精神胚胎所具备的一种天然的境界。这种境界是生命之河带来的，在儿童时期是一种生命深处不断觉醒的智慧，它会帮助儿童不断推进自我而达到一种永无止境的创造中。

觉察可以让你瞬间豁然开朗，它像是静候在生命深处或者作为你的背景存在，成为你生命内在身体的、情绪的、感觉的、心理的、认知的、精神的旁观者，并突然就会让你跳出自己，有一种跳出自己看自己的发现和惊喜。

觉察永恒地存在着。

它关注并突然停留在你生命内在的某一个点上，瞬间你醒悟了。只要你一生能保持这种生命的特质，你就一生都在创造着自己。所以，觉察就变得非常重要。

觉察和感觉不一样。觉察瞬间完成，感觉可以长久进行；觉察是突然跳出自己、了悟自己，感觉是沉浸其中充分地熟知它；觉察是一种生命的高度警觉和关注，感觉是生命的高度融入。儿童的觉察天然存在，其觉察能力远远高于成人。

在孩子们演出时，有些孩子要远远地站着看，他们不靠近舞台，不会站在舞台上，还需要父母陪伴在一旁看，他们更像是旁观者。有些孩子愿意参与，但站在舞台上情景便不一样了，哭的哭，跳的跳，不跳不哭的，便站在台上一动不动。观察他们，你会发现，有的孩子在觉察着外在世界发生了什么，以及这给内在生命带来的变化。觉察发生后便是长久地感觉。有的孩子往台上一站，内在瞬间变化了，便高度觉察着自己的内在，无暇演出了。很多父母不准许这样的觉察发生，也不准许儿童进入感觉中，不给孩子觉察的时间和空间。时间久了，这种觉察就被破坏了。

一个在爱、自由、规则的环境中的儿童，长久地高度放松，并对自己的生命高度敏感。这种状态下，觉察的能力会得到非常好的发展，并成为习惯。在压力、紧张、紧迫的环境中，儿童会把注意力高度集中在防御上，对自己生命的内在就不敏感了，麻木之后，这种生命的智慧就被隐蔽了起来。

儿童无时无刻不在觉察着自己，觉察着这个不断发生着的世界带给自己生命的变化。和成人觉察的不同在于，儿童就是觉察者本身，而成人却可以抽身出来，作为自己的观察者而存在，并清晰自己在觉察。

今天，在心理学界，尤其是在心理治疗中，先要做到的应该是提高人的觉察能力。宗教界的实修要学习和练习的也是觉察。那些凡是帮助生命改变和成长的学科无不是让你首先找到自己内在觉察的能力，似乎觉察是生命成长的必备工具。

实际上你就是觉察，那是你真正的存在。如果你成为这样，你就进化为真正的自己。

婴儿可以从一个一无所知的状态成为任何可能，因为人的生命内在存在着一种智能无限的协助工具，那就是觉察。觉察是生命拥有的一种天然能力。

如果觉察不被破坏，人的生命会被自己永无止境地创造下去。

可惜，大部分人的觉察力在成长的过程中，都被毫不留情地抹杀掉了。

第九章

自我创造的历程

自我对人意味着什么？意味着自主、自我价值感、意志、自律、独立、自爱、力量和完整的、统一的内在管理系统，意味着创造的天赋，意味着与真善美同行，意味着拥有和生命系统联结的机会。

第一节　自我的萌芽："我的"便便是我的

新生命是一个精神的存在

蒙特梭利这样说："儿童通过自由支配自己的身体和行动而获得尊严，通过自由使用其选择能力而获得意志上的独立，通过没有干扰独立工作而获得思想上的独立。"

如果我们用肉眼看，儿童只是一个一无所有的小身体。但在这个小身体的后面，我们可以看到，新生命是一个精神的存在，在这个精神体里蕴藏着自然的法则。

如果我们相信，世界是以能量存在的，能量是以意识（或是精神）存在的，相信这一点，对我们了解儿童非常重要。

婴儿从出生到2岁，几乎或者完全是一个精神（意识）体，并与这个精神浑然一体。他还不能把自己从这种精神意识中分离出来，还带着在妈妈腹中共生的生命意识。儿童在视觉上和周围的一切是一体的，身体感觉是一体的，情绪是一体的，感觉是一体的，甚至在心理和认知上都无法分离，因此与人的关系上也是一体的。

对于一个还和万物浑然一体的婴儿来说，他没有"我""你""他"的概念，也没有"我的身体、情绪、感觉"的概念，全然没有，都是浑然一体的。婴儿不仅与母亲"共生"，与周围的一切"共生"，也与自己"共生"。

而这个物质的世界却是完全的分离状态，所以儿童必须在成长的历程中逐渐地把自己所有的部分同周围的一切剥离开、独立出来。分离的状态一定是有时间和空间的，所以儿童在自我创造的过程中，就必须把自己放进时间和空间的数轴上，他才容易把握这个物质世界每一个物质体的方位。

一个预定好的生命密码，在某个年龄阶段，在某个合适的事件中，就碰撞到了，奇妙地和自己内在的生命产生了联结……一切就都改变了。婴儿先要从“我的”东西，学会触动“我”，然后启动“自我”，区分“自我”，其后区分“你”“他”，然后发现“我们”“你们”“他们”以及“它”和“它们”。这样的“我”“你”“他”的区分，必须因婴儿的内在生命的变化以及和外在的人与事相遇，尤其是婴儿发现了与自己关联的东西，这奇迹才发生。这个联结深入下去，就会在儿童的生命中派生出一个新的生命现象。这仅仅是一个开始。

“我的便便是我的”

麒儿 1 岁半。这以前或是被把屎把尿，或是穿纸尿裤。有一天，麒儿自己跑到卫生间的马桶前，脸憋得通红，不停地“嗯嗯”。麒儿妈妈见状，理解麒儿是要便便，忙将麒儿抱到马桶上方便。这是麒儿第一次坐马桶。完了之后，麒儿在被放到地上的瞬间，惊奇地看见了自己的便便。

这次看见，内在的生命借助于外在的事件，瞬间觉醒了一个东西——一个巨大的惊奇。这是一个被分离和独立出来的便便，一个了不起的、哥伦布式的发现，一个和麒儿产生关系的物质。这次看见同以往任何一次的看见都不同。

在麒儿 1 岁半以前，他看到过自己的便便吗？毫无疑问，看见过，但他从未有过这样的意识觉醒：“这是我的！”

现在，他的内在感觉和意识出现了一种从未有过的新奇，这个新奇把他震撼，虽然他还没有依靠认知清晰化：这是从我身上分离出来的东西。他还需要慢慢将此整理清晰。这个便便同他产生了一种关系上的联结。

麒儿坚决拒绝妈妈冲马桶，带着这样的惊奇站在马桶前，直直地看着自己的便便。由于看的时间太久，妈妈便离开不再陪伴，让麒儿自己在他的惊人发现中继续观察着他的哥伦布式新发现。

好久之后，麒儿自己出来，妈妈才悄悄把马桶冲了。

将这种发现的惊奇内化，不是将便便内化，而是发现自己和便便（万物）并不是浑然一体的，“原来这是从我的身体里分离开的，并属于我的……”“我”的意识从内在的深处像一个久远的记忆一样缓慢地升起，这一感觉将孩子和便便之间的关系慢慢触动并启动了起来，孩子内在的生命也开始分离出了某样东西。只是这些需要时间和空间，就如同电脑在内部运作一样。

在这之后的日子，麒儿总是上卫生间的马桶拉便便，拉完后不让冲走。他站在马桶前，高度专注地、直直地盯住便便看。妈妈说“臭臭”，麒儿也说“臭臭”，但依然不让妈妈冲掉。

几天之后，麒儿的内在已经发生了翻天覆地的变化，内在的结构在原有的基础上被自己创造出来。他需要派生出一个更好的结果，所以他不仅自己看，而且还带着喜悦、骄傲和新奇拉着家人站在马桶前看，他要骄傲地宣布“我的”的创造和发现。“我的”冲撞着他敏感的生命世界，使他充满了创造的激情和深入的宁静。家人看完走了，麒儿还要站在马桶前继续观察。日子久了，当他再充满新奇地拉成人去看时，成人便说：“知道了，知道了。”无意再去看他的新发现。但麒儿坚定不移地拖着、拉着，一定要让家里的成人——爸爸、妈妈、爷爷、奶奶、姑姑都去看。这是多么大的一个发现呀！这种景象一直持续了两三个月，这个工作才结束。

生命里好像一扇门突然被打开了，一个意识从这扇门里走了出来，儿童似乎是在突然之间发现了“我的”。

“我的”，这是孩子第一次由内在生命的内驱力发现了从自己身体里脱离出来的东西，以拥有的方式发现了分离。这真的是自然之手的一个奇妙的设计。这种拥有的分离，使婴儿充满了新奇感，以及一种即将朦胧地从浑然一体中走出来的创造的兴奋感。

这个看似不起眼的事件，对于麒儿来说实在是太重要了。“我”作为一个个体的人，在一个浑然的意识中觉醒了。这个发现意味着分离，分离意味着儿童从神性中朦胧地意识到自己，意味着有一个“我”从浑然一体中迈出，意味着“自我”创造的历程将要借助内外的环境而开始，意味着关系的发现，意味着他将开始依着创造自我的模式抗拒成人（这是对意志的触摸），意味着他将要启动创造自我的生命能量，意味着迈向未来的独立……而一切都是从“我的”起步的。

一个创造性的发现，这是“我的”！这真真实实是从“我的”身体里出来的，“那就是我的”，是“我的”！“我”的意识在“我的”中诞生了。“我的”会更容易让孩子和“我”产生联结，“我的”让孩子和孩子生命深处的精神胚胎的个体性的部分“我”产生了联结。但这只不过是一个“我”出现的初始，它也遵循着从最基本的物质开始，从可以触摸到的东西开始的原则。自我的诞生和形成，是从“我的”的发现开始的，从此时开始准备着即将真正拉开自我创造的序幕。

一天，3岁的宝宝在幼儿园的走廊里拉了便便。老师发现后告诉宝宝：“下一次叫老师，我们到卫生间去拉便便。”给宝宝擦完屁股，老师说：“不要踩到了，老师去拿洁具来清理。”老师便去取清扫工具，取来后发现便便不见了！老师纳闷儿：“便便哪里去了？噢，也可能是被保洁人员清理掉了吧。”

第二天早晨，宝宝的妈妈送宝宝上幼儿园，找到老师说：“晚上回到家，宝宝的书包里臭臭的。我给他整理书包，发现书包里有一个被包得非常整齐的包裹，打开一看，是便便。宝宝就急着说，‘这是我的，这是我的’，还不让我动。”

这是家长可以承受的一个极限。对这个孩子来说，他这样做也是对“我的”渴望达到了一种极限。成人已经无法理解“我的”对孩子的重要程度究竟达到了怎样的一种状态。我们无法意识到，当我们已经错过了成长之后，就无法意识到“我的”在人的生命中的重要性，却惊讶“我”在孩子的成长中的一些奇怪的做法。如果从成人的世界“我的钱”“我的车”“我的房子”来理解就容易些了。“我的”在人类的世界里一直有着特别的意义，也可能当成人还处在“我的”演绎中的时候，“我的”就没有那么容易被接纳了。

抓住“我的”意味着宝宝作为一个个体的预产

宝宝还在感觉着“我的”的奇妙感觉，“我的”在儿童成长的开始就如此重要而被紧紧抓住。抓住“我的”，意味着宝宝作为一个个体的预产，他要进入人的群体。如果不抓住，就意味着宝宝尚未从浑然一体中正常地、自然地迈出。这是一种进化的本能需要，不抓住，从某种程度上意味着人从来没有出生过。

幼儿必然对他的便便有着特别的感觉和感情，就像苍茫中的遥远呼唤和混沌的感觉，这种从自己身上分离出来的东西的神秘的自我、自我部分的意识，似乎隐隐约约显现出那些高等族类乃至脊椎生命的本能而原始的意识。便便的实在性使那种感受隐去，携他走进现实。那是我的，那就是我，那是我的一部分，依赖于“我”而存在。

从人类的发展开始，原始状态下，浑浑噩噩的母亲对婴儿的感觉也是如此。母亲认为婴儿是从自己的身体里出来的，因此婴儿是“我的”。原始人对与自己身体相关联的人也有特别的感情和意识，例如生他们的父母和他们所生的子女，这是原始人的意识和感情。混沌状态下，动物对它的婴儿也会存在“意识”。实际上这种意识状态，就是现在也在很多母亲的意识中存在。很多妈妈常常无意识地说：“你是我拉出来的。”这句话转化之后，是指“你是我的”。这是一种我们保留下来的最原始的意识。直到“我的”婴儿拥有了自我的时候，这种意识才强行从母亲那里分离开，并得到进化。我们逐渐从各种“你是我的”的古老意识中摆脱出来。

今天，对于现代人来说，这种“你是我的”的感觉和意识在渐渐淡去，我们逐渐认识到孩子是自然之手托付给我们的。儿童虽然由妈妈等成人来照顾，但他是一个独立的个体生命，他的生命属于他自己，而不是养育者占有的私有财产。当有了精神之后，这种意识就会从掌控、占有成长为人类特有的爱。

婴儿的成长历程，似乎涵盖了人类的整体进化过程。

苗苗2岁半。有一天，她刚走出教室两米远，园长也跟着出来了。这时苗苗放了个屁，园长又向前走了两步。突然，苗苗停下来，转身认真并郑重其事地对园长说：“是我放的屁，不是你的屁。”园长忙肯定地说：“是的，是你放的屁！不是我的屁！”苗苗这才放心地转身向前走。

对于人的生命本身来说，自我意识是自然的密码设定。在人类2岁的时候，从宏大的共同的意识中，“自我”开始不可遏制地从意识之河中显现出来。自我就像从意识的海洋中“自己”显现出来，但并未从意识的海洋中完全走上岸来，并未完全地离开意识的海洋。

早先，出现的意识觉知是“我的”，“我的”只不过是“自我”走出意识海洋的前奏和预热。

有了对“我”身上分离出的“我的”东西的触动的开始，就发展出“我的”私有财产。这个感觉后来一步步拓展，“我的”将出现新蕴含，从“己出”走到“他造”。

第二节　自我意识的萌芽："我的"私有财产

儿童必须拥有，才能借着拥有的东西发展。拥有某样东西，是儿童熟悉和练习"我的"的开始。自此，儿童开始了界限的划分，把浑然一体的自然生命开始一点一点地分离出来，同时开始分离这个物化的世界。

拥有不是为了拥有本身，而是为了剥离和获得拥有背后的无形的东西。

"我的东西是我的"。当"我的"逐渐被熟悉，当走过这样的一个心路历程，才逐渐明白"你的"。通过经验"我的"，获得并学会了区分"你的"。社会规则在自我意识的建构中被顺带建构了起来，这是真实的社会规则。

所以，不要认为坚持"我的"是自私或是强求儿童学习给予。不要用成人社会的、抽象的道德替代自然的法则。在这样一个建构和创造生命与自我的时期，自然法则的水准远高于因为复杂因素而特意修改的社会习俗和道德的水准。

"我"赖以生存和成长的物质是"我的"的一部分，"我"生存发展的条件和"我"紧密相连，是"我的""私有财产"。在这个成长阶段，儿童会对自己的东西全力保护，物不离手，甚至睡觉时还要把自己的东西拿在手里，放在自己的枕头边。平时手里经常拿着自己的东西，不放下来。儿童天然有一种对失去"我的"东西的害怕和保护"我的"东西的意识。

"我的"概念从"我的"感觉的发现发展而来，后来在人类语言系统中成为一种法学概念：私有。从这里我们终于知道，私有的根基不是来自道德和法的原则，它原来是人的存在本质、生存本质和天然的意识属性。

私有的概念是"我的，就不是你的""你的，就不是我的"，要改变"我的"属性，就要用交换、赠予或者转让。后来发展出来一种"公有"概念，是一种“共有”的概念，就是“是我的，也是你的”“是你的，也是我的”。显然，它的基础是必须含有“我的”。“公有”中含有“我的”一部分，但它其中含有的“我的”不容易现实地实现，“我的”常常成为一种虚词，所以“公有”“共有”只在特别的地方使用。

但在童年，对于儿童，拥有“我的”并不是那么完全顺畅。在没有规则维护时，可能会导致儿童只停留在如何去拥有“我的”本身上，这样他就根本无法去获得拥有的东西背后的意识。人就被物质锁定了，人就被物化了。

“私有”感觉和概念是人们后来“为他”道德的基础，但这基础必须在界限之前建立。我认为，道德是界限产生的。

如果只说在儿童的发展中的作用，“我的”这个感觉的意义就存在于是建立“自我”的基础。

叶子2岁半，刚刚入学两天。由于离开了妈妈，离开了家庭，孩子总是哭。老师陪伴着她，和她一起坐在幼儿园院子里的长凳上。长凳上放着她的书包、鞋。她手里拿着一盒威化饼干，没有吃，只是伤心地哭着。

我坐到她的身边，看着她。她立刻警觉起来，停止了哭，一手护着威化饼干，一手赶忙想护住旁边的书包……我安静地注视着她，而她警觉地看着我。我对她说：“你愿意给我分享一块吗？”她凝视着我，然后摇摇头，继续看着我，然后又哭了起来。她哭着把威化饼干塞进包里，保护起来，然后把鞋也塞进包里，这样她就把她所有的东西都揽在了怀里。

她个人的东西被她这样抱着，似乎把“我的”东西抱在了“我的”怀里，就给了她巨大的安全感，好像她的世界在她个人的物品里被填充得强大起来。“鞋是我的”“威化饼干是我的”“包是我的”……我抱着“我的”东西，在感觉上似乎安全了很多。

这种基础的安全感的建立，对叶子来说是必需的，因为她在同步建构着两个世界的东西，历经一个螺旋上升的成长过程，最后会落脚到一个自我的实在上。但很多成人依旧停留在这个感觉的层面上。成人把这种安全感依然放在对外在事物的拥有上，并在同一层面上不断延伸着这种拥有。成人的“我的”只不过是把威化饼干变成了金钱，把书包变成了财产……回到成人的内在，和叶子一样，我们会有一种好像安全的感觉，但它不是一种真正的安全感。如果我们超越了这种最初级的安全感的需求，在我们的前面就会有不断上升的、更高层面的安全感。

这是孩子在做一个练习，一个“就是我的”这个概念的练习。

在孩子2岁左右的时候，我们注意到，孩子不愿意和别人分享玩具，不愿意让别人看他们的书，不愿意他人碰触自己的妈妈。就算是他自己不想玩了，不想要了，不愿看了，也绝不让其他孩子动。谁一拿，孩子会立刻说：“我的。”

在户外玩耍时，2岁的孩子，如果没有建立“别人的东西不能拿”这一规则，见到其他孩子玩东西，如果是喜欢的，就跑过去不由分说地抢过来，振振有词地说“我的”，然后想强行据为己有。他尚未建立起“他的”的概念，一旦儿童区分了“我的”“你的”……各种界限的划分和规则在儿童内在内化后，孩子将在未来的成长过程中产生真正的内在的力量感，并且这种力量感会被逐渐积累和发展。

在幼儿园可以看到，一些处于这个阶段的孩子，他们上幼儿园时带的所有东西都不许别人动，也不让老师帮助他们提书包或别的东西。有时候书包特别重，偶尔他们还需要带着被子，但孩子宁愿把东西拖在地上拉着走，也不让老师帮忙，必须自己拿着，因为那是“我的”。即使是进教室时脱下的鞋子，也要坚定地放在自己的书包里，当然就更不愿意给别人分享任何东西了。这个年龄的孩子，什么都是“我的”，拿什么都是“我的”，总之全都是“我的”，好像这时候他们唯一的事情就是看着“我的”所有的东西，除此之外的任何事情都不重要了。

2岁是具有人类学意义、社会学意义、道德学意义、经济学意义、历史学意义、哲学意义的年龄。这里是人的科学的出发点，这里是人类能存在和发展的缘由。成人从这里走向真理，也走向谬误。

在我们的历史中，可能没有人这样思考过自己的孩子，这样思考过孩子这种普遍存在的现象以及孩子诸多的成长特征。因此，我们的文化在对孩子这方面行为的理解上基本还是个空白。现在，很多父母不能理解，便从自己的社会观念化的意识、从自己期待的心态和思路出发来理解，这是最容易的。成人感到难堪，又没法改变和说服孩子，就习惯性地把孩子的这些行为解释为自私的表现。"我的孩子怎么越来越自私了，什么都不让别人动，动不动就说'这是我的，这是我的'。"

究竟什么是自私？是不是不够慷慨就是自私？在这里我们仅需区分自我成长和自私的差别。自私指的是在利益上发生冲突的时候，个人选择损害他人的利益而满足自己的利益，这样的情况才叫作自私。因此，儿童没有自私。

那么自我成长呢？指的是一个人可以按照自己的意愿、感觉、情感、心理和意志的需要行使自己生命内在的计划，支配自己的行为。

儿童这里仅有的是成长。"我的"是所有儿童生命中预定好的计划，不仅使儿童通过占有某样东西，用属于自我的东西来区分自己和他人的；更重要的是，儿童占有了自己的东西，当这个东西完全属于自己时，儿童就能够感觉到"我"的存在，"我"的平稳健康的内在的存在。

"我"的存在是自我价值感的开始。这样的儿童成长之后，就不会出现一切价值评判都基于他人和外界的情况，我们就不会再依靠献媚于他人和外界来获得自我价值感。

婴儿在还没开始说话的时候，用"打"来表示"我"这种些微的自我萌芽意识，"打"是排除的意思。紧接着，他发现"我的"，再一次强化了"我"，最后，"我"的意识出现。伴随着"我"的意识的出现，他开始真正走向了独立。

"我"有故"我"在！

第三节　自我的诞生："我的"想法是我的

自我的诞生是从自我意识开始的

自我意识的诞生，是一个生命第二次的诞生。第一次是生命的诞生，第二次是自我的诞生。对于一个人来说，第二次自我的诞生和完成，才意味着他真正的升华和自由。因此，人类走过了几千年的历史，自我意识的进化才演化到了今天的状态。

易易2岁半，刚刚进入自我的敏感期。

中午吃饭的时候，易易寸步不离地跟在刘老师的后面。周老师走过去蹲下身，友好地打招呼："易易，我是周老师，我们来认识一下好吗？"易易看着周老师，严肃地说："不。"

周老师说："我喜欢你，我们握一下手好吗？"

易易说："不。"

刘老师在旁边笑着问："你确定吗？"

易易说："不确定。"

刘老师问："你喜欢周老师吗？"

易易说："不喜欢。"

刘老师问："你确定吗？"

易易说："不确定。"

对易易来说，这个时候，几乎什么都是"不"。

如果你问："你吃饭吗？"他会说："不！"但其实他正吃着饭呢。你问：

“我们去洗手？”他会一边洗手一边说：“不！”用相反的语言来证明和区分“我的”想法，这正是儿童有意识地练习和使用自己的意识和意志，这样的时候就表明儿童开始有了自我意识。

当儿童走过了“我的”东西、“我的”身体、“我的”物质时，更高层面的东西就会产生。这一次是意识领域的东西——我的意识是我的，我的想法是我的。无论此刻我真的是要这样做还是不这样做，都无关紧要，要紧的是：我的想法就是我的，为了表明是我的，我就和你的想法反着来。

“不”也叫作“非”，是逻辑的重要组成，是逻辑否定。逻辑的否定在演绎逻辑中充当创造的角色。

把一个言语否定了，把一个意思否定了，把一个问题、要求，甚或命令否定了，显然是“我”的显示。学习说“不”，对幼儿是一件很有趣的事情。

月月，2岁2个月。入园的第一天，老师顺利地将他从妈妈手中接过来。但是，其他任何人和他打招呼，他就表现出一阵阵的尖叫和拒绝，他只接受自己班上的老师。

月月妈妈告诉老师，在入园的前一天，妈妈反复给月月阅读了《入园第一天》的故事书，使他明白：上幼儿园，他将由老师照顾，妈妈去工作。看来这见效了。

“早晨好，月月。”园长友好地打招呼。“啊……啊！”换来的却是月月一阵阵的尖叫与不耐烦。接着，来办公室签到的老师也愉快地与月月打招呼，月月的反应更为激烈，他不停地尖叫，同时使劲跺着脚，拍打着手，一脸不耐烦地拉着妈妈离开办公室。之后，只要有老师想靠近他，想要表示友好，他便会故态复萌——尖叫、跺脚、拍打，他拒绝任何成人的靠近。

几天之后，园长在幼儿园里再碰到月月时，刻意与他保持一段距离，平静又友善地看着他。效果很好，他没再尖叫，也只是平和地看着园长。这样尝试了几次，园长发现只要与他保持一定的距离，也不要试图在意识上强制地问候，他就会表现得平和而安静。经过了两三天，他发现其他老师并不随意去触碰他，便安心下来。

月月已经对“我的”达到了一种极度的敏感：不是“我的东西你不可以拿，我你不可以碰”，而是你的意识对我有企图的时候，我就会毫不犹豫地跳出来维护“我”。这就是儿童强烈的自我意识感。从此，独立的历程就开始了。

尊重儿童意志就是支持他的成长

儿童表现出自我的意志，是他成长中极为关键的环节，尊重他的意志就支持了他的成长。

从意识形态形成自我。儿童为了确定自己，开始在意志上同成人抗衡，毫不犹豫地果断执行自己产生的每一个想法。这种反复的尝试能迅速地建构起儿童自己与环境的关系、儿童自己与人的关系、儿童自己与物的关系，而不是成人的世界观要求儿童的内容。这3种关系派生出了儿童与自己的关系和儿童的身体、情绪、感觉、心智的成长状态。一旦儿童走上了形成自我的路，其后就走在了一条人性自然法则的发展道路上。创造自我的愉悦感和力量感，会让孩子产生一种意志，使他本能地感觉到那条成长之路。这是人的天性，或者说人本身就蕴含着自我成长的内在能量，这是自然的、天赋的。这种力量在童年期一旦形成就会固定在孩子的身上。而这种实现自我的倾向和需求，远比儿童因为遇到痛苦而停止发展的力量要大得多，关键是那个自我是否能在童年期形成。

这个时期结束之后，儿童的自我意识开始确定地、完全地表达自己，它在意志的陪伴之下，变得强大和沉淀下来。

一天晚上，乐乐（2岁10个月）想吃花生豆，姥姥拿了一些放在她的小盒子里。妈妈顺手从她的盒子里拿了一个，刚放进嘴里，乐乐看着妈妈，很确定地说：“我不愿意分享。”

“哦，对不起。”妈妈马上意识到自己的随意。乐乐不语，显然此刻她不愿意原谅妈妈。

这个时期乐乐总是这样。一天早上，乐乐早餐快吃完了，但是她没吃菜，看上去她是不想吃了。妈妈说：“乐乐，妈妈把这碗里的菜吃了，可以吗？”“不，我不愿意。”乐乐马上回答。

自我在这个年龄阶段，已经开始产生划分界限的功能。物质界限产生后，意识的自我产生后，心理和认知的界限将在儿童未来的生活中逐渐建立起来。

***

一天下午，宝宝（3 岁）坐在幼儿园门口的台阶上。广州的夏天热，宝宝两条胖嘟嘟的小腿裸露着，平放在台阶上。她嘟着嘴，似乎情绪不大好。

我问：“你怎么了？情绪不好？”

宝宝说：“妈妈为什么还不来接我？”说话的时候，一个 4 岁多的小男孩蹲在了宝宝的身边，看着宝宝的腿。

我思忖，这时间家长应该来了，便说：“应该在路上，可能有些塞车。”刚说完，天天妈妈推门进来。

宝宝说：“天天妈妈为什么没有塞车？”

我说：“天天妈妈就住在这个社区里。”

宝宝看起来释然了一些。这时小男孩抬头对我说：“我可以摸摸她的腿吗？”

我说：“这不是我的腿，是她的腿，请你问她。”

小男孩转向宝宝问：“我可以摸摸你的腿吗？”

宝宝无比严肃而认真地拖长口气说：“不——可——以！”小男孩便平静地走了。宝宝说完，神态便坚定了起来，继续坐着等妈妈。

自我意识使人拥有力量、理性和价值感，并让我们在之后的成长中，更加尊重其他人的自我生命体。

这里顺带说明有关理性在生命世界的解释。当自我被确定下来的时候，理性就伴随着自我走了出来。理性是超越内在的环境和外在的环境，是超越内在、外在环境的彼此影响，达到了尊重真实的客观存在。这非有自我不可。这同以往我们认为的头脑的思考产生理性是有差别的。

***

4岁的睿睿这样对妈妈说："这是你的想法。我的想法和你的想法不一样。每个人都有自己的想法，对吗?！"睿睿妈妈语塞了，她知道小小的儿子已经开始有了自己独立的想法了。

悦悦对妈妈说："妈妈你生气了。"孩子知道妈妈的情绪是妈妈的，不是自己的。

成成把闹钟上到了早晨5点，妈妈心疼孩子，想让孩子多睡，悄悄地把闹钟又拨到了7点。成成被闹钟闹醒后，发现已经到了7点，哭着大声说："你有什么权力剥夺我早晨5点起床的感觉?"

孩子把感觉也从成人那里分离出来。

***

洋洋说："妈妈，你在想法上强制我，爸爸在方法上强制我，你们为什么这么爱强迫人呢?"妈妈无语。爸爸说："完了，有自我了，越来越强大了，管不了了。"

管不了，给成人一种恐慌感，因为孩子走出了自己控制的范围。

***

比比专注地听完妈妈的"教育"，认真地说："如果你愿意这样想，没问题，但我不这样认为。"

孩子的意识，有意识的孩子——孩子已经有明确的自我意识，他的自我意识和他人的意识在意识里被分离清楚了。

孩子从“我的”开始，从“不”起步，开始占有“我的”东西，拥有“我的”想法、“我的”意志……5岁时，孩子开始慷慨分享“我的”东西以便拥有“我的”朋友，获得分享之后的“我的”心理感觉、“我的”爱和友情。

有一天，我们的孩子会有自己的思想，会依着自己生命的智慧创造自己的精神。也可能有一天，我们的孩子会创造出最伟大的思想体系，世界因此而更为文明。而这些，都是从发现“我的”开始起步的。

第四节　自我的力量

自我对人意味着什么

意味着自主、自我价值感、意志、自律、独立、自爱、力量和完整的、统一的内在管理系统，意味着创造的天赋，意味着与真善美同行，意味着拥有和生命系统联结的机会。

婴儿的自我尚未产生的时候，就是一个共同体。成人没有自我，就是一个依附体或者是一个控制体。儿童，当他的“自我”一旦产生，自我创造就持续不断地进行，除非环境威胁到他的生存。“自我”就是“我”，“我”就在“自我”的点上，“我”就是力量、意志、独立、爱、价值。只不过，“自我”创造得越大，“我”的力量、意志、独立、爱、价值就越大。

最近两个星期，佳佳在午休时会尿床。每次尿床的时候，老师总是将她轻轻抱到另一张床上，或者给她重新换上干燥的凉席，将尿湿的被褥晒干。因此，佳佳并没有感到尿床是一件不好的事情。

一天中午，快起床的时候，佳佳又尿床了。周围的几个孩子陆续醒来。思思睡在佳佳的旁边，醒来看到佳佳湿湿的褥子，不禁大声喊了起来：“佳佳，你尿床了！”思思的叫声惊醒了和和，他坐起身，不知道发生了什么。“佳佳，你尿床了！”浩浩也大声地说。老师走过去，将佳佳抱起来，把湿的褥子抽出来说：“没有关系，宝贝，我们把它晒干就可以了。”

浩浩对佳佳说：“哈哈，你都这么大了还尿床，哈哈。”

老师对浩浩说：“浩浩，这是佳佳自己的事情，你这样说，会让她感觉到不舒服的。”

这时，佳佳已经完全清醒了，也明白了浩浩的意思。她看着浩浩说：“请你向我道歉，你不可以嘲笑我，你这样说让我感觉不舒服，这是我自己的事情，请你向我道歉。”浩浩不笑了，怔怔地看着佳佳。

佳佳大声重复：“你不可以嘲笑我，这是我自己的事情，请你向我道歉！”

浩浩说：“对不起。”

佳佳说：“请你真诚地看着我的眼睛道歉！”

浩浩便认真而真诚地靠近佳佳，看着佳佳的眼睛说：“对不起。”

佳佳松了一口气说：“我原谅你了。”

你不可以嘲笑“我”，“我”是有界限的，被尊重和不被鄙夷的界限。我的界限给了我力量。自我给了儿童原谅他人的力量，也给了儿童道歉的力量。

这几个孩子只有 3 岁多，当有了自我意识的时候，力量就回到了自己的内在，界限就清晰起来，就知道了如何维护自己的尊严，懂得了维护自己的权利不受侵犯。这不能依靠成人的教育，而要依靠“爱和自由”的环境。支持孩子、尊重孩子的自我感，才能给予孩子尊严感。尽管儿童的自我意识刚刚在他的内在形成了一点点，但这一点点就是他，他就是这力量。

儿童拥有了自我，就可以开始为他内在发生的事情负责任了，就产生了自我负责的生命需求，负责任也是一种内在的愿望。

自我也使人拥有了自我保护的机制

这是一个自主的人的开始。这样的儿童就会遏制成人的暴力，遏制任何在儿童身上所产生的暴力。自我就是力量，就是界限，就是系统本身，就是公正，就是价值，就是威严，就是尊严，就是王者。当孩子们的成长创造了自己后，就会产生彼此的平等、尊重、尊严感、高贵感和独立意识……

现在我们再回头看，为什么在现实中很多孩子生活在暴力中？他们没有能力自救，并准许这种暴力不断发生，就是源于他们没有内在的力量去防御。我们不仅仅需要建立一个良好的教育体制来保护儿童，因为我们不能保证和预防在这样的体制下的成人可以做到善待孩子。真正的保证是，我们让每一个孩子拥有自我，并拥有内在力量，那时暴力就会减少。这是改善儿童生存环境的核心。

飞飞14岁，哲哲4岁。飞飞转入这所学校有一个学期了（那一年在学校内设有一个初中班）。

这天下午，飞飞和哲哲在园子里玩得很开心，哲哲追着飞飞玩，飞飞在前面不断地跑，不让哲哲抓到。广州的夏天很热，这一大一小的孩子，跑得满身大汗，衣服也湿透了。飞飞就索性将衣服脱掉，裸露着上身满园跑。

老师看见了飞飞裸露着上身就对飞飞说："飞飞，请把衣服穿上。"

蝴蝶效应出现了。

飞飞听老师这样说他，突然很不开心，他站住了。依照过去成长的经验，飞飞认为老师这是指责或是批评了他。这时，哲哲正好跑过来，抱住了飞飞，捉住了他。飞飞便愤怒地冲着哲哲一通怒吼，将内在的情绪全部宣泄在了哲哲身上。

愤怒的情绪是过去生活长期的压抑和积累，事件本身不过是触发的诱因而已。以此我们可以知道飞飞的成长经历和不幸。

哲哲突然受到这样不尊重的待遇，怔住了。然后，他挺着小胸膛，瞪大了眼睛，满脸严肃地冲着14岁的飞飞喊："你干什么？"飞飞转身不理哲哲，哲哲便跟着飞飞，飞飞走到哪里，哲哲就跟到哪里，并不停地大声说："你干什么？"他要求有个解释，他要求公正。

飞飞又被激怒了，说："你再跟着我，我一脚踹死你！你信不信？"他咬着牙，低着头，指着哲哲。

没想到哲哲居然丝毫不为飞飞的凶相所动，依然一副义正词严的样子："你干什么？你干什么？"

飞飞彻底被激怒了，瞬间好像快要爆炸了。面对哲哲毫不畏惧的穷追，他找不到对付面前这个4岁小孩的办法。他高举起手，可是哲哲不闪不躲，目光炯炯，继续问："你干什么？"

控制你的情绪！做你情绪的主人！

飞飞显然在努力。一位老师赶到了。飞飞走到旁边低声地啜泣。

……

有自我的儿童在保护自己尊严时会表现得非常坚定和勇敢。

一种孩子的天然的宽容也在呈现。

飞飞是一个在控制和权威的环境中成长起来的孩子。他首先断定老师那样说是在批评他，指出他错了，认为他不好。而根本的原因是他自己认为自己不好。这种习惯性的自我否定的反应，已经累积到了极限，在老师说的瞬间，已经完全转换成他的全部。这些又瞬间变成他的情绪，唯有生命中的情绪，能帮助他释放和缓解着这种几乎要崩溃的自我否定，所以他的情绪就像火山爆发了一样。他对自己的情绪毫无觉知，情绪完全成为他。

飞飞有错吗？没有，错误在于，飞飞作为一个孩子，他的弱小使他根本没有机会选择在什么样的生存环境中生存，他不知道人可以拥有其他生活方式：生活也同样没有为他的父母在他们的童年时提供选择的资源。实际上，他的父母已经被障碍得对自己孩子的成长一无所知。这就是进化的现实。

但作为人类，我们可以为自己创造一种更加充满爱和自由的生活环境，让我们生活在和谐之中。这正是作为人的生命特征！每个人都可以做到。

西西5岁时，有一天在沙池里埋头玩沙子，突然一把沙子从头上撒落下来。西西生气地抬头一看，仅2岁多的宝宝，捧着沙子，好奇地看着西西。

西西马上明白了，一句话也没说，起身，拍打头上的沙子，然后转身走了。

宝宝一直怔怔地看着西西，当她看到西西面无表情地走了后，便哇哇大哭起来。老师忙抱起宝宝安慰说："噢，他没有责备你，你只是感觉到他人格的力量。"

哭，源于什么呢？

一个小小孩和一个已经创造出自我的大一些的小孩，在关系的碰撞中，小小孩在瞬间感觉到了那个大孩子内在的那股力量的冲击，那感觉突然撞入了小小孩的心中，于是她就哭了。被感觉撞入之后的孩子，只是因为一股奇异的力量第一次被自己感觉到了，进入了……有了这一次，小孩子会理解、熟知，并逐渐感知自己的内在。当这力量在自己内在也形成时，儿童就熟悉并有力了。儿童是经由这些来成长，来感知关系中的他人的内在生命。

3 岁的宝宝也长到快 5 岁了。一天，她坐在幼儿园大厅的长凳上，一个小宝宝想翻过长凳，但这对于太小的他看上去有些艰难。小宝宝把上身趴在长凳上，下半身用力抬起时，一脚就蹬在了宝宝的脸上，自己还浑然不知。宝宝把脸往一边躲了躲，她看着小宝宝翻过去，才放心地离开。

这就是生命体验过的路。如果你的自我意识尚未成长，你没有体验过成长，你就会指责别人。这不是道德教出来的。

西西的成长已经建立一个基本的自我意识，他无须生这个小孩子的气。他生命的成长比她快，准确地说，他的自我年龄比她大。对比他小的孩子，西西有一种成长之后的理解、清晰、明白，因为自己是这样走过来的。如果没有自我的年龄，就没有成长。你可以在你的周围看到，一个 50 岁的成人是如何和一个 4 岁的孩子战斗和纠葛的。在自我成长的年龄上，他们同岁。只要这个 4 岁的孩子的自我超过 4 岁，再大一些，这个 4 岁的人就超然了。当然，超然的状态各种各样。

让我们把注意力拉回到成人自己的内在作为参照。

当我们成人一个人独处时，我们的内在几乎不会有太大的波动和涟漪，身体、情绪、感觉、心理、头脑，一切基本是你原有状态的相对恒定，没有什么来撞击你、触动你。但是，当你和其他人相处时，当你处在关系中时，你的内在就开始变化不断，不同人的出现就会产生不同的变化。这是因为你与不同人的关系会触动你内在的不同的部分。你的内在为什么如此无常呢？为什么如此变化不断呢？

对于成人来说，你必须透过人际关系才能反照出你自己内在的小我状态，或者你内在的精神状态。

当你在关系中被他人撞击出你的小我时，你定可以感觉到身体上的不舒服、情绪上的波动、思绪上的不断联想……你习惯性的反应是什么呢？你是否把注意力放到了对方身上？你是否以此来判断你对他人的好恶？还是你习惯把注意力拉回到自己身上，内观自己的内在到底发生了什么？当和一个拥有强大自我的人在一起时，你是否会在瞬间迷失掉自己？在每一段关系中，你发现了自己内在的变化吗？你以此寻找过自己吗？

当你拥有自我的时候，你就拥有了定力，你就拥有了判断力，你就拥有了相对的恒定性，你就是力量、界限、价值、爱……

有一天，也许你的成长发展到无论遇到什么样的人，你的内在都充满爱，你“心如止水，如如不动”，这就是佛性。想达到这一点，你必须时时与你的自我在一起；有了自我，你才可能跟自我后面的那个真正的存在联结。它可能是佛性，也可能是其他，因为只有强大的自我和生命本原联结时，你才拥有这样的品质。

儿童成长的历程就是创造自我的历程

拥有自我，才拥有爱的真正能力。爱首先是从爱自己中获得的。只有爱自己，才爱他人。

教室里，路路在剪一块布。

欢欢问路路：“你怎么在剪布呀？”

路路说：“我喜欢呗！”

欢欢也取了一个托盘准备剪布，剪了几下后，看着路路说：“可是我不会剪呀！”

路路说：“你看，挺好剪的。”

欢欢说：“我不会剪，你还跟我玩吗？”

路路说：“跟你玩呀！”路路将布和纸粘贴到一起。

欢欢说：“可是我不会粘成你这样的，你还跟我玩吗？”

路路说：“当然跟你玩了。”

欢欢说：“我只会剪成这样的。”

路路说：“无论你是什么样子，不会剪什么，我都跟你玩，我最喜欢你了。”

欢欢说：“哦！”

两个人又开始低头继续工作。两个人都很开心。

“无论你是什么样子，我都喜欢你。”我因为你而喜欢你，不因为任何其他的附加物。这正是一个人作为人而获得爱所受到的尊崇，这就是人的体面和高贵。相信、接纳自己越好，就越接纳周围的人和发生的事情。

有一次，我问一个孩子：“你最爱谁？”我想象孩子会在父母中间选一个。

但孩子说：“我最爱我自己。”

我吃惊地问：“为什么？”

孩子说：“我如果不爱我自己，我就不会爱别人。”

我们在书中学习和了解这些真理，但和儿童在一起，真理是鲜活的，这使你不得不爱儿童。你可以注意你的孩子，他说出这样的话是普遍的，只要是生活在爱、自由、规则和平等中的孩子。

儿童就是借助于内外两部分环境，受精神胚胎的引领，由儿童的生命自己创造出一个自我。它就存在于人生命的内在环境的后面，一个宏大的我。

生命借助外在环境，走过内在的、身体的、情绪的、感觉的、心理的、认知的、彼此共同的历程，在精神历程的终点把自己落实了下来，点点滴滴地将自我创造出来。

蒙特梭利说："人必须自我建构，最后达到自制而自我引导。"

儿童从生命的河流中脱离的历程，需要用 7 年逐渐完成；自我意识的累积，需要其后再有 7 年，也就是 14 年来完成。完成的过程却是经由物质确定下来、彰显出来和人性化。对于人生命的进化来说，这正是这个物质世界最有价值的地方。

从没有自我到拥有自我，从拥有自我到穿过自我，这是人意识的进化，也是人类文明的进化。

第五节　自我的丧失

有些孩子从出生起，就没有机会创造自己，他们几乎是被父母或者其他成人“创造”出来的。由于没有自己创造自己的机会，他们也就几乎没有自我。这些孩子的独立感觉和意识已经在父母和教育机构的无知觉中遭到损坏。

一个孩子只有 3 岁 3 个月，来到幼儿园 1 个月。老师观察到，他呈现的状态很不一样。

尿完尿后，老师正要帮助他提裤子，他告诉老师：“妈妈说了，尿完后要擦屁屁。”然后自己扯了一截纸巾细致地擦了几下。

看见小朋友玩沙，他会说：“妈妈说了，不可以在沙地里用手玩沙，要用铲子铲沙。”但他会禁不住地站在沙池边，着迷地看着别的孩子开心地玩沙。

玩沙，是所有孩子的最爱。有时，老师鼓励他，他会偶尔进去，但只是蹲着用手去拨拉几下，然后就盯着自己的手掌，不断地使劲拍手（想把沙拍掉），然后会要求老师带他去洗手。

吃饭时，看到有孩子抓饭菜，他会说：“妈妈说了，用手抓饭吃，脏！”

早餐前需要先洗手，但好几分钟也不见他从洗手间出来。进去一看，他正发呆地望着水龙头，手不断地在水下搓洗着。

老师轻轻地搂住他说：“你不想吃早餐，是吗？”

“嗯。”他很小声地应着。

老师说：“如果你不想吃可以选择不吃的，这是你的自由，没有关系的。”

他说：“可妈妈告诉我要吃早餐的！”说完，面无表情地去了餐厅。

问题是，妈妈并没有在幼儿园里，也没有和孩子在一起，她却有效地控制着孩子的行为、想法、心理和内在的愿望，做着孩子的主人。

这当然是对生命的背离，这样的生命状态不是真正的生命状态。有哪一个生命的里面，坐着另一个人指挥他呢？生命是独立的，但孩子不独立了。

如果他是被妈妈做主，那就可能失去自主，从而失去自我。

如果他忘掉了自己，他就失去了自由。

如果他终于完全内化了妈妈，遵循了他已经认为的正确规则……他就可能一生都对自己内在的心灵的愿望和生命的愿望说“不”！

今天，在我们的周围，我们可以看到到处都是失去自我的成人，他们像空壳一样，在身体的里面，住着成千上万的人。这些人在他们的身体里打架、争斗，彼此控制和摇摆不定，使他们失去主见，并饱受内在的挣扎、焦虑。本质地说，无自主意识，是滋生痛苦和对抗的温床。

诚诚请了一个星期的病假，再次回到幼儿园时，好像状态变了。她不选择和小朋友在一起，也不选择老师。

她找了一个独处的地方，自己和自己待着，不进教室、卧室、餐厅。她把自己书包里的每一样东西都摆放在地上，再依次地放进书包里，整个过程她都面带微笑……她需要有自己一个人的空间。

午睡的时候，她独自一个人在卧室外玩耍。要是有老师经过，她就会马上转过身，敛起她的笑容，警惕地等待你从她身边走过。

诚诚在家里一直是由姥姥、姥爷陪着，身边总是围绕着一群人，而没有属于自己的空间。而在幼儿园里，她想寻找自己不被打扰的空间，渴望能够支配自己的一切，真正做自己的主人。

儿童用独处的时间统合着自己。

成人也是如此。和朋友们在一起工作、聊天、娱乐……可以使我们快乐，彼此慰藉和支持，使我们情绪高涨和兴奋，使我们互相交流和合作。这是关系的需要。但我们也需要独处，独处可以使我们静下心来。静心使我们回到自己的内在，滋养自己的失去，调整自己的紊乱，用冥想和自己对话，慰藉自己，爱自己，梳理、整合自己的思绪……这就是独处的秘密。

对于 0 ~ 7 岁的孩子来说，发展和成长的是儿童的内在生命。空间和时间从来都是创造的条件，身体和心理独立在一个空间和时间中，儿童才有机会和自己相处，把自己独立出来，统合自己。所以，内心的独立是要有外在的时间和空间保证的。

蒙特梭利认为，儿童短暂的孤立状态，正是创造历程本身的一部分。

我问孩子："动物的生命特点是什么？"

孩子说："不断地为生存寻找食物。"

"还有呢？"

"繁殖后代，再没有了。"

这叫活着。对动物来说，生存和繁殖后代，在后代的繁衍中完成物种的进化，所有的规则也存在于这种状态中，这可能是它们活着的主要意义。动物相对于人而言，就可以说只是活着。

自我建立起来，可以使人摆脱"活着"那样的生存层面，创造自我意识和生活意识，精神和创造的天赋就出现了。

有趣的是，即使建立不起自我意识，人也可以活着，什么样的状态都可以活下去。鲁道夫・斯坦纳在他的人智学的理论中指出，人类的本质包含 4 部分：物理性躯体（人与整个矿物界一样都拥有一个形壳，只是在人类身上命名为"躯体"）、生命体（生命力在植物、动物以及人体之中运作，产生生命现象）、觉知体或者星芒体（它是苦痛、快乐、冲动、渴望、激情等的传达者）、自我意识体（是人类更高层心灵的媒介，因为有了它，人类遂成为地球上所有生命的冠冕）。人的生命包含地球上所有生命的存在形态，物质、植物、动物……因此，即使成长不到作为万物之精灵的人的状态——自我意识感，人也可以像植物、动物或者半人半兽那样生存。人可以存活在其他任何生命层面，因为人包含了这些。

但那叫“活着”，而不叫“作为人的生活”。

只要我们让我们的孩子在成长的初期建立和创造自我，他们的自主也就逐步储存于自我之中了。这正是儿童自我意识诞生的意义所在。

儿童借助于外在和内在建立自我，这不是一个理论、一个说法、一个头脑……或是和儿童的生活分离、抽象的假说，它就是孩子具体生活的细节和事情，只不过我们必须透过具体的事情，才能看到发生在这事情之中的秘密，看到创造者创造出了一个能自主独立的内在的管理者。

第六节　自我的替代品——小我

“小我”是指出生后不是依靠精神胚胎成长，而是依靠外力建构起来的一种人格。这种人格与先天的精神无联结。人出生时作为一种容器被后天的东西所填充，形成完全的社会化的、工具化的、物化的、残缺的人。

自我没有机会实现的时候，内在就一定是有他人闯入了。他人不断地闯入，内在就被许多人组装了起来，形成和转化成小我。小我是各种形态的他人的内化，人就不是自己。或者说，人的自我没有创造起来，没有形成完整，人不是完整的“自己”。

可能有很多人终生找不到自我，也就走不出小我。

虽然婴儿拥有精神胚胎，但婴儿毕竟是一个“可怜”的小家伙，他弱小并必须得到成人的照顾。如果婴儿未在成长中将精神胚胎人性化，这部分就会像一颗未发芽的干种子一样，非常有可能在一生中都没有机会发芽了。虽然种子里潜藏它的所有生命密码，但发芽期就在 0 ~ 6 岁。

一些心理学家称，这样的人从未诞生过。没有诞生自我的人，依然可以依靠外力驯化成长，只是成长起来的人是一个小我，或者被称为只拥有第二人格的人。

没有自我的存在，就等于家里没有主人，所以任何一个人都可以进去，爸爸、妈妈、爷爷、奶奶、张老师、李老师……18 年的成长，你的“家里”可能住进成千个人。“王者不在王位上”，内在“斗争”就存在了。这是人最大的不完整。

由于小我是由外力促成，由外力驯化而成，因此小我就自然地时刻感应着外在的变幻。外在的世界就是小我的镜子：外在赞美，小我就倍感有价值；外在贬斥，小我就倍感自卑；外在风云变幻，小我的情绪、感觉、心理、念头也变化无常……你永远是外在的反应，你就没有尊严，没有自我价值感。想想我们成人，想想我们面对每一种关系时内在的变幻无常和动荡，我们自主、独立、定力的如如不动究竟依赖什么？我们的喜悦、幸福依赖什么？我们的尊严和价值感究竟依赖什么？我们究竟是谁？

第七节　一切创造始于儿童的自我创造

美国人罗伯·史登堡和特德·鲁巴特在《不同凡响的创造力》中讲道："创造力是推动科技、文化、金融的发展，提高个人智慧的原动力。"他们认为，其实创造力是人类资源中最丰富的潜能，是每一个人都具有的基本特质。

是吗？是现实中每一个人都具有的吗？还是每一个人都应当具有的呢？

我们自然会想到，人类历史上发明的印刷术、火药、造纸术、指南针……蒸汽机、电灯、电报……飞机、宇宙飞船、电脑、互联网、艺术绘画、音乐、文学，还有 DNA 克隆技术……自然而然，就会使我们联想到创造这些奇迹的人所拥有的创造能力。

但那不是普遍的，事实上，那是发展正常的人、很少数人显现的能力。

在这里，我们是从一个婴儿生命的诞生开始谈起，从生命的起步开始谈婴儿的创造力。这个创造力一点不比上面的科技创造力差，而且只要不破损，儿童就能成长为那样的人才，显示无比的创造力。

如果我们仅仅从这样一个传统理论的意义上迈开步伐，我们可能更难以接纳人类在自身进化中的新的发现。请放下这个外在世界的衡量标准和视觉角度，请放下这个外在世界的价值系统，请从生命的角度来思考、来看。这就是，一切创造始于儿童的自我创造，从那里才可能产生辉煌的创造成就。儿童不仅仅在依靠食物使生命成长为一个物质性的身体，更是在由自己创造一个生命的身、心、灵的复合体。如此，你就是在看一件与生命有关的事情。

当然，我们还是要重申，儿童虽然靠自己来创造自己，但作为儿童成长的环境（物质的环境、人的环境），儿童自己是无法创造的。儿童成长的环境是依靠成人来创造的，儿童的使命只是创造一个自己。

这就是人性化的过程和过程的结果——自我的创造。儿童借助于内外的两个环境，将这个真正的存在人性化，就形成了一个自我，这才是成长的核心，同时也是潜能开发的过程。

人的自我的创造历程是由儿童自己完成的

蒙特梭利说，儿童出生前就有一种精神开展的模式或者精神密码，她称为“精神胚胎”。儿童的生命成长受这个预定模式的引导，这个预定模式在生命诞生时我们看不到，它必须借着发展的过程才能显现出来。这个过程必须有两个先决条件：一是儿童必须与四周环境中的物和人保持一种圆满的依赖关系，实质上就是一个爱的环境；二是儿童必须拥有自由。儿童内在的指引者是精神胚胎，他创造自己的力量蕴藏在精神胚胎里，所以必须拥有自由不可。蒙特梭利把精神胚胎显现的过程称为“实体化”。

然而，帮助儿童的并非只有外在的环境，即自然、人、物、事、关系，也并非只有敏感期和吸收性心智这种生命的敏感力。儿童还拥有一个内在的环境，儿童必须把外在环境中吸收的东西透过内在环境过滤，由内在环境吸收，在最核心的点上和精神胚胎相遇，创造一个自我。

儿童必须借着内外两个环境，将自己真正的存在——在生活的点点滴滴、一举一动中创造出来。这个把自己创造为人的过程就是儿童的创造性的工作，儿童在创造一个自我。

这个自我联结着两头：现实的存在和本相的存在。没有自我，我们可以生活在实际的生活中，但容易被实际生活所困，无法了解生活背后的法则，无法走向一个宏大的精神世界。因此这个自我，它的脚可以踩在物质和现实的地面上，是一个实实在在的人；头不被物质和现实所限，可以高高地、自由地和我们的精神相联结，不被物质和生存断裂开，是一个精神的人。

这个拥有自我的人，由于他的来源是精神胚胎，而不是外力或是某些人的教化，他就会拥有对真善美敏锐的天然嗅觉，就像狗的嗅觉是天生的一样；他还会拥有高度的觉察、知觉、了悟精神的感觉。他的天赋的属性就是真善美的，这正是精神胚胎的特质。这样我们就容易理解在孩子的口中听到善意的、优美的、充满真理的话语的原因了。

创造自我的意义正是如此。这是尊重每个人生命的意义所在，是人与人平等的意义所在，是人的生存意义所在。正像罗杰斯所说："我们能做的最好的事情，就是让我们成为我们自己。"

对于婴儿来说，他拥有创造自己的喜悦，但并未有认识自己的喜悦。也许当我们的生命之河流淌到40岁时，我们可以抽身出来，有意识地看到自我，这个喜悦才会到来。

但一直以来，我们对人的内在环境的认识还远远不够，这些资源并未被我们充分地开发、利用和享受。我们可能错误地认为我们内在环境的那些部分就是我们自己。

一点都不奇怪，这样的理解是因为我们根本还没有走出我们的内在环境。实质上，也可以说，是因为在这部分我们尚未走出我们的童年。我们只是远远地走出了我们赖以生存的外部环境，创造了地球的物质文明，这是我们人类在如此漫长的历史长河中所拥有的成就和历程。所以，相对于地球表面的自然界，人类是一个成熟的成人，而且是个巨人。现在，我们将以我们还未觉知的速度来创造我们精神的文明；我们将像探索外部世界一样探索我们内在的世界，使人类自身的生命走出童年；犹如创造物质文明一样，我们将创造一个辉煌的精神的自己，这将导致整个物质世界和生命世界的一个不同凡响的飞跃。

完整的人通过完整的成长过程创造一个人性的自我

所有的呐喊都应该集中在这样一个核心点上：一个人从出生起，他是否拥有自己创造自我的机会，这机会是否被剥夺！

联合国的教育文献《学会生存》说道:“人越是忠实于他自己，他越是紧密地遵循他的天性法则和他自己的事业，他就越会接近于人类的共同事业，此外还能更好地与别人交往。”

教育是什么？是不是传授知识？是不是无尽地开发儿童头脑的智力？这是把人彻底工具化的做法，这是为工业化社会的各类生产制造工具，这是对人这种生命的玷污和篡改，因而是一个极大的误区。在成长的早期，无论是外在世界，还是内在世界，包括智力，都只不过是儿童借以自我创造的资源和环境。真正的教育应当是协助孩子，由孩子自己来完成创造自己的教育过程，否则我们就是生活在教育的谎言之中。

我们的教育文化第一看重的是人的认知，把认知看作唯一适合于人的东西。因此，从孩子出生，我们就开始开发和挖掘人的认知，我们把它称为“智能”。如果我们拥有丰富的内在宝藏，而又被偏向开发，当然是要付出代价的。这使我想起坐车从森林走向荒原看见的那一幕情景：忽然山完全地裸露了，一眼望去，生命不知何时已经从那一座一座的山上离开了。太多的人已经被开发得没有了基本的认知能力。

人，每一个稍有自我意向的人，都愿意按照自己的意志行事。创造自己的自由意志就是生命的法则之一。而这个法则的核心就是它的品质——创造。这个创造早就开始，它始于婴儿，在婴儿生命的机体中，他什么都不会做，只会坚定不移地履行这个法则：靠婴儿自己创造出一个自我。他必须这样，否则就会错失法则这扇门敞开的时间。自我创造的历程像是预设的，他必须一个进程一个进程地完成。

从外面世界的角度看，婴儿的身高改变了，婴儿的长相改变了，婴儿从完全由父母照顾到自己照顾自己，婴儿……不，他已不再是婴儿了——开始上幼儿园、小学、中学、大学……这样的变化他自己也可以看到，当然他还可以看到他的成长准许他看到的世界。

但是，核心的问题在于，18 年，从婴儿到成年，他借助外在以及内在的环境是否创造出一个自我。

这个自我看不见、摸不着，但是它贯穿在和这个人有关的有形、无形的所有事情之中，贯穿在内在世界和外在世界里，两个世界同样宏大。婴儿借助于外在和内在世界，建构和创造着比天空还要大的内在的自我，他需要大约 18 年来完成。

这个被自己建构和创造出来的人，又在用刚刚创造的自己来理解、认知，并深刻地把握和继续发展这个外在的世界和内在的世界。这样一个奇妙的、复杂的、神奇的、高难的、创造性的工作，只有人类儿童可以完成。这正是心理学家所认同的：婴儿 3 年的成长，需要成人用 33 年来完成。

有趣的是，我们把这个自我的创造忽略了，而努力将儿童的注意力拉向这个有形的、外在的世界。

现在，我们应该认识到这样一个事实：这个伟大的创造性的工作，是从婴儿诞生时即开始了的！它完全依靠婴儿自己完成——创造一个谁都无法设想的、站立起来的、完整的人。在这项工作中，它蕴含了作为人并且只有人才拥有的一个巨大的秘密，它揭示了人的本质，即创造的本性！

人只有作为自己的创造者，才拥有创造一切的可能。这正是人被赋予的一种法则和天赋本能。

当第一架飞机飞起、第一盏电灯亮起、第一颗人造卫星上天、第一台电视机造出、第一台电脑被使用，这些当然被认为是一种伟大的创造，伟大的天才创造了可供人类使用和发展的伟大的发明创造。这是多么值得庆贺而有成就的事情，就像第一颗人造卫星上天，整个地球的大部分人都在无比兴奋地观看，欢呼雀跃。但是，这个创造了地球上一切文明的人，其自身的创造历程，却被我们忽略了几千年。

人自我创造的历程，人创造世界的历程，无不始于婴儿

几千年来，婴儿出生后需要成人照顾，他们那时还没拥有成人强大的认

知，必须借助外在环境逐渐建构起智能（不是智慧），这算是一个被我们忽略的理由。然而更基本的是，人类的意识的进化尚未达到对自身内在世界的探索。似乎对自己之外的世界的探索有了一个成就非凡的历程之后，人类才会回归自己。这种回归可能是一个人类历史的新纪元。

我们终于知道，我们是由婴儿时就开始自己创造的一个独一无二的、独特的自己，尽管我们需要借助于环境，但创造的根本来由在于我们自己。只是它太自然了、太普遍了而容易被忽略，直到越来越多的人对自己的内在世界有了更长足的探索和认识后，才开始了对人的生命探索的历史。

在我们这个时代，我们有理由为婴儿的诞生而充满惊喜，我们庆贺一个创造自己历程的婴儿，他将从第一天起步，用预定的18年来完成他自我创造的人生计划。不再认为是由上帝所创造，不再认为是被其他人所创造，这个伟大的工程将由他自己完成。像童话故事一般，当他走完了这个自我创造的神奇和神秘的历程后，他会惊讶地发现，他拥有了一种神奇的天赋，一种创造的激情，一种生生不息的鲜活的生命。

“我虽然借助环境，但我自己创造了自己，只是我并不知道！”

沉浸在创造中的创造者并不知道创造本身，然而创造的力量终于把自己内化到了生命的每一个细胞中。

这个18年来的创造者，带着这个被自己创造出来的激情的“母体”走向世界。他将创造一个现实中的自己，我们把这种动力称为“理想”。

40岁到来时，这个已经创造了现实中的自己的人，开始重新审视自己，开始可以像站在自己的对面一样面对自我。一个新的生命历程将要开始；一个已经完成了自我的创造，完成了现实和社会中的创造的自己，将走出自我。时间和空间似乎就改变了，自然地转向我们共存的世界——社会，他带着激情的豪迈、成熟的心智、做公益的愿望和使命，造福于人类社会。

一切创造始于自己

在这样一个成长的法则里，蕴含着一个自然的秘密：一切创造始于自己。

当然，人，也完全可以被别人所创造。

人们可以扭曲和篡改这种只有人才拥有的生命之力，强制性地“创造”出别人。这正是我们今天社会的普遍所为，结果是：这个被创造者，丧失了作为人的最根本的特征——鲜活而赋有激情的创造力，丧失了对生命本身的热爱和尊重。你可以看看究竟发生了什么！

拥有自我的人，不让任何人到他的内在世界里随意施加“暴力”，也不会去他人的内在世界里随意施加“暴力”。法律是外在世界的秩序，能处理外在世界的各种纠纷；但内在心灵世界的纠纷，必须依靠你创造出的自我在你的内在世界建立秩序。由于内在是秩序的，因而就是稳定的，这正是拥有自我的人的特征。

关心这样一个创造历程，这个历程中的爱、自由和秩序，就意味着整个人类的进步状态得到了普遍的提升，这是解决我们人类问题和地球问题的出路所在。

今天，儿童的重要性并没有被我们完全认识到，我们的眼睛只是关注到了我们可以看到的、儿童借用的外在世界。我们终将会看到一个真正的奇迹，这个奇迹就发生在人类孩子的身上。

当人创造出自我，一个个体的生命才有了自主性、同一性和自我管理的系统。人才会自然地通过或是穿过自我的通道，迈向生命和宇宙那个原本的能量。人的世界就和自然的世界相联结，我们就真正可以看到我们生活的世界的原本样子，对生活的意义的认识和看世界的眼睛就此改变，世界因此变得宏大、清晰和真实。

不是超越自我，自我是我们在这个地球上的个体的管理系统，无须超越，而是从中穿过去，流淌过去，生命就会出现另外的景观。这正是 40 岁之后的成长历程。

如果我们没有将精神胚胎借助内外两个环境人性化，我们就根本没有依靠自己创造出一个自我。如果没能创造出一个自我，那么就一定是被他人“创造”了。而严格意义上说，没有人可以创造他人，你无法扮演大自然的创造者，这个创造者只能是婴儿自己，因为婴儿来自大自然，拥有着大自然的特质。这真的是自然法则最根本的秘密，所以他人只能组装你，你就被别人组装出了一个“小我”，或是称为“第二人格”，然后人们就说：“你要超越自我！”而实际上，你根本没有自我，你超越什么呢？这只是聊以慰藉的语言。面对成长的真相，才可能彰显生命的意义。真相究竟是什么呢？

一个国家、一个民族、一个家庭、一个个人成为什么样，完全取决于他们的婴儿是如何把自己创造出来的。

一直以来，我们期盼教育改善人的素质，期盼教育培养出杰出和富有创造性的天才。如果我们的教育不准许儿童自我创造，就根本没有真正意义上的素质，也没有天才可言。人需要依靠自己创造出自我，这个自我只要向前触摸，触摸之处，无不是创造的激情。任何走向这里的人都是天才。所以，教育的首要工作就是帮助孩子，但必须由孩子自己创造出一个独一无二的自己。

一个新世纪的到来，意味着我们生命意识的进化会上升到一种新境界，这实际上是我们对自己生命世界的新发现，如同科学界发现了宇宙秘密是科学的进步一样。对人内在的精神世界的发现，不仅意味着人类意识的进化，同时还标明了社会进化的开始。儿童不再是在压迫和权威中被他人灌输长大，他们依靠自己内在的存在，靠精神胚胎的指引，在爱、自由、秩序的外在环境中，协同内在环境，在高度一致化的和谐中成长。那会出现一种人类生命的新景象，出现新人类、新的自我价值、新的和谐。我们将依靠儿童创造出的一个和谐的自己来创造一个未来和谐的社会。

第十章

完整的人

完整，不是完美。人不会完美，也无须做到完美。健康的人格接纳自己的不完美，接纳自己的缺失如同接纳自己的美德。

第一节 自己做自己的主人

自己做自己的主人，意味着一个人从出生开始，他就是他自己身体的主人，是自己情绪的主人，是自己感觉的主人，是自己心理的主人，是自己认知的主人，是自己精神的主人。他的身体、情绪、感觉、心理、认知、精神不受外力的支配和压迫。

从刚出生就做自己的主人，他用什么来做？是什么可以使一个婴儿知道自己该做什么？

自己是谁？你是什么？（而不是你拥有什么！）

当你刚出生时，你看上去是身体的，而最核心的是你拥有精神胚胎，你同时还拥有情绪和感觉，然后不可遏制地发展出心理的、认知的、精神的，这是一个人拥有的完整的资源和雏形。你依靠你的精神胚胎（或者称为“存在”）的指引，借助于环境，运用你的身体、情绪、感觉、心理、认知，上升到精神，统合并创造一个完整的、人性的你自己。你拥有这些，创造着这些，发展着这些，最终你创造出了一个可以管理和主导的自己，一个可以独立和自主的自我！

自我依靠精神胚胎，借助外在和内在的环境，将其人性化，建构起一个有序的内在环境的系统。依靠先天的精神将外在和内在的环境内化，创造出一个独特的、完整的、系统的、统一的人。

做自己的主人，就拥有了自己创造自己的权利

自己创造自己意味着不把创造自己的权利交给别人，意味着不被他人强

制性地闯入你的内在而塑造你，意味着不成为任何人的复制品。让孩子成为他自己，这是人成长的最核心，也是教育的最核心！

我有故“我”在！他们都不是“我”，这些都是“我的”，但不是“我”。就好像心脏是身体的一部分，但不是身体本身；脑是身体的一部分，但不是身体本身。儿童是依靠分离出去的事物来发现“我的”的，从我身体里分离出去的，在我身体之外的，你的、你们的都可以发现；但尚未分离出去的、还和我在一起的，只有当自我形成后，才能够从真正意义上发现。情绪是我的一部分，但不是我；感觉是我的一部分，但不是我；思维是我的一部分，但不是我；精神是我的一部分，但不是我。这又是一次巨大的飞跃，这个飞跃是一个内在系统真正自我完善的过程。

这样，我们就容易理解，大量的成人为什么会误以为“我的情绪”是“我”，“我的感觉”是“我”，“我的心理”是“我”，“我的思想”是“我”……

在生活中，如果我们回到我们的内在，我们发现的应该是这样：我们有时是情绪的，有时是感觉的，有时是思维的，有时是心理的，有时是精神的……由于我们把它们看成我们自己本身，所以它们便常常变换着统治我们。所以，一会儿我们被情绪控制了，一会儿我们被心理控制了，一会儿我们被头脑控制了……就像我们很多人的生活一样。有时我们被别人控制了，有时我们控制了别人，有时被外在环境控制了……内在也有着“权力斗争”，我们的内在也常常相互控制着，“政变”“篡夺王位”，这就是我们内在的挣扎和焦虑。

自我才是我们自己

以往，我们还未能像分辨物质世界那样，对我们的内在世界有一个清晰、明确的认识。那时，我们甚至不知道它们的名字。这就如同200年前我们基本不知道自然界，但已经开始并且不断地探索自然。今天，我们同样需要像探索自然界和宇宙一样探索我们的内在世界；像认识自然界那样，为内在世界命名并明确意义，然后去发现它们彼此的关系和内在世界背后的秘密。这正是受益于我们正好进化和发展到了这个时期，如同现在我们受益于互联网一样。

就像食物是针对我们的身体，物质世界是针对我们的认知，音乐是针对我们的心灵，外在的世界是针对我们的内在，它如何纳入我们的生命中，与我们和谐相处，并创造一个更为神奇的内在世界，这需要我们内在的环境帮助我们达成。我们被设定时，也被赐予生命内在的宝藏和风景，用来创造自我和安慰、滋养我们的心灵。这是我们生命内部的生长环境的需求，就如同我们对外在世界的物质需求一样。我们的身体、情绪、感觉、心理、认知、精神，在 18 年中，在特定的时间和外在环境中，会出现敏感期。何时发展，何时在某个敏感期成长，何时协调，何时统合，何时整合，这都需要遵循自然法则。只要内在和外在的环境到位，在设定的时间，它们就会帮助我们创造、整合、建构一个独一无二的自我。

我们如果被一间房屋关闭住，就会走不出去。我们还没有理解到，假如我们内在的发展出现了问题，也会被我们内在的环境关闭住。身体、情绪、感觉、心理、认知，其中的任何一项出现障碍，都可以把我们关闭在里面。只不过，我们不把它称为“关闭人的房子”，而是把内在称为“模式”。我们就从某种模式中出不来了。只有我们到达精神的层面，我们才可以说我们自由了，因为跨越了精神，心灵是自由的，自我就会被创造出来。

这是一个十几年、几十年的漫长过程。如果没有自由——事实是大多儿童没有自由，即他们做不了自己的主人——所以儿童出现成长中的焦虑和固着，才导致了我们成长后的残缺，我们称为不完整。

人无自我意识，就会沦陷到强制和服从、控制和依附的斗争层面。没有自我意识的人，内在是一个无法填补的黑洞，需要填充的“食物”必定是恐惧、缺失、索取、贪婪、自私、狭隘……

当自我已经长大，已经完成，人就开始走向完善的旅程。

完善的自我是安宁的、安然的、清明的、喜悦的、理智的、智慧的、和谐的。

至少有两样东西可以帮助你成为自己的主人以完善自我：内在的力量和爱。

依靠你内在的力量的帮助，可以获得成为自己主人的自由。

获得充分的爱的孩子，也能够做自己的主人。

他们都能找到自我，但完善自我，歌德说，可能需要魔鬼靡非斯特的帮忙。但魔鬼未必会来帮忙……

还有一个帮你自我完善的东西——

那就是爱!

我们要大概阐述一下公众共同的词汇——儿童的成长和发展。我们常常说，儿童成长了，儿童发展了，这两个概念在基本的含义上可以说是一样的。如果我们给它一个确定的概念的话，那么用卢文格的概述是最准确的:“发展是由一种新结构的获得或从一种旧结构向一种新结构的转化组成的过程。”这种内在结构的形成是在生命内部发生的。这有些像皮亚杰的认知结构。但如果从精神发展角度来看，生命的里面从无到有经历了一个自我创造的过程，所以使用“创造”这个词在精神的含义上可能更为准确，而成长是指自我萌芽、诞生、形成的过程。

自我是我们内在的王者。为了孩子，让王者归来吧。

第二节　完整的人

成长的头 6 年，儿童需要大量的时间唤醒和启动自己的身体和内在，需要大量的时间接触、探索外在环境，需要大量的时间接触、探索内在环境。探索是一种动态，整个过程不是分离的，是交融在一起的。但是，在成人的世界里，由于我们不关注儿童内在的世界，我们就把儿童分离到外在的世界中了。

儿童还需要大量的时间回到自己的内在，以统合他所探索的内容。从外在看上去，这是一种静态，这是儿童和自己相处、和自己内在的环境相处，这是一个内在运作的过程。我们观察孩子或者通过感觉和孩子融为一体，来体察儿童内在的活动模式，结果发现，儿童在创造和统合一个自我。

只有自我会和自己内在的环境相处，和自己的身体相处，和自己的情绪相处，和自己的感觉相处，和自己的心理相处，和自己的思维相处，和自己的精神相处，并和自己的每一部分联结着。如果自我意识没有被创造出来，内在就会斗争起来，就无法和自己产生关系。没有自我，就没法和自己相处在一起。这就是儿童需要时间独处的原因。

儿童不需要被大量的玩具和外在的事物过分刺激，也不需要成人一刻不停地在儿童周围干扰，这些都会把孩子的注意力完全拉到外在，这样就占有了儿童内在统合的时间和空间。

任何一种探索和成长的周期，只要和生命内在的法则、物质世界的法则相互动，就会被儿童体验。在生命的体验中逐渐累积，自我意识越来越强大，生命也越来越具有觉察能力。

儿童完整的成长创造出完整的人

在这里蕴含着两个完整：完整的人和完整的成长。

完整，不是完美。人不会完美，也无须做到完美。健康的人格接纳自己的不完美，接纳自己的缺失如同接纳自己的美德。

完整的人是针对不完整而言的。完整表明一个人是一个丰满的、立体的、多层面的人。人的完整需要一个完整的成长过程。

小雨只有10个月大，她每天乐此不疲地做着一件事情——将桌上的东西拨拉到地上，或是坐在沙发上把身边的东西往下扔，或是把手中的东西扔起来、扔出去。有时候，被扔起来的小汽车落下时，正好砸在她的头上，砸痛了，哭了，一会儿她又开始了。

一个会抛掷的手带领一个正在运动的大脑，运动和思维同时在诞生。

婴儿刚出生时并未体验到，他和外面的世界是分离开的。这种和外面的世界一体化的感觉，是他尚未建立起的空间感。他必须用大量的时间体验物与物的分离，把自己和周围的一切分离开来，知道物与物是有界线的……分离是针对外在的物质世界吗？内在的生命世界发生了什么？分离同时也发生在内在的世界，他从浑然一体的世界，走向了丰富的内在世界。

在简单中我们看见生命的奇特和高深。

小汽车偶然地砸在了头上，这一事件的发生，触动了身体的感觉——疼痛。疼痛是身体不接受的，于是用哭来释放，情绪就被儿童感知到了……这正是内在发展的基础和前奏。

一个3岁半的小男孩和妈妈去超市买好吃的，买一盒好丽友派，超市送5个气球。孩子带着5个充好气的气球欢天喜地地回家，半路1个气球爆了，孩子便绝望地大哭。孩子难以允许这样的事情发生。

妈妈说："我们回去再给你买一个？"

孩子边哭边说："不，我就要刚才那一个！"（认知上的不可逆性）

妈妈说："买一个一模一样的。"

孩子更加痛苦并焦虑地哭叫："不是一模一样的，就要那一个。"

妈妈说："它破了，你很痛苦，但这是个意外。"

孩子痛苦地哭叫着："不是，不是，回去……不，回去，回到前面的时间……不一样……"

他还无法在思维上用语言完全叙述清楚自己的心理活动。他不接纳气球会爆这样一个事实。他想让时间倒流，回到事件的原点，要原本的那个，这样就还原了那5个。让已经流淌过去的时间再回来，回到那个时间，要原本的那个，才是他的愿望。5个气球在孩子的心里被认为是完整的，完整的就是完美的。少了1个，破坏了完美，就有了残缺，而要补回那个圆满，就必须回去。这就是这个年龄时期孩子生命的特征，他的心理表征也是这样的，执拗而且追求完美的敏感期。

可是，人不能同时跨入同一条河流！

妈妈明白后，对孩子说："好吧！你想哭就哭吧，妈妈明白了。"孩子听完妈妈的话，放松、安静并伤心地哭着，他要把这个情绪一直演奏完，让自己的心理接受这样一个事实。

物质的世界无法按照意识的愿望来安排。强烈的哭使孩子完全处在情绪和心理中，哭得通畅了一些，心理活动会慢慢地、慢慢地接纳"气球爆了"这样一个现实，情绪便趋于平静，然后通畅地结束……这样的经历重复一次又一次，然后不再哭，然后在心理上接纳，然后上升到认知上的清晰，然后在精神上发现物质世界存在的规律就是这样的。看，儿童就是这样建构起了一个更加接近真实的自己。只要成人耐心、准许，儿童就会自己逐渐完成这一过程。

本期望一个完美的道路或者过程，却由于疏忽或意外或过失，成了另一个不理想的，或让人失望的，或让人苦痛的样子。即使不能回去，也会说：“如果时间可以倒流，如果可以后悔，如果可以从头再来。”心理伴着情绪，面对完美的破损。

我们不会再用认知来分析，我们知道这时候认知分析是不协调音。了解了儿童的成人不再用认知这样说：“气球爆了，哭顶什么用，哭能把气球哭回来吗？”我们不再阻断孩子接纳的过程，不再使孩子处在一种无奈和绝望之中。孩子会自然地通过这样一个过程接纳这样的物质世界。这个过程需要孩子自己做，只要成人简单地接纳孩子的接纳。

实际上，内在环境的每一部分常常不是分离开工作的，它们是交融在一起的，彼此支持。

这个物质的世界有很多的不如意，儿童要体验和经历了才能理解、接纳和把握。经历的过程是一个感觉、情绪、心理的过程，接纳进来了，认知才起作用。

这些都存在着，真真切切地存在于我们的生命之中。

世界并不完美，但它同样是另一种意义上可以完美的世界。

同样是这个孩子，一天早晨，他穿好了衣服，站在沙发上，妈妈说：“赶快穿鞋。”等妈妈忙完手头的事情转身时，发现孩子依然站在沙发上，高度集中地凝神注视着前方。顺着孩子的视线望去，早晨的阳光正照射在妈妈柔粉色的睡衣上，光，便独特而奇异地聚在了那里……妈妈等待孩子从深深的内在出来，说：“你看见阳光照在妈妈的睡衣上，美妙极了！”孩子心领神会地靠在妈妈的身上愉悦地微笑。

这是个协奏曲，感觉、认知、精神、情绪，如此和谐地交融在一起，完成了这一过程。

对于孩子来说，观察他的每一部分，我们都可以发现这样的秘密——他可以完全充分地去发展他所有的生命特质，只是他要借助一个外在的人文环境和物质环境，不断触动、打开、发展、丰富自己的生命世界……一个生生不息的、永远创造着自己新生命状态的具有完整潜质的人！一个首先创造了自己，继而又可以创造外在世界的人！

人的生命成长有预定好的成长密码

婴儿诞生的时候，我们可以直观地看到：婴儿积极地、热情地开发和使用着自己的身体，腿能动了就开始蹬，手能动了就到处抓；腿可以走了，就哪里不平走哪里；全身都可以协调了，就开始攀爬、跳跃。

除了身体，婴儿的内在有丰富的情绪，婴儿充分地使用着自己的情绪；当他知道情绪可以疏解自己，可以主导父母时，就会不断使用情绪。这里可以发展出让人选择任何事情的情感动力；在婴儿的内在，有从头到脚的感觉（知觉），既可以感知外在的世界，也可以感知自己和其他生命的内在世界；还有丰富和复杂的心理活动，帮助他们过渡、转化、学习；还有我们以往过于夸大的认知能力，也就是智力活动帮助婴儿理性分析和组织整合；还有逐渐发展出来的精神……自我在生命的最中心即将形成。

如同发现和分辨外在世界一样，内在世界也同时被发现和熟悉，感觉、情绪、心理、认知，对这两个世界辨识的过程是同等的。

• 人是生命体：一个具体的、行动的、本身蕴藏着本能智慧的、可以行使自我意愿的，而且是流动的生命体。

• 人是情绪体：我们有丰富的、流淌的、来来去去的情绪世界，我们发展出成熟的情感，帮助、支持、调节、平衡我们的生命；给予我们生命的愉悦、激情和幸福的色彩感；联结我们和其他生命的关系；我们的情绪又是我们生命的动力，使我们充满情怀地去行动。

• 人是感觉体：我们有丰富的感觉，它以惊人的感受力存在于我们的生命中，感觉我们不断流动的内在世界——感觉自己的身体，感觉自己的情绪，感觉自己心理的变化和感觉我们的认知，感觉我们精神的愉悦，甚至可以感觉我们无与伦比的存在。我们也可以感觉一个外在的世界，感觉外在复杂而多变的事物，感觉玄妙和充满生机的自然界，感觉天使与魔鬼集于一身的人的内在的自己。

- 人是心理体：我们有复杂的、不断建构的心理世界，帮助我们包容和接纳所发生的内在的和外在的世界，以便帮助我们过渡到认知。

- 人是认知体：我们有永不停止的认知的大脑，帮我们分析、归纳、推理、组织、整合两个世界。

- 人是精神体：越来越多的学科证明，人的本质是精神的存在。我们拥有永远向上的精神世界，使我们可以从限制我们的物质的、琐碎的、具体的、纠葛的状况中走出，直飞而起，这是正常人天然的能力，从出生起就开始发展，它是作为真正自由的人而存在的能力。

- 人是灵性体：一位研究大脑的科学家说，“一种非物质的心智或灵魂，与物质的器官，究竟是在何处接通的？”人的生命将拥有一个特别的不死。

身体是你的，情绪是你的，感觉是你的，思维是你的，精神是你的，但又都不是你。你到底是谁呢？内内外外，都是人成长的资源和环境，我们依靠这些资源和环境，创造出了一个独一无二的自己，那才是你。拥有自我才真正走向独立和自主，走向自由和创造，走向不断的成长与和谐。

内在环境为创造一个真正的自我提供了过渡、转化、容纳、组织、整合、发展，以及建构和创造自我的资源。

人借助于此创造了自己。人拥有自我意识，这是人的标志。当我们成长到 40 岁的时候，生命就会从自我意识中流淌过去，让我们抱着一种好奇。当我们穿越了我们的自我流淌过去，那前面是什么呢……我们会找到我们更为真实的存在。

在人的生命成长中，有预定好的成长密码，它必从某一方面有所显示。所以，我们才发现人的成长阶段。遵循自然法则的成长阶段，人的生命才会有序而统合地、全方位地完整成长。这个显示反过来让我们知道了成长密码的存在。

一位心理学家说："人生的每一个阶段都有它自己的意义和目的，发现它和接受它是人生最关键的问题之一。"

先创造自己，再创造自身生命之外的世界

让每一个人先创造自己，然后再创造自身生命之外的世界。这是何等的博爱和平等，只有基于此，才可以谈及尊重生命。

"爱和自由，规则与平等"，可以保证完成一个人完整的成长的历程。

无论是什么，当婴儿在漫长的成长中将自我创造出来时，人就可以确立在现实中了。这种人的第二次诞生的意义，不同于自然意义上的生命和身体的诞生。这是作为人的意义上的形成，人走出并超越了自然，成为社会的人、关系的人、精神的人。自我将使人成为万物之精华。

但这并未完成作为人的全部。人创造出自我后，然后穿过自我，既联结着当下的世界（作为人性），又通向宇宙的能量（作为宇宙意识的存在），成为意识进化意义上的人，我们因此知道作为人存在的意义。

我们有一个和宇宙、自然相联结的，并可以和所有生命相联结的，拥有爱、喜悦、价值、生命力、真理、创造和觉察的存在，它使我们自己充分认识到价值、爱、力量、真理的意义，而无须到自己之外的世界寻找任何东西证明自己的价值，"我"就是价值本身。而这个存在需要自我意识来联结，联结每个人深处的自我意识，联结每个人的存在和宇宙的存在。自我意识是一个美妙无穷的通道。自我不能形成，我们就会成为社会的动物，被牢固地捆绑在物质和原始的情绪、感觉、心理和头脑的层面不能超脱。

我们就是这样一个奥妙无穷的有机体，这样一个生命流动的身、心、灵的复合体，这样一曲庞大的、每个人都必须自己创造并共同协作演奏的交响乐。

有时候，我们不知道这个孩子此刻的主旋律是什么，不知道还会再出现什么样的副主题来平衡他自己。

生命的成长从来都是从生命内部发生的。宇宙的法则就是让每一个人以自己作为宇宙的中心（不是自我中心主义）：你的自我在你的最中心，你在你内在环境的中心点。在这环绕的中心，你的自我时刻和你的内在环境——身体、情绪、感觉、心理、认知、精神联结着，产生着关系，你就是一个立体的人、一个多面体的人、一个饱满的人、一个宏大的人、一个有系统的人……你的生命就以最柔软、最美妙、最喜悦、最智慧、最充满爱、最觉察的状态和谐地盛开着。

在人成长的头18年中，人的生命在内外两个环境的每一个面向、每一个层面一直都以它天赋的独特的方式与其他层面紧密联结、交相辉映，合作、融合、支持、创造着自我。而自我，又在与自己内在的环境联结和流动着。这就是我所理解的自我和自己的关系。应该说，是自我和自己内在环境的关系。

每个孩子又都发现并整合着它们之间的关系，使它们和谐地相处在一个自身的内在世界里，这就是作为一个完整的人的成长过程。完整的人，无论是身、心、灵都会更和谐，进而也能消除内在的冲突，使身心更健康。如果自我意识没有形成，我们就会有一个纷乱的内在，而不是一个系统化的内在。这样，内在就永远处在了权力斗争中。内在的不和谐，才导致关系的不和谐、社会的不和谐。

成长的状态是流动的，流动是最正常的，如同生命是流动的一样。内在的任何一部分停止了，就阻挡了流动。儿童的发展在任何一部分遇到阻碍，内在所有的部分都会受到影响，并出现障碍，不完整就出现了。这些问题不解决，我们就很难看到一个完整的成人。

所以，才出现人寻找自我的现象，人的生命里就出现了寻找自我的各种努力。

这正是这个时代所要发生的事情。新的教育理念更加基于尊重人性，社会更加基于自由而带来民主和文明，内在和谐更加利于建设一个和谐的社会。

第十一章

再谈感觉

从婴儿时开始，感觉就陪伴着我们。儿童每时每刻都生活在内心的感觉中。

感觉在儿童生命成长中的作用如此重要，于是在整本书内容完整之余，我想在此再谈感觉。

儿童世界的大门在我们面前打开了

我听蜻蜓说："如果你们用显微镜不看近处而看远处，就和我看到的一样，细节没有，但对物体的运动高度敏感。但是，你们看细节有意思吗？"

我听蝈蝈说："人类怎么那样爱看你们叫作'电视'的闪电呢？"

我听小鸟说："如果你戴着眼罩走夜路，就和我走夜路一样；可是我听得见我们的欢声笑语，你们听不见。"

我听猫头鹰说："我的白天是你们的黑夜。把我放到你们的白天让我睁眼睛，就和让你睁开眼睛看太阳那样。夜间多好啊，明亮舒适。"

我听兔子说："你们人的世界太安静了，即使你听力很好，再加上助听器，也还是比不上我。"

我听狗说："我看不见前方 10 米远的地方，但是即使你戴上一个放大 1 万倍的助嗅器，也还是赶不上我闻到的。我都能闻得到你的担心和害怕的气味，朋友。"

我还听狗说："你们人类用眼睛辨认，我们狗用鼻子辨认，所以你们人类的身份证贴相片，我们狗类证明身份靠狗味。我们若是有证件，就会贴狗味标记，它的稳定性、耐久性一点也不比你们的相片差。你们人类的视觉是很好，可你们的嗅觉怎么迟钝成这样呢？"

我听羊说："如果你穿上棉大衣抱我，就和我裸身抱你的感觉一样。"

我听小牛说："如果你去听一种你根本不懂也永远学不会一句的外语，就和我听人类说话一样。”

我听小狼说：“我不会看字，那东西太无聊了。我爱看奔跑的兔子，特别好看。”

儿童、成人，有极其丰富多彩的对外部世界的感觉，那是我们的眼睛能看见的万种明暗、几十万种色彩，以及它们的各种搭配组合；能听见的万种响度、几万种音阶，以及它们的各种搭配组合；还有万种气味、味道和万种触觉。那和动物的外部世界不一样，也就是说，和外部世界本身不一样。我们的外部世界，由于我们的精神世界对它们的整理和加强，又丰富了几倍，清晰了几倍。

我们还有一个极其丰富多彩的内心世界的感觉和感觉的组合，那是我们的特别感觉。

老师说：“我们今天只说内心感觉。”

“冷和热算吗？”

“不算。”

“饿和饱算吗？”

“也不算。”

“口渴算吗？”

“当然也不算。”

“困了算吗？”

“不算。”

“心疼算吗？”

“有时候算，有时候不算。”

“快乐算吗？”

“算。”

婴儿刚出生时，有成人所没有的看见明暗的快乐感。婴儿的快乐感出现在他每一个活动中。婴儿用自己的能力去开门，在开门中获得了一种能力，这使他感觉非常快乐。每个婴儿每时每刻都在创造自我，这样的创造只有极少的成人会有。

婴儿用手拉环很快乐。手的使用使婴儿快乐，吃手受到阻碍使婴儿焦虑。如果不受干扰，婴儿快乐的活动会越来越多。他的身体更加自由，嘴和手更快地发展，更加能突破对他的妨碍。

所以，孩子可以用感觉说话。

上面的话可以说成：婴儿感到拉环的感觉和快乐的感觉。手的使用使他有快乐感，吃手受阻使他有焦虑感。快乐感的活动越来越多。身体有更加自由的感觉，嘴和手的感觉更加发展，对妨碍的抗争更加有力量感。

婴儿觉察奶水在脸上，开始时惊愕。这是对自己的一种异常感觉。

发现便便和保管便便，对自己的身体产物的感觉，一种对自我的感觉的反射。

爸爸从福特汽车引导孩子认知到汽车的产地是美洲，寻找学习知识的机会，可是这只会使孩子产生被强制、压抑、焦虑和无奈的感觉。

儿童说：“这是我的。”这是对属于自己物品的归属感觉。

儿童说：“我有弹钢琴的欲望感和因动钢琴而引起的恐慌感。”

儿童说：“因为没有被原谅，我产生了痛苦感和秩序被打乱的感觉。”

儿童说：“妈妈上班离开我，我产生了恐惧感、不安全感和秩序的混乱感。我不控制、不遮拦地用哭表达痛苦的感受。”哭是内心痛苦感和伤心感的强烈的外向表达。

儿童说：“爸爸强行帮我剥红薯皮，打扰了我内在的认知的秩序感和心理感觉。”

儿童说：“肉丝卡在我的牙缝里了。”身体感觉产生的心理感觉，能建立主体感觉的概念。

儿童说：“我用脚蹬树，产生了内疚感，我给树道歉。”内疚感是心理感觉。

儿童说（在厕所里）：“老师，你是男的还是女的？”对人的身体、社会性的性别的认知感觉。

儿童说：“妈妈不在的时候，我有孤独的感觉。”那就是渴望伙伴的心理感觉。

儿童说：“我的父亲很难做到不骂我。他说那比戒烟酒难多了。他也知道骂我、打我不好，担心会代代继承下去。”父亲的情绪被启动后，打和骂会使父亲有一种奇怪的释放之后的舒服的心理感觉。

儿童说：“妈妈伤心，我用弗洛格的故事调解妈妈的情绪。”这是调适心理感觉，通过更高的精神打造新情绪集。

儿童说：“我把妈妈不好的情绪接收过来，但又传送给了妹妹。”情绪在心里驻留一会儿的心理感觉和情绪传递的感觉。

儿童说：“我为妈妈没完没了地说话感到难受，后来转变为焦虑。”这是心理感觉。

儿童说：“我一直在幼儿园的院子玩，不进教室，不进卧室……我想做什么就做什么。”这是让身体、心理、精神充分享受自由感。

儿童说：“我从自由逛荡到突然被订书机吸引了。”自由感引出了专注感，以后他会自动地被这种专注的感觉吸引进去。

儿童说：“我一直看着蛋糕，没有吃蛋糕。过生日不仅仅是有一个蛋糕，我要感觉和体验生日的气氛和情景。”心灵的感觉，和静静感觉生日活动的心理感觉。

儿童说：“妈妈，请讲生命。”这是精神感觉，用理性和精神去感觉生命。

儿童说：“老师，请给我读诗。”这是精神感觉，柏拉图说艺术感觉是先验的。

儿童说：“我爱看梵高的画，我的内心就静静的。”艺术感觉所产生的心灵感觉。

儿童说："我不爱看这部动画片，我要看那部动画片。"精神感觉的等级。

儿童说："我原谅了你。"原谅和被原谅的感觉。

儿童说："不管你什么样，我都喜欢你。"一种本质的爱与被爱，幸福的感觉！

儿童说："我不让你来我家玩，我不信任你。"相信、被相信的感觉，欺骗、被欺骗的感觉，对他人表现的心理感觉和精神感觉结合了。

儿童说："说说自由和生命的关系吧。"这是精神感觉，理性思考产生的理性感觉和对理性的感觉。

少年说："那天音乐会的音乐，听上去很杂乱。"这是精神感觉。

少女说："我妈妈让我小心，现在社会上拐卖犯罪的事件很多。我说没有需求就不会受骗。"这是理性感觉，少女知道骗局成功的条件。

从婴儿时开始，感觉就陪伴着我们。

人的生命的本质是在创造中逐步完整的生命，是按照环境创建自身以便创建环境的生命。如果儿童的活动一直受限，儿童的活动以及因不能活动而产生的焦虑感就会被大脑逐渐放弃。儿童不再有焦虑感，但他们同时也失去了生命的活力和成长的可能。

千千可以用语言描述她的感觉。

千千4岁5个月，她特别喜欢用珠子穿项链。她把穿项链用的水晶珠子放进一个小笔筒里，珠子的大小和质地一模一样，只是颜色有蓝色、灰色、粉色、紫色、白色5种区分。

刚开始她需要什么颜色的珠子时，就先看一眼，再把手伸进笔筒里，拿一个她喜欢的颜色的珠子。

某一天，千千伸手摸了一个蓝色的珠子对妈妈说："妈妈，你看，我想拿蓝色我就拿到了。你猜，我是怎么拿到的？"

妈妈说："你是不是看见的？"

千千说："不是！"

妈妈说:“那你是怎么拿到的呢?”

千千愉悦地说:“我感觉出来的。你猜,我是怎样感觉出来的?”

妈妈说:“不知道。”

千千说:“我也不知道。”

所有的事情都可以用内心感觉去描述。

在认识到内心感觉之后,可以说一切都是感觉,感觉是一切的基础。

儿童每时每刻都生活在内心的感觉中

儿童说:“我爱听《快乐王子》。”这是精神感觉,对意境的感觉,对美好和崇高的情景的感觉。

少年说:“我爱听马丁·路德·金的《我有一个梦想》。”这是对语言的感觉之精神感觉,对正义、和平、和谐、善、美,对它们的期待的感觉。

拥有感觉使我们和自己、他人的生命、认知、精神、心理和灵性甚至是语言本身产生联结的可能,使我们走进自己和他人的生命事件之中,扩展着我们内外的两个世界。

我们过去认为感觉仅仅集中于人体的 5 种感觉中,显然那局限了我们。

男孩说:“我对钢琴没感觉,没能学琴。”那是精神感觉没有出现。

女孩说:“我喜欢跳舞,我常常沉醉在芭蕾中。”那是她已经拥有了精神和艺术的感觉。

成人说:“我和狗狗一起奔跑,我就被孩子们发觉了。”那是一种对运动起来的生命力的感觉和运动感,还有对生命的心理感觉。成人和儿童根本不同。这里有人类和动物联系的秘密。

儿童说:“你不可以解剖植物,它会疼。我不会触摸它的。”这是对生命的心理感觉,彰显着儿童意识里的善和爱。

感觉是良知、善,即道德的来源。

儿童必须是他感觉的主人。即使儿童的认知尚未成长起来，他时常还不能了解事情的来龙去脉，他也能感觉出人或事物背后最深处的本质。这是灵性感觉还是直觉呢？

我5岁上学，妈妈说这是因为没有人带我。记得在我上小学一二年级时，一个冬日的早晨，学校开大会，我抱着小凳子，手里拿着一本64开的厚厚的《毛泽东文选》，坐在操场上。

早晨的寒冷，透过不厚的棉衣，逐渐浸透了我的身体，感觉“太冷了”……突然我听到喇叭里在喊我的名字。我站起来，看到有人向主席台走去，我也走去。上台后，有人发了一本书给我，其他人站着，我便也站着。一会儿，有人下来，我便跟着下来，坐回我的位置。这一坐，原来有点温度的座位更加冰冷了。

会散了，我抱着小凳子有了回家可以暖和的喜悦感，手里却多了一本书。抱着凳子，一手又多拿了一本书，手完全地裸露着，被冻得通红。我被这种冻得难以忍受的疼痛感和忍耐着与疼痛抗争的感觉所包围，忍着没哭。一进家门，看见妈妈便放声大哭……手在妈妈的手中揉搓得不再疼痛，情绪便缓和起来。

妈妈问：“这是谁给的？”

我说：“学校发的。”我说的同时突然觉知到《毛泽东文选》好像丢了，心里便掠过一丝担心和害怕。

妈妈问：“都发了吗？”

我说：“都发了。”

妈妈翻开书，突然惊喜道：“嗨，傻瓜，你是‘五好学生’哎！”

我马上感觉到妈妈情绪的变化，知道妈妈的喜悦，惊喜源于“五好学生”。她看我的眼神也有了爱。

“五好学生”是什么？不知道。

为什么“五好学生”就让妈妈喜悦？不知道。

是什么样的书？不知道。

事后因为好奇，我翻开那本书，扉页上用毛笔写着我荣获了“五好学生”

的荣誉称号。我还记得“五好学生”用引号引着，有一个红色的大印章，夺人眼目，我心里暗暗吃惊。但这些是什么呢？无论我的好奇多么大，我还是无法知道、无法猜透。

我当时的认知显然无法使我认识到这些，但我隐约感觉到有一个世界我不知道。我感到混沌一片，我没有跨进去。这让我隐约有一种迷惑和不安，感到自己的不好，这可能就是自我价值感吧。

成人后，我把这些对情绪和感觉的记忆再次拿出，就像打开百宝箱一样，我捡起这一段。这个时候，我的智能才让我认识到了它，而那时我感觉不到成人世界的存在。在我们是孩子的时候，这些对我们意味着什么？

五六岁的我，是一个自然的人，在自己的生命之中探索和感觉，没有离开过自己。生命中的人对爱与被爱、被接纳、善、美、安全感、归属感、认同感等，会非常敏感。妈妈是一个成人，那个年代，她们基本上是或者首先是社会化的人，她拥有和学校里的成人同样的世界，我无法知道妈妈的评判模式和成人社会的价值体系。

这对我来说可能是幸运，我没有被提前拉到外在世界而成为社会的人，这使我可以感觉我自己的内在世界，感觉我的生命指引我属于我自己的那一部分，我同时拥有了属于自己创造自己的时间和空间。

可能达尔文[①]的世界就不同了。在达尔文上小学期间，他总是在学校的后院里，和后院里所有存在的那些生命——各种植物和各种小动物在一起，不爱进教室学习。他的父亲对他说：“你给达尔文家族丢尽了脸。”但是，达尔文受他生命的引导，就对这些有感觉，我们才能够发现他生命内在的兴趣究竟在哪里。感觉引导他发现了一个生命的世界，走进了一个生命的世界。

“我”感觉到的世界，对“我”来说它才存在；“我”感觉不到的世界，“我”就无从发现那个世界，也无从认识那个世界。实际上，所有的儿童都是

① 查尔斯·达尔文（1809—1882），英国博物学家。

这样。

我想起有许多人对精神的尴尬，对爱的尴尬，对高尚的尴尬，对美的尴尬，对高潮体验的尴尬。是感觉不到？还是感觉到了？尴尬也许是一种真正的不自由，尴尬使人徘徊在生命的感觉的世界之外。

感觉使儿童不断发现着新的世界，发现着自己，感觉普遍地存在于儿童的生活细节中，只是在大多数孩子那里没有得到充分的使用和开发。

“其实，我们就生活在内心感觉的海洋里！”

幼儿是感觉的，而不是语言的生命。有了感觉，孩子就明白了。

青春期到了，这个已经成长起来的儿童，才可以进入理性和抽象思维阶段，深入这个外在的世界。只是，在我们的生命中，除了感觉，又加进了更多的理性与抽象思维。无论你是成人还是孩子、老人，认识自己内在的世界都要从感觉开始，依然要靠感觉。无论从哪个角度来讲，感觉都是无法替代的，它是儿童自己生命中发生的，是必须透过自己体验的。

看一看吧！

紧张感、优越感、自卑感、讥讽感、啰唆感、虚荣感、愚蠢感、狂躁感、兴奋感、抑郁感、悲伤感、灵感、直感、善感、恶感、害羞感、恻隐之感、冷酷感、同情感、激动感、忌妒感、自尊感、不幸感、智慧感、聪明感、正义感、美感、崇高感、无私感、真诚感、爱感、愉快感、诚实感、迷惑感、困惑感、讨厌感、舒适感、幻想感、愤慨感、震惊感、纯朴感、天真感、自由感、孤独感、痛心感、正直感、新鲜感、神秘感、亲切感、幽默感、公平感、坦率感、超脱感、堕落感、习惯感、虚心感、坚决感、诚恳感、自信感、冒险感、勤奋感、坚定感、自私感、安静感、安全感、迟钝感、冷淡感、热烈感、易变感、温和感、懒惰感、胆怯感、自制感、软弱感、偏执感、随和感、谨慎感、悔恨感、优柔感、依赖感、活泼感、直率感、严肃感、武断感、自豪感……

儿童是否具备更高级的能力

孩子说，那个在旁边看柚子的孩子她只是想看，并不想吃。儿童对他人心理的把握能达到什么程度？儿童认知食物、事物和物品内部结构的欲望超过吃它？这个欲望有多强烈？成人为什么误解呢？是不是儿童在基本需要满足后，还具备更高级的能力？

“很多人都爱我，不过有的容易联结到，有的不太容易联结到。妞妞（指他几个月大的妹妹）最容易联结了。小孩最容易联结了。”这是一种什么能力？只有儿童有吗？当儿童拥有而成人没有的时候，它究竟有多高的真实度？

如果水的结晶真能感知情绪信息或者意念信息，那我们对情绪或意念的感知就可以至少有一部分基于身体中的水，而不是基于大脑和神经组织。这是感觉的新通道吗？它真的存在吗？

说“不同意我”就像“打我”一样？对支配别人没收到回应的心理感觉，就像被打一样？这样就可以用“打”回击？那么“必须同意我”的意识是从哪里来的呢？“不同意我”就使他有“被打”的感觉又是怎样形成的呢？为什么告诉孩子“每个人都是自己的主人”“请尊重别人拒绝你”就简单解决了问题？仅仅是一个简单的规则、界限、观念，还是在人性的深处有更多的东西？

九九和伙伴间的情结和焦虑，伙伴之间的优胜感觉以及这种情景出现时的不适感，这些感觉的根源究竟在哪里？是人类意识进化的产物吗？

青青谈灵魂，对灵的感觉是感觉、是体验、是想象、是编故事？还是就那样认为？如果是编故事，她为什么要编故事？她怎么编的呢？靠感觉、思维编的吗？或是体验，甚或早期人类原始的感觉或是观念的回声？

儿童为什么会把植物当作和动物一样的生命呢？心灵的感知？

儿童谜一样的话语和行为是成人复杂意识的萌芽，是露头、是显示，还是生命的两极？抑或是儿童与成人本来就一样，儿童只是在展示？

对于我们这些成人来说，我们究竟进化到了哪个意识层面？我们是否能够跳越我们所在的意识层面来完成成人意识和心理的进化？尤其是能否跳越父母和教育者的意识、心理和文化状态？为什么人类的儿童可以？

我们怎会有这些意识呢？我们到底是在做什么呢？是不是教育科学、认知科学、心理科学、意识科学已经到了实用阶段？应用这些科学，我们是在帮助儿童还是在帮助我们自己？是不是我们想要帮助我们的孩子，是否觉醒的意识已经在人们身上普遍存在？事实上，这个时代好像已经可以如此。

……

第十二章

不同角度的洞见

——儿童成长阶段的几个经典理论

无论我们从哪一种理论出发，至少应该宏观地把孩子 0 ～ 18 岁的状态装入我们的心里，再看当下自己孩子的成长，这对我们的教育、对父母养育孩子有着至关重要的帮助。

第一节　成长阶段的发现

孩子刚出生时，这个生命对于我们来说几乎是全新的、陌生的。我们对人的生命太不熟悉，太不了解了。我们把时间全部放在了了解外在的世界上，放在了寻求生存和维护关系的纠葛上。所以，当我们生下孩子，就只能看到孩子当下的年龄特征，就好像我们没有那样长大过。在我们的内心，没有0～18岁成长的历程。

我从事教育30多年，有常年到各地演讲的经历。我常常问家长和职业工作者:“有0～3岁孩子的家长和教师举手。”我问:“你大概知道3～6岁孩子成长的状态吗？”无一人举手。我问:“有3～6岁孩子的家长和老师举手。”我问:“你们大概知道6～12岁孩子成长的特征吗？”也无一人举手。父母们只知道当下孩子的状态，对孩子未来的状态则一无所知。这种现象普遍存在。

30年来，这样的情景不断重复着。为什么养育孩子却不知孩子如何成长？这是否意味着社会对人的生命的大意，这是不是太冒险了？究竟是什么导致我们如此冒险？是人的属性还是繁衍后代的本能？为什么我们自己已经长大，却无法清晰并借鉴自己成长的历程？究竟是什么维系着我们原始而粗糙的教育观念？

我们要改变这种境况，就要和孩子一起成长。如果我们有这样的愿望，这将是最好的机会，因为我们正在面临着自身没能成长好，但又期盼养育好一个孩子的境况。

无论我们从哪一种理论出发，至少应该宏观地把孩子0～18岁的状态装入我们的心里，再看当下自己孩子的成长，这对我们的教育、对父母养育孩子有着至关重要的帮助。因为我们可以知道每个生命时期生命创造的主旋律，以及生理成长、心理成长、精神成长的特点和需求，我们可以看到儿童成长的动人风景。

在人的生命成长中，有预定好的成长密码，所以教育者才发现人的成长阶段。遵循自然法则的成长阶段，人的生命才会有序而统合地、全方位地完整成长。

一位心理学家说："人生的每一个阶段都有它自己的意义和目的，发现它和接受它是人生最关键的问题之一。"

至少我们面对孩子当下的琐事时，我们能知道这是某个时期孩子生命成长的特征，就不会大惊小怪，不会严责孩子，就会给孩子更大一点的成长空间。

从古代开始，中国人、希腊人和罗马人就对人的生命成长阶段充满了关注。

罗马人的人生 5 阶段：

0 ～ 15 岁，童年即上学初期；

15 ～ 25 岁，青年期；

25 ～ 40 岁，第一成年期；

40 ～ 55 岁，第二成年期；

55 岁以上，老年期。

这可能是由于发现人生形象变化很大，所以最早时用形象来给年龄分段。也能看出，那时 15 岁是青年了，55 岁就老了。成年期分为两个阶段，可以看出成年期的差别很大。

希腊人的人生 10 阶段，每一阶段 7 年：

0 ～ 7 岁，幻想时代；

7 ～ 14 岁，想象阶段；

14～21 岁，青春期与青少年时代；

21～28 岁，发现和把握人生的基础；

28～35 岁，证实和强化已发现的基础；

35～42 岁，第二青春期，按内心的召唤重新调整方向；

42～49 岁，狂躁抑郁期；

49～56 岁，与自己的衰老搏斗；

56～63 岁，思想成熟；

63～70 岁，第二童年期。（如果有意识地接受这一转变，它把人引向新的更高的起点。）

这是从内心的变化和对人生的把握来给年龄分段。

中国大教育家孔子的人生 6 阶段：

十五立志向学；

三十而立；

四十而不惑；

五十而知天命；

六十而耳顺；

七十而从心所欲，不逾矩。

这是从对人文环境把握能力的角度来给年龄分段。

有趣的是，孔子认为人 15 岁时“立志向学”，这几乎和所有教育家的想法相同。即使不是教育家，比如林肯，也认为儿童从 14 岁才开始所谓真正的学习。真正的学习意味着一个人开始真正使用自己的思维。使用和建构是两个不同的概念。这个时候正好是青春期。

14 岁左右是青春期的年龄，有的孩子青春期来得早，有的来得晚些。如果去除年龄，用青春期作为一个界限和划分，那么教育家几乎无一例外地认为，真正的思维的年龄在青春期到来时开始。

青春期和青春期之前的关系非常重要。儿童要用 15 年的时间先建构和创造自己：0 ～ 7 岁，创造一个生命的自我意识；7 ～ 14 岁，创造一个人类文化的自我，然后用这个创造出的自我来学习和过渡到成人期。学习是不可缺少的，但学习有不同的内涵。从某种意义上来说，婴儿出生就在学习，但不是成人意义上的学习，不是求生存和学本领的学习，不是书本系统和考试系统的学习，而是学习使用外在和内在的环境创造自己。

有了这个底蕴，我就对教育的任务、实质和本性有了信心。

把人的成长按阶段来划分，本质上是基于什么呢？为什么从古至今的阶段划分几乎是相似的，差别只是更加丰富和细化呢？

共识是，15 岁是一个分界线——青春期。

0 ～ 15 岁，人是自然的人，人几乎没有人性，是神性的。这之前，这种神性集中所有的资源，历经一个个历程，建构和创造生命中的自我。即使儿童在现实的环境之中，那也只是成长的资源。我们不能强制孩子学习 21 岁生存的手段。

15 岁，生命开始发生变化，自我意识开始输入人性的血液。就好像突然从天国降临人间，开始从身、心、灵三方面往人性和社会的方向过渡和跨越，理性思维开始真正启动，对人类的理想也开始产生。

21 岁到 35 岁或 40 岁，努力成为社会的人。

40 岁，回归自我意识，重新发现人生的意义。

唯一一个疑问是，是 18 岁或 21 岁成年，还是 35 岁或 40 岁成年。教育学家和心理学家各有不同的说法。我认为，从社会的角度看，21 岁成年；从生命的角度看，40 岁成年。我更喜欢从生命的角度看待人的成长。

今天，我们观察现实，大多数孩子，在青春期到来时，学习的兴趣几乎已经所剩无几了。还没有开始就没有了，这就是透支的代价。

一个孩子上初中，每天他都看到老师指责和骂学习差的同学。有一次，孩子回来问妈妈：“学习不好，连人都做不了吗？”妈妈问：“你认为呢？”孩子说：

“学习不好，是学习的问题，还可以是一个好人，所以老师没有权利骂人！”一个善待人的角度。

这意味着，我们现有的社会对孩子长达18年的判断，是以学习好坏来衡量的。这个衡量标准和判断人的观念，本身就极具破坏性。它会诱导人们全然不顾生命成长的法则，而以现实的功利为指南。为了使孩子“学习”好，父母就让孩子在1岁时开始了学习。商业结构会极快地嗅到这种需要，为这种急功近利提供更为急功近利的服务。成长最要实事求是、认认真真、踏踏实实、老老实实，儿童的成长最急功近利不得，因为那样做意味着破坏生命的开始。如此一个以“学习”好坏为判断标准的民众，却使绝大多数人害怕学习。我们需要反省。

贫富、贵贱、有学识还是无知，都是现实社会的世俗的价值系统。而孩子的成长，是一个生命的成长系统，价值系统就不相同了。每一个生命出生，都是尊贵的，鲜嫩得像花一样。成长需要爱、接纳、认可、自由、尊重、平等，然后在这种氛围中，慢慢生活、慢慢成长，这是生命系统的价值观。只要得到这个价值系统、这个氛围，无论出生于什么样的家庭，都可以成为一个完整的人。

所以，孩子都一样的好。义务教育的目的所在就是使整个民众的素质得到一个基本的提升和保证。

如果你把贫富家庭的孩子、贵贱家庭的孩子、无知和有学识家庭的孩子放在一起，你只能看到：哪个孩子获得了父母的爱，哪个孩子被打扰了，哪个孩子的生命能量被掠夺了，哪个生命饱满而有活力，哪个认知正常，哪个发展全面。如果你判断，那个穿红色衣服的男孩是高官的儿子，那个穿白衣裙的女孩的爸爸是千万富翁……你就彻底地玷污了生命和成长。只要有孩子，无论是学校还是家庭，无论是公众场合还是私人聚会，我们都要使用生命成长的价值系统来对待孩子，使用社会和世俗的价值观念，就是对孩子的暴力。

将人的生命的成长同世俗的世界相比，还原人的本质才是高贵。

如果你看孩子的角度如同看世界的角度是利益的、功利的、动机的，就等于让孩子从小就“学习”利益、功利、动机。

让人类的孩子真真实实地生活吧，成长吧。人的高贵在于是万物之精华，人的神奇在于创造，人的创造在于可以爱所有的生命。

第二节　皮亚杰关于儿童认知发展阶段的阐述

我对人生阶段的热切和关注，是由于现实社会太不关注它了。

随着时代的发展和人类意识的进化，对人的生命成长的探索与了解越来越详尽。以下，我选择了一位心理学家和三位极具代表性的教育家，简要概括他们对人的生命成长阶段的理论划分，以飨读者。

皮亚杰从逻辑能力的角度来给年龄分段，他把人的成长分为 4 个阶段：

0～2 岁，感知——运动阶段

感觉输入和协调躯体动作时期。用简单的话说，就是婴儿以为自己的躯体和动作就是世界。

特征：积极寻找刺激。不能在头脑中再现动作。1 岁后发现客体的存在，简言之，发现自己的躯体和动作之外，还存在着东西。

2～7 岁，前运演阶段

再现和前逻辑思维时期。简单地说，在开始做什么事情前，动作可以在内心出现，这样就给了智力扩展的机会，但必须借助感觉完成。

特征：在一段时间，只注重问题的一个方面，而忽略整个画面的其他有关情况（所以，每次只能给孩子一个难点，包括说话）。不会逆向思维。由于正在建构自我，所以无法领会他人的观点，觉察不到别人需要听什么。

7 ~ 11 岁，具体运演阶段

具体的逻辑思维。指有关可逆的实物摆在面前的心理动作，叫作具体运演。思维局限于具体的事物。通俗地说，儿童必须手里拿着实物才可以思考。（这就是小学毕业前，必须用实物教学的原因。用话说教，儿童就难以理解。）

特征：补偿，头脑中可以同时保持两个方面，以保证一个补偿另一个。同一性，指的是守恒。可逆性，头脑中做相反的身体动作，使物体返回原状。不能同时考虑全部的关系。社会相互作用提高，领会能力提高，逐渐意识到听讲人的需要和兴趣。

11 ~ 15 岁，形式运演阶段

无限制的逻辑思维时期。不仅可以直接观察，而且能由假定的陈述得出结论。可以就联系的关系等抽象的观念进行思维。假设思维的出现，接受对方的观点，考虑论据的推理，把自己的看法看作许多可能的看法之一。可以对自己的思维进行思维，自发参加哲学、宗教、道德、充满公正、自由等这类抽象概念的讨论。

特征：如果形式运演思维被推迟，是因为两个成见。第一，自己意识到个人身体的变化；第二，热衷于理想的可能性，因而抵制对现实的考虑。

所有儿童都必须通过具体运演阶段才能到达形式运演阶段，通过这些阶段的速度因人而异。

资料显示，美国成人中仅有半数达到形式运演的思维水平。这一级形式运演的水平没有受过高等教育的人也可以达到，有比例数大到惊人的大学生达不到这一级水平。

第三节　蒙特梭利关于成长阶段的划分

蒙特梭利从心理和认知两方面阐述了儿童的成长阶段，她把人的成长阶段划分为5个阶段：

0～3岁，以前意识的成长与吸收为特色。情绪与智能发展的内在结构，在这段时期靠敏感期和吸收性心智得以创造。简单说，破译精神胚胎，发展情绪和智能的内在结构。

3～6岁，逐渐将自己前意识层面的知识转移到有意识的水平中。以感觉方式学习。自律与服从的内在结构完成。发展出一个真实的心智的内在模式，为想象力和创造力的发展打下了基础。

6～9岁，建立适合自己文化生活所必要的理论和艺术性技能。简单说，人一生的文化感受性和文化生活的导向是这时候打下基础的。也就是说，人必定拥有文化的部分，并承袭人类文化的传承，这部分是在这时发生的。儿童开始建构和创造一个文化意义上的自我。

9～12岁，可以将知识范围扩大到宇宙本身。急切地吸收环境中的一切，此期间同0～3岁一样重要。

12～18岁，在自己能集中兴趣的领域内做深度的探索。这个阶段决定一生努力的模式，所以是一个在缩小的范围内做抉择的阶段。

我们不能把12岁以前的儿童桎梏、拘泥于书本和文字与数字的世界中，我们应该让儿童将所有的学科和生命、环境以及真实的当下联结上，他才能领略各学科的意义所在。这是我们要在小学完成的工作。

这个阶段有3个特点：第一，有意识的心智学习状态（依靠具体的实物，使用感觉和体验学习的过程）；第二，不受环境的限制；第三，一生的智性兴趣要视这个时期的机会而定。这时期，儿童喜欢谈科幻、探险、历史等，好像内心的世界突然扩大到要把宇宙都接纳进来。

6～12岁的成长条件：学校的教育要包罗万象，并成系统。

这个意思是说，学科要包罗万象。不是学习技能，而是到不同的领域智力漫步，如音乐、艺术、文学、植物、动物、数学……带着孩子体验各个学科的不同和差异，领略它们的美感和风采。儿童尤其喜欢音乐、美术、植物、动物、文学（不是语文），这些学科更能滋养心灵，接近儿童的生命。任何学科都必须是实物教学，让孩子到具体的情景中去，依靠体验和感觉，走过一段心理历程，达到认知。

在这些成长的阶段中有一个核心的内容，我们可以通过观察，发现和把握儿童的成长，那就是蒙特梭利提出的敏感期。她认为儿童的敏感期有以下5种：秩序的敏感期，手和口的敏感期，走的敏感期，对微小精细事物的敏感期，对社会性发生兴趣的敏感期。在此基础上，我们发展了敏感期的理论，建立了一个敏感期理论的系统。以下以年龄为阶段来说明敏感期关键词。

0～3岁敏感期

视觉、口腔、手、行走、细小事物、秩序、自我。

3～6岁敏感期

执拗、语言、色彩、追求完美、占有、逻辑、婚姻、情感、人际关系、审美、数学、身份确认、绘画、音乐、语言符号、书写、社会性兴趣、概念。

0～6岁螺旋状敏感期

语言、空间、秩序、独立、绘画、音乐、审美、人际关系。

6～12 岁敏感期

音乐、美术、社会规则、秩序、公正、逻辑、动物、植物、科幻、宇宙、文化、理财、审美、色彩、意境、天文、科学。

这些敏感期的完成，必须全部在实物和情景的保证下进行，不能抽象化。

第四节　鲁道夫·斯坦纳关于生命成长阶段的阐述

人智学理论的创造者鲁道夫·斯坦纳看待生命成长的角度，和一般意义上的教育家有所不同。他认为，人是物质的存在形式，也是精神的、非物质的存在形式。人的精神来自精神世界，在这个物质的世界中，要通过躯体彰显精神的真实。他阐述，是灵魂灌注生命，使物质的躯体鲜活起来，使人拥有了生命体，而心灵是指通过物质的躯体反映出的知觉，包括感觉、欲望、憎恨、直觉、冲动和激情等。他认为：一个越接近完整的人，越受灵性的指引以彰显精神；一个越无法接近完整的人，他就越被桎梏在身体的层面以满足各种生理的需求，而无法彰显作为人的精神实质。

斯坦纳认为人的意识是阶段性的发展，7 年为一个周期。教育就应该遵循人的意识发展规律，让不同阶段发展的主旋律得到充分的发展。这些阶段的主旋律是：身体的、生命体的、灵魂的、精神体的。

0～7 岁（以换牙为准），“用于建设、健全和平衡生理身体的发展，建造灵魂在地球上的载体（Physical vessel），在这个年龄阶段身体成长极其迅速。在幼儿的意识中，他自己和世界是一个统一体，周围的一切都影响着他的生命组织构成力。”

7～14 岁，儿童的生命组织构成力主要活跃在感觉（Feeling）的发展。儿童 7 岁开始换乳牙，从母亲那里得到的器官组织已完全更新，乳牙的脱落和新牙的生长是形成真正的自己身体的最后一步，这象征着精神载体的自我构造的完成，生命体的力量从建造身体的工作进入建造星芒体（情绪体，Astral Body）阶段。这时候，整个人的变化非常大，人的意识已从环境中独立出来，开始用自己的眼睛来观察外面的世界，用心体会，形成自己的内心世界。同时，也在寻找楷模和权威力量来追随，并通过感觉来学习。儿童的感觉能力比思考能力和分析能力要来得快而深刻，故很多行为都显得缺乏理性指导，理性化教育对于这个年龄阶段的孩子来说很多时候是徒劳无功的。

14～21岁，人的生命组织构成力活跃在思想意识的发展上，儿童的心智逐渐走向成熟。他们会用挑剔的眼光来看这个世界和周围的人，这个世界已不再如他想象和艺术塑造得那样完美了，而是真实的了。同时，他形成个人的判断力、独立的思想和抽象的理想，他的辨别和判断能力增强，甚至会很固执。他执着地追求自然界中的真理，渴望探索这个真实的世界，并在寻找真理的过程中挑战老师和家长的权威，希望在这个关于他自己的世界中，由人的活动来彰显出其真实和合理性。

21～28岁和28～35岁这两个阶段，自我意识体发展完全，进入完全投入而忘我的状态中。在此之后，回归精神，开始了生命的一个新的历程。

儿童成长阶段的划分，古往今来，各种划分的差异性似乎并不大。在我看来，核心的部分在于看教育的角度的不同。皮亚杰从认知的角度来发现儿童，蒙特梭利从心智的角度发现儿童，斯坦纳从灵性的角度发现儿童。他们代表着人类不同发展阶段对生命的不同视角。经历漫长的人类文明，我们是否了解和研究了人成长的每一部分？因为只有我们了解每一部分的时候，我们才可能了解人的全部。

这表明人类正从心智的时代向整合的时代进化，但它涵盖了所有。当我们将这些整合时，完整的人就喷薄欲出。

第五节　爱利克·埃里克森关于生命成长阶段的阐述

我翻开《现代人格心理学历史导引》①，看到美国心理学家爱利克·埃里克森的关于生命成长阶段的文字。爱利克·埃里克森对精神分析理论的主要贡献是描述了一个人从童年期到成年期的发展阶段的顺序，以及每一阶段出现的各种心理上的矛盾和问题。

这种全然地在心理上对儿童的阐述可能对家长有所帮助。

埃里克森认为，生命是由出生到死亡8个阶段所组成的。8个阶段的顺序是由遗传来决定的，因而是不可变更的。这种由遗传决定的发展顺序被认为是遵循渐成原理的，他对这一原理描述如下：

> 无论何时我们试图了解生长的含义，最好记住有机体的生长从子宫内就获得了渐成原理。笼统来说，这个原理说明任何生物都有一个大体的生长方案。由于有了这个方案，机体的各部分才得以生长，每一部分都具有它特殊的优势，只有各个部分都能获得生长才能形成一个有机的整体。

如果不是决定于遗传而且是终身的，这个渐成原理就和精神胚胎有些类似。

出生～1岁，基本信任对基本不信任

这个阶段的儿童最为孤弱，因而对成人依赖性最大。如果护理人能以慈爱和

① ［美］B.R. 赫根汉著。

惯常的方式来满足儿童的需要，儿童就会形成基本信任感。如果母亲拒绝儿童的需要或以非惯常的方式来满足他们的需要，儿童就会形成不信任感。

当儿童形成的信任感超过不信任感时，基本信任对基本不信任的危机方才得到解决。信任感占优势的儿童具有敢于冒险的勇气，不会被绝望和挫折所压垮。

在这个阶段中，如果儿童具有的基本信任超过基本不信任，就形成了希望的美德。

埃里克森把“希望”解释为，对热烈愿望的实现怀有持久的信念，尽管存在标志生存初期的那种隐晦的迫切要求及愤怒。

得到信任的儿童敢于希望，这是一个注重未来的过程；而缺乏足够信任的儿童不可能怀有希望，因为他们必须为需要是否能得到满足而担忧，所以他们被“目前”所束缚。

埃里克森所说的“信任”类似于我们所说的“获得爱”而“得到自由”。

1～3岁，自主性对羞怯和疑虑

在这个阶段，儿童迅速形成许许多多的技能。儿童现在能“随心所欲”地决定做还是不做某些事情。因而，儿童从这时起就介入了自己的意愿与父母意愿相互冲突的矛盾之中。

父母必须按照社会所接受的方面，履行控制儿童行为的精心任务，而又不能伤害儿童的自我控制感和自主性。换言之，父母必须具有理智的忍耐精神，但仍然必须坚定地保证儿童的社会许可行为的发展。如果父母溺爱和不公正地使用体罚，儿童就会感到疑虑而体验到羞怯。“持久的良好愿望与自豪感发自没有丧失自尊的自我控制感，持久的动辄爱疑虑和爱羞怯的倾向来自丧失自我控制感和过度的外部控制。”

在这个阶段，如果儿童形成的自主性超过羞怯与疑虑，就会形成意志这一美德。

埃里克森把“意志”解释为，进行自由决策和自我约束的不屈不挠的决心，尽管在幼年期不可避免地要体验到羞怯和疑虑。

埃里克森的“自主性”类似于我们所说的“做自己的主人”。

4 ~ 6 岁，主动性对内疚

在这一时期，儿童能更多地进行各种具体的运动神经活动，更精确地运用语言和更生动地运用想象力。这些技能使儿童萌发出各种思想、行为和幻想，以及对未来前景的规划。

在这个阶段，儿童检验了各种各样的限制，以便找到哪些是属于许可的范围，而哪些又是不许可的。如果父母鼓励儿童的独创性行为和想象力，儿童就会以一种健康的独创性意识离开这个阶段；如果父母讥笑儿童的独创性行为和想象力，那儿童就会以缺乏自信心离开这一阶段。由于缺乏自主性，当他们在考虑种种行为时总是易于产生内疚感，所以他们倾向于生活在别人为他们安排好的狭隘的圈子里。

如果儿童在这个阶段获得的自主性胜过内疚，就会形成目的这一美德。

埃里克森把“目的”解释为，正视和追求有价值的目的的勇气，尽管这种目的曾被幼年的幻想、被内疚、被对惩罚的丢魂落魄的恐惧所阻挡。

埃里克森的“主动性”“许可和限制”，类似于我们所说的“做自己的主人”“规则和自由”。

6 ~ 11 岁，勤奋对自卑

在这一阶段，儿童学习各种必要的谋生技能以及能使他们成为社会生产者所具备的专业技巧。

儿童在这一阶段所学的最重要的课程是，“体验以稳定的注意和孜孜不倦的勤奋来完成工作的乐趣”。在这门课程中，儿童可以获得一种为他在社会中满怀信心地同别人一起寻求各种劳动职业做准备的勤奋感。

如果儿童没有形成这种勤奋感，他们就会形成一种引起他们对成为社会有用成员的能力丧失信心的自卑感。

同这一阶段相联系的还有另一个危险，即儿童会过分重视他们在工作能力方面的地位。对这样的人来说，工作就是生活，因而他们看不到人类生存的其他重要方面。在这个阶段里，必须鼓励儿童掌握为未来就业所必需的技能，但不能以牺牲人类某些其他重要的品质为代价。

如果儿童获得的勤奋感胜过自卑感，他们就会以能力这一美德离开这个阶段（能力……是不为儿童期自卑感所损害的、在完成任务中运用自如的聪明才智）。能力是由于爱的关注与鼓励而形成的。自卑感是由于儿童生活中十分重要的人物对他的嘲笑或漠不关心造成的。

埃里克森的“稳定的注意和孜孜不倦的勤奋”就是我们所说的“专注”“工作”和“创造的欢乐”。

12 ~ 20 岁，同一性对角色混乱

在这个阶段，儿童必须仔细思考全部积累起来的有关他们自己及社会的知识，最后致力于某一生活策略。一旦他们这样做，他们就获得了一种同一性，长大成人了。获得个人的同一性就标志着这个发展阶段取得了满意的结局。

一类知识，一个选择。这就是同一性。知识不必很深奥或广博，但要关乎社会和自我，正好为人生选择的角色所用。

如果年轻人不以积极的同一性离开这个阶段，那我们就会以角色混乱或者会以消极的同一性离开这个阶段。角色混乱是以不能选择生活角色为特征的，这样就无限制地延长了心理的合法延续期，或者说仅仅应诺了一些很快就抛弃的口头许愿。消极同一性是告诫儿童不要学习不良行为。

如此，适应一个人的角色就是几种。其他角色就是：角色混乱——不适合；或者消极角色——“不是不良就可以”。这样，青年人的知识和角色的匹配就重要了，因为这关乎下一个品德的建立：忠诚。

如果青年人在这个阶段中获得积极的同一性而不是角色混乱或消极的同一性，他们就会形成忠诚的美德。

埃里克森把“消极同一性”解释为，一种违背意愿地建立在发展的关键阶段并向个人呈现所有最厌恶的、最危险的，然而也许是最真实的各种自居作用和角色之上的同一性。

埃里克森把“忠诚”定义为，发誓永远忠于目标的能力，尽管不可避免地存在价值体系的各种矛盾。

20 ~ 24岁，亲密对孤立

青年人是在寻求和保持同一性的过程中崭露头角的，他们热切和乐意把自己的同一性与其他人的同一性融合在一起。他们已具备了与他人亲密相处的能力，也就是说，具备了成为协会会员和伙伴关系成员所需承担义务的能力，以及具备了为遵守这些义务而发展道德力量的能力，即使这些都需要付出巨大的牺牲和让步。

没有形成有效工作与亲密能力的人会离群索居，回避与别人亲密交往，因而就形成了孤立感。

如果个人在这个阶段形成的亲密能力胜过孤立能力，他就会形成爱的美德。

埃里克森把“爱”定义为，双方对永久抑制遗传导致的分工作用的对抗性的相互献身。

爱是相互献身。这个献身是为了抑制遗传导致的分工作用的对抗性，所以爱是为了抑制“自然的对抗”。这个爱，是在这个人生阶段由同一性自然形成的。同一性变得非常重要，因为它要肩负产生爱的使命。

我明白了，所谓人生的阶段也就是从心理学意义表述的人的终生成长。人完整地成长为完整的人。首先，人是终生成长的；其次，每个阶段都是有意义的、独特的；再次，每个阶段也是后面阶段的铺垫；复次，童年是基础，尤显重要；最后，成长有两个方向，我们要努力达成好的方向。所以，努力永远是有必要的。

25～65岁，繁殖对停滞

如果一个人能很幸运地形成积极的同一性，过上富有成效的幸福生活，那么他就会力图把产生这些东西的环境条件传递给下一代。这可以通过与儿童（不必是自己的孩子）增加直接的交往，或者通过生产或创造能提高下一代生活水平的那些东西来实现。

一旦一个人的繁殖比率比停滞高，那么这个人会以关心的美德离开这个阶段。

埃里克森把“关心”定义为，一种对由爱、必然或偶然所造成结果的扩大了的关心，它消除了那种由不可推卸的义务所产生的矛盾心理。

同一性产生了繁殖和生产物质产品的愿望和欲望，这个愿望的实现产生关爱的品质。于是，人生达到自身生产和物质生产的阶段，并为有关爱品质的人的造就开辟道路。

65岁至死亡，自我完整对失望

埃里克森把“自我完整”定义为，只有这种以某种方式关心人们和事物的人，才能使自己顺应胜利和失望的形影相随，顺应各种产品和思想的创造者——只有在这种人身上，这8个阶段的果实方能日臻成熟。

如此，关心他人和关心时事，就会顺应世界和自己，就会成熟而自我完整。这种关心当是关爱。埃里克森认为，对人生的自我感觉和惧怕与否有关系：

只有回顾一生感到所度过的是丰足的、有创建和幸福的人生的人才不会惧怕死亡。这种人具有一种圆满感和满足感，而那种回顾遭受失败人生的人则体验到失望。

于是，自我的人生之路很重要，这是和人生末尾的对话。成功并因此幸福的人不惧死亡，感到失败并因此失望的人害怕死亡。对死亡害怕的人更容易向死亡接近。所以，创造一个成功和快乐的人生是重要的。安慰一个人，就是使他对人生感到自我满意，把他的人生看待成、理解成、解释成成功。

相应于埃里克森的8个发展阶段的8个危机以及危机的成功与不成功的解决所形成的品质：

基本信任对基本不信任（出生～1岁）

如果这一阶段的危机成功地得到解决，就会形成希望的美德。

如果危机不能成功地解决，就会形成惧怕。

自主性对羞怯和疑虑（1～3岁）

如果这一阶段的危机成功地得到解决，就会形成自我控制和意志力的美德。

如果危机不能成功地解决，就会形成自我疑虑。

主动性对内疚（4～6岁）

如果这个阶段的危机成功得到解决，就会形成方向和目的的美德。

如果危机不能成功地解决，就会形成自卑感。

勤奋对自卑（6～11岁）

如果这一阶段的危机成功地得到解决，就会形成能力的美德。

如果危机不能成功地解决，就会形成无能。

同一性对角色混乱（12～20岁）

如果这一阶段的危机成功地得到解决，就会形成忠诚的美德。

如果危机不能成功地解决，就会形成不确定性。

亲密对孤立（20～24岁）

如果这一阶段的危机成功地得到解决，就会形成爱的美德。

如果危机不能成功地解决，就会形成混乱的两性关系。

繁殖对停滞（25～65岁）

如果这一阶段的危机成功地得到解决，就会形成关心的美德。

如果危机得不到成功解决，就会形成自私自利。

自我完整对失望（65岁至死亡）

如果这一阶段的危机成功地得到解决，就会形成智慧的美德。

如果危机得不到成功解决，就会形成失望和毫无意义感。

我们也尝试使用一种类似诗的语句描述人生：

发现物质世界、人和社会的简单图像，要到7岁，发现和创造自我。

看见物质世界、人和社会的基本图像，要到14岁，形成和建构自我。

简单看清世界即物质世界、人和社会，要到20岁，发展和扩大自我。

基本看清物质世界、人和社会，要到30岁，实施自我。

必要看清物质世界、人和社会，要到40岁，完善自我。

充分看清物质世界、人与物质世界的关系，要到50岁，穿越自我。

深入看清物质世界、人和社会，要到60岁，发现道与自我的关系。

深度看清社会中的人、人与人、人与社会、社会与社会之间的关系，需要到70岁，与道合一。

看清世界需要知识，普适的知识，人类共识的知识，使世界清晰化。“看”的主体需要有完整的生命。这样人的世界就清晰化到了一个新阶段。

看清自己是不是和看清物、人、社会是同步的呢？是不是自己清楚多少了，世界就清楚多少呢？

把这些观点放在一起，就可以看到，共同的部分就是大家共识的部分，也就是堪称真理的部分；不同的部分就是角度的差别，各角度显示了不同的方面。如果综合起来，就是描述大致完整的人的发展阶段。

理论对于我们个体的意义在哪里？如果习得了人生阶段划分的理论，会不会有助于我们了解成长的秘密？人生是否可以被更好地把握？成人是否在养育孩子的过程中，能把 18 年的成长装在心里，又陪孩子活在当下？

我和初一、初二的学生交谈，他们是成长到青春期的孩子。

我：将来你们想做什么？为社会做什么？

强：为人类的生存作贡献的工作。

当：做和自然接近、远离社会的工作。

晓：我想做一个自由、无拘无束享受生活的人。

佳：我想把自己的观念通过网络表达出来，影响这个世界。

萌：我想过快乐、充实、幸福的生活。

西：好多事情现在说了不能实现，顺其自然吧。

玉：未来太遥远了，没有想过。

诚：做无拘无束、幸福、快乐的人。

琪：有很多目标，每个人都是梦想家，但不一定能实现，也许等到高中，才知道未来要去做什么。我觉得很多事情都会影响你的选择，上大学时，才是你选择工作的时候。

心：可以根据自己的喜好，也许不是收入特别高的工作，但特别快乐、幸福。

园：做什么和会成为什么是现实大于想象，还是想象大于现实？要成为什么还没想好。

萱：想成为一位心理咨询师。这个职业很神圣，可以医治心理创伤，自己没有烦恼，帮助别人也摆脱烦恼。

乾：这个问题应该保留，到目前为止，还没有发现自己最想要的和最喜欢的。

青春期前，生命的主题是创造一个自己。青春期到来，这个创造了基本雏形的人有了内在往外走的动力，他开始尝试着往外走，开始建构与外在世界交融的部分，这依然是自我创造的一部分。这是孩子理性成长的高峰。作为社会人的前奏，这部分创造完成，所谓同一性才会出现。

创造和成长是有巨大的烦恼、恐惧和艰辛的。我们不能过早使用一个尚未创造好自己的人，因为我们会占用他的自我创造的空间。

从出生开始，儿童就已经生活在一个社会环境中或是一个社会团体中——家庭、学校，这不是世外桃源。我们只是期望存有一些爱，一个成长的环境，一个保证孩子不受干扰的界限，来让孩子的自我孕育不被终止、不被截断。

事实上，大部分成人的创伤，几乎就来自家庭中的父母、学校里的老师。如果我们抱有一种过去的错位的理念，还想给孩子再加码锻炼，就会导致培育出一批批生存意义上的人，我们就无法使我们的孩子从生存中解放出来，进化到有精神的、有创造天赋的更高状态的人，进化到完整的人。

我们不仅仅要和孩子在爱上联结，也要和孩子在感觉上联结，在心理上联结，在认知上联结，在精神上联结……最后，如果我们可以和人在灵魂上联结，这样我们就是一个立体的人，人的生命就是饱满和立体的。

人永远不会变成一个成人，他的生存是一个无止境的完善过程和学习过程。人和其他生物的不同点主要就是人的未完成性。

附录

词语释义

胚胎：由一种细胞生长而来，内嵌个体密码，先在母体中成长为一个完整的肉体个体，出母体时为幼体，在体外继续成长为成体。

精神胚胎：来自蒙氏概念，相当于胚胎但无形，可成长为有完整精神的个体。

精神：是经由自己内在生命的过程，认知清晰之后，伴随着生命高潮的体验，而获得蕴含在所有法则中的真善美。

心：有时是意识的俗称，有时是灵的俗称。

意识：对某对象的选择和对所关注对象的总体把握。

灵魂：一种把灵实体化，以便于描述的设想。

心理：在身体中形成的存在形式，是外在世界和内在世界转化为意识状态的过程。载有能量，能量增减可产生注意、喜悦、快乐、痛苦、恐惧等。

能量：各种存在的联结和转接因子。不同的能量是可以相加的，这表示不同的能量是同质的，这表示不同的能量可以相互转换，这还表示当一种能量变化时，可以用一种规律描述。

感觉：身体、心理、精神能增减的信号。

完整的人：健全的婴儿是身体上完整的人，但他的内在的感觉的、情绪的、心理的和精神的则刚刚开始发育。一个完整的成人是一个拥有自我并自成系统的人，就像完整的婴儿有赖于完整的子宫环境和完整的发育过程。

成长：建构内在的环境、创造自我的历程。成人如果要重现创造自己、成长，也必须历经此过程。

理想的人：理想的成人应当是婴儿的自动延续，不停地创造自身。

成长阻碍：成长变形的原因。创造和成长受到阻碍，内在环境的各部分就会成疾，甚至残疾。

自由：成长的第一个条件。就是身心不缺营养，成长活动没有阻碍。

教育任务：发现生命的秘密，帮助生命，让生命自己创造自己，完成一个完整成长的完整的人的历程。

说教：不是教育，只是难有效果的训导，是言者的感发。

情绪健康：成长的第二个条件，内在的调解和滋润者。

成长的基本目标：不是生存而已，这和动物不同。人的成长的目标是深刻、洞察、智慧、雅致、高贵，有丰富的精神感觉和心灵感觉，有高层次的文化感。不是他自己努力变成这样或要求自己这样，而是他本来就是这样。

概念和逻辑：成长中基本的重要的认知阶段。

爱：人类赖以生存的基本关系，人快乐的源泉，人发展的条件。

后记

金色的希望

一切均源于童年。

童年当是人生基础的奠定。大多时候童年的心境延续至永远——可助他愉悦人生，取得成就，渡过逆境，抵抗风险；也可使他软弱无能，心理多病，没有建树。这个意义上，人不过活一个童年。除了爱情的补偿，高校的打造、工作的阅历、金钱的填充都难得根本收益。

改变童年的环境，就可改变人生，改变社会，兴盛国家，优化民族。

但人们的童年是怎样的景象啊！在望子成龙的背后，成人不经意地、潜意识地、频繁地强制和干扰儿童，向儿童宣讲成人的观念和功绩以及对他们训导，似乎认为这样能“教育”出人才。

而每一个童年都在人们所说的“教育”中，在其中成长、求知、快乐、经历苦难，甚至毁灭。

“教书育人”型的传统意义上的教育真的存在吗？“训导和指教”真是起过积极作用的吗？

教育当是创造人自身的事业，而基础教育更当是创建人自身之基础的事业，那是一种至深基础和无限高远的事业，但它并没有受到应有的真正的重视。才高志远的人们远离着基础教育，人们不愿去造就人而更愿意去制造物。

在发达国家，教育思想早在半个世纪前就从旧有的转了180度，但我们的旧教育思维既没有寿终更没能正寝，新教育理念也没能顺利成长和主流化。

教育，如果我们还继续用这个词的话，应该赋予怎样的新内容呢？首先，它不能是“教”。一位教师说：“孩子不能教，一教就教坏了。”其次，它不能是“育”。又一位教师说：“我终于相信，儿童是自己成长的。”

……

教育究竟是什么呢？人们开始认识到旧教育的问题，并使用“素质教育”这个词，以求改变旧观念，但旧观念绝不轻易辞行。

教育，如果它真的存在，那是一个理性的演绎，还是一个感性的牵情？是一个现实中总在忘怀、总在远离的理想的原则，还是理想中难以把握、难以付诸的现实的生活？

教育，如果它真的存在，它首先应是一种快乐幸福的生活，它构造了人生的花季；然后，它应是在生活的美解中注入了洗练的科学——在那表面看来应是一种有意的帮助和启导中，在那种无意的模拟和传授的活动中，应有一种至高的艺术。那里深层发生的，是一种感觉的萌发与积聚，一种逻辑的组建与完备，一种已有经验的重现与内化，一种已有理性的索取与储存，那是创造更高的新思维产生、原材料准备和新能力演习。而在家庭、学校、社会营造“爱和自由”的环境，让孩子们从心灵中感受到它，就能实现这一切。

“真实的、真挚的爱，从活动直到心灵的真正自由。”教师们如是说。

“爱和自由”——这是一个创造，一个思想，一种精神，一个呼唤，一个对过去和未来的深刻总结。

“爱和自由”学校邂逅新世纪人类理想的曙光，以国际儿童教育发展史的近现代教育学说为始发点，从现当代教育学、心理学、哲学等人类思想体系中吸取思想和方法，在国际儿童教育现实、中国教育现状、他们自己的实验实践中解释“爱和自由”，充实它们，发展它们，从那里展开她理想的翅膀。

愿美好的事业驶向并到达那金色的彼岸。

白 商

这里每一个故事都是真实的，这些故事，有的是我的所得，有的是教师的科研观察记录，有的是家长的描述和记录。有口述，有文字，有录音……感谢他们允许我把这些故事记入本书与读者共享。

在“爱和自由”学校里，这些故事普遍存在，如果你愿意用心灵的眼睛和心灵的耳朵去看和听，你时时可以发现，它们不是被拣出来的。

图书在版编目（CIP）数据

完整的成长 ：儿童生命的自我创造 ：十周年全新修订版 / 孙瑞雪著. -- 3版. --北京 ：中国妇女出版社，2024.7

ISBN 978-7-5127-2320-7

Ⅰ.①完… Ⅱ.①孙… Ⅲ.①儿童教育－家庭教育 Ⅳ.①G78

中国国家版本馆CIP数据核字（2023）第182551号

项目统筹：廖晶晶
责任编辑：应　莹　王琇瑾　郭丽丽
封面设计：介末设计
责任印制：李志国

出版发行：中国妇女出版社
地　　址：北京市东城区史家胡同甲24号　　邮政编码：100010
电　　话：（010）65133160（发行部）　　65133161（邮购）
网　　址：www.womenbooks.cn
邮　　箱：zgfncbs@womenbooks.cn
法律顾问：北京市道可特律师事务所
经　　销：各地新华书店
印　　刷：北京通州皇家印刷厂

开　　本：170mm×230mm　1/16
印　　张：25.5
字　　数：413千字
版　　次：2015年3月第1版　　2018年1月第2版　　2024年7月第3版
　　　　　2024年7月第1次印刷
定　　价：69.80元（软精装）